Begrebet Angst hos Søren Kierkegaard

by Arne Grøn

Copyright ⓒ Arne Grøn & by Gyldendalske Boghandel, Nordisk Forlag A/S,
Copenhagen 1994. Published by agreement with the Gyldendal Group Agency

Korean Translation Copyright ⓒ b-Books, 2016

Korean edition is published by arrangement with Gyldendal Group Agency through
Guy Hong Agency. All rights reserved.

불안과 함께 살아가기

불안과 함께 살아가기

Begrebet Angst hos Søren Kierkegaard

키에르케고어의 인간학

아르네 그뤤 | 하선규 옮김

도서출판 b

| 일러두기 |

1. 이 책은 덴마크 철학자 아르네 그뢴(Arne Grøn)이 쓴 『쇠렌 키에르케고어에
   있어 불안의 개념(*Begrebet Angst hos Søren Kierkegaard*)』(1993, Copenhagen)
   을 번역한 책이다. 번역 대본으로는 그뢴 자신이 번역을 검토하고 따로 뒤에
   연구 서지를 덧붙인 독일어 번역본 『쇠렌 키에르케고어에 있어 불안(*Angst
   bei Søren Kierkegaard*)』(trans. by Ulrich Lincoln, Stuttgart: Klett-Cotta, 1999)을
   활용하였으며, 필요한 대목에서 영어 번역본(*The Concept of Anxiety in Søren
   Kierkegaard*, trans. by Jeanette B. L. Knox, Mercer Univ. Press, 2008)을 참조하
   였다.
2. 원저의 볼드체는 고딕체로 표시했으며, 키에르케고어 자신 혹은 저자 그뢴이
   강조한 부분이다. 원저의 이탤릭체는 진한 명조체로 표시하였다.
3. 역자가 글의 이해를 위해 각별히 지적하고 싶은 부분은 작은따옴표를 사용하
   였다.

| 차 례 |

한국어판을 위한 서언   9
서언   13

1장 불안   21

불안해하기를 배우는 일 ·· 23
시간의 변화 ·· 26
종합으로서의 인간 ··· 36
자유의 가능성 ·· 45
불안과 원죄 ·· 52
무구성과 불안 ·· 64
성과 역사 ·· 73
악 앞에서의 불안 — 그리고 선 앞에서의 불안 ············ 88
불안의 모호성 ··· 101
불안의 의미 ··· 107

2장 실존   117

인간이란 무엇인가 ·· 119
인간은 참으로 실존하는 상태에 있다 ····················· 123
실존이라는 문제 ··· 127
주관성과 (비-)진리 ······································ 132

3장 자유 – 그리고 부자유　　143

불안과 선택 ……………………………………… 145
선택의 선택 ……………………………………… 148
심미적 차원과 윤리적 차원 ……………………… 154
선택과 자유 ……………………………………… 161
진정한 자유 ……………………………………… 166
자유, 그리고 자유 ……………………………… 176
자유의 한 현상으로서의 부자유 ……………… 180

4장 불안과 절망　　187

죽음에 이르는 병 ………………………………… 189
의식과 의지 ……………………………………… 194
무한성의 절망과 유한성의 절망 ……………… 205
나약함의 절망과 반항의 절망 ………………… 210
모호성과 균열 …………………………………… 217
자기 안에 갇혀 맴도는 현상들 ………………… 224

5장 자기 자신을 상실하는 것과 자기 자신을 획득하는 것
　　229

불안과 절망: 자유의 가능성? ………………… 231
부정적인 것을 경유하는 우회로 ……………… 235

6장 역사   241

7장 개별자와 보편적인 인간적 차원   255

분리해냄 ··· 257
개별자가 되는 것 ·· 261
보편적 차원 ··· 264
동정심(Sympathie)과 연민(Mitleid) ·············· 267
양심과 인간의 두려움 ··································· 270
언어 ··· 274

8장 윤리적 차원   279

윤리적 선택 ··· 281
제1의 윤리학과 제2의 윤리학 ······················ 284
자기애와 이웃사랑 ·· 288

9장 믿음   299

종교적 차원 ··· 301
신에 대한 관계 ·· 303
불안과 믿음 ··· 309
믿음의 결단 ··· 316

영원성의 평등 ···································· 319

10장 "우리 시대"　　325

좀 더 심화된 공부를 위한 제언 341

찾아보기 ·· 349

참고 문헌 ·· 357

| 해제 | A. 그뢴의 『불안과 함께 살아가기』와 키에르케고어 인간학의
사상사적 의미에 관하여 ····················· 367

역자 후기 ·· 419

한국어판을 위한 서언

쇠렌 키에르케고어는 현대 사상의 고전이다. 키에르케고어는 인간의 자기 이해라는 문제를 새로운 방식으로 정식화하였는데, 이 방식은 20세기와 그 이후의 철학적 사유에 심대한 영향을 미쳤다. 인간의 자기 이해의 문제란 '한 인간으로 존재한다는 것은 무엇을 뜻하는가'를 말한다. 키에르케고어는 '실존', '선택', '자기 자신으로 존재함', '불안' 등의 핵심 개념들을 통해서 이 자기 이해의 문제, 곧 우리 자신의 문제를 새롭게 문제시하였다. 나는 이 네 가지 핵심 개념들의 중요성을 간략하게나마 펼쳐 보이고 싶다.

키에르케고어는, 특히 『최종적인 비학문적 후서(*Afsluttende uvidenskabelig Efterskrift*)』(1846, 원제는 『철학적 조각들에 대한 최종적인 비학문적 후서』)에서 인간의 고유한 존재방식을 '실존'이라는 개념으로 표현하였다. 주지하듯이 이 '실존'은 20세기에 일련의 실존철학들이 등장하게 되는 결정적인 바탕이 되었다. '선택'은 주로 '자기 자신을 선택함'이란 사태와 연관하여 사용되는 개념인데, 이 개념의 기원은 『이것이냐 저것이냐(*Enten-Eller*)』(1843)의 2부에서 찾을 수 있다. 이때 키에르케고어는 선택 개념으로 우리가 흔히 사용하는 선택이란 말의 용법을 비판적으로 파헤치고 있다. 그리고 선택 개념은 '자기 자신'이란 개념과 각별히 긴밀하게 연관되어 있다. 『죽음에 이르는 병(*Sygdommen til Døden*)』(1849)에서 키에르케고어는 인간을 하나의 '자기관계'로, 다시 말해 '자기 자신과 관계맺음'으로 규정한다. 인간은 자기 자신에 대해서, 그리고 동시에 타인들에 대해서 관계를 맺으면서 존재하는데, 이러한 '자기관계'는 언제든 실패할 수 있는 과정이다. '자기 자신으로 존재함'에 대해 이렇게 접근하는 시도는 '주관성(subjectivity)'에 대한 최근의 이론적 논의에서도 여전히 충분히 숙고되지 못하고 있다. 마지막으로 『불안의 개념(*Begrebet Angest*)』(1844)에서 키에르케고어는 불안의 모호성을 부정적인 방식으로(via negativa) 인간의 자기 이해를 위한 결정적인 단서로 고찰하고 있다. 키에르케고어는 인간 현존재의 모호성에 대한 깊은 이해를 보여주는데, 바로 이 모호성을 바탕으로 실존적으로 윤리학과 종교에

다가가는 그의 방식은 21세기 초반인 오늘날에도 시사하는 바가 매우 크다.

하지만 그동안 키에르케고어 사유를 수용해 온 모든 경향을 보면, 그의 사유가 가진 도전적인 현재성을 충분히 정당하게 평가하지 못하고 있다. 무엇보다도 인간에 대한, 그리고 인간의 주관성에 대한 그의 사유가 적절히 수용되지 못한 상황이다. 가령, 키에르케고어가 말하는 '자기 자신으로 존재함'은 빈번히 도식적으로, 이것이 마치 아무런 세계가 없는 주관성을 가리키는 듯 이해되고 있다. 그러나 키에르케고어가 말하는 주관성, 즉 '내면성(Inderlighed)'의 핵심은 바로 한 인간이 자기 자신에 대해서, 그리고 동시에 세계 안에 있는 타인들에 대해서 어떻게 관계를 맺고 있는가에 달려 있다. 이 점은 불안에 대한 그의 분석에서 명확하게 드러난다. 따라서 키에르케고어의 사유를 해석하면서 우리는 반드시 키에르케고어의 통찰을 재발견하는 일, 즉 인간으로 존재한다는 것의 의미에 대한 그의 통찰을 재발견하는 일에 초점을 맞추어야 한다.

1993년 덴마크어로 출간된 이 책 『불안과 함께 살아가기(*Begrebet Angst hos Søren Kierkegaard*)』는 —— 이후 독일어, 영어, 네델란드 어 번역본이 나왔는데 —— 키에르케고어의 통찰을 재발견하고자 하는 첫걸음이다. 이 책에서 나는 『불안의 개념』을 인간 자유의 본질에 관한 논고로서 —— 에마뉘엘 레비나스의 말을 빌자면 인간의 "어려운 자유(difficile liberté)"에 관한 논고로서 —— 이해하면서, 독자들에게 키에르케고어의 사유를 주제적으로 소개하고자 했다. 좀 더 상세히 말해서 내가 주안점으로 삼은 것은, 주관성이 시간적으로, 그리고 육체적으로 규정되어 있다는 사실, 또한 내면성은 (내적으로 갇혀 있는 것과는 반대로) 행위와 이해의 내면성이라는 사실, 즉 인간의 자기관계와 타자에 대한 연관이 늘 함께 얽혀 있는 내면성이라는 사실이다. 나는 키에르케고어의 사유를 해석하면서 그의 역사 개념을 강한 의미로, 즉 개별자의 역사와 집단의 역사, 개인의 역사와 공동의 역사가 상호 침투하고 있다는 강한 의미로 사용하였다. 마찬가지로 개개인으로서의 우리를 서로 결합시켜 주는 것에 대한 개념도 강한 의미로 해석하였다. 아울러 윤리적 차원과 종교적 차원에 대해 논의할 때, 나는 키에르케고어가 비판적으로 구별하고 있는 제1의 윤리학과 제2의 윤리학을 각별히 강조하였다. 예전의 키에르케고어 수용에서 이 두 윤리학의 구별은 거의 전적으로 경시되었었다.

나의 책이 이번에 한국어로 출간되게 된 것을 대단히 기쁘게 생각한다. 이 자리를 빌려 책의 번역을 맡아준 하선규 교수에게 깊은 감사의 마음을 전하고자 한다.

2015년 11월 코펜하겐에서
아르네 그뢴(Arne Grøn)

서언

"(⋯⋯) 오직 불안 속에 있던 사람만이 평안을 얻는다."

(『공포와 전율』, 23)*

1920년에 프란츠 카프카가 자신의 연인 밀레나 예젠스카(Milena Jesenská)에게 보낸 편지들은 "카프카가 남긴 소설 가운데 어느 것도 그에 비할 수 없는 한 편의 연애소설이 되었다."[1] 카프카

---

* 별도로 저작에 대해 언급하지 않는 한, 괄호 안에 있는 숫자는 늘 키에르케고어의 독일어판 저작 『불안의 개념』(Der Begriff Angst, trans. by Gisela Perlet, Stuttgart, 1992)의 쪽수를 나타낸다. 키에르케고어의 다른 저작들은 제목과 함께 독일어판 전집에 따라 인용한다.(Gesamtausgabe, trans. by Emanuel Hirsch & Hayo Gerdes, 2. Auflage, Gütersloh, 1986ff.) 키에르케고어의 일기에서 인용한 부분은 하이요 게르데스가 다섯 권으로 편역한 책을 따른다.(Tagebücher, trans. by Hayo Gerdes, Düsseldorf/

13

자신이 언급하고 있듯이, 이 편지들은 자주 불안에 대해 이야기한다. 그것은 카프카가 불안이란 말을 인용 부호로 표기하지 않으면 안 될 정도로 자주 등장한다. 거기에는 사랑 자체가 야기하는 이런 저런 오해에 대한 불안이 언급되어 있다. 또한 무언가를 미리 선취함으로써 출현하게 되는 불안도 쓰여 있는데, 이 불안으로 인해 이제 사랑의 오해들이 스스로 유령 같은 삶 내지 악마적인 삶을 획득할 수도 있는, 위험한 상황이 만들어진다. 편지 교환이 끝나갈 무렵, 카프카는 이러한 불안이 모든 것으로 확장될 수 있다고, "아주 거대한 일들은 물론, 극도로 사소한 일들에 대한 불안이 될 수 있다"고 말한다. 그런데 그는 거기에다 이렇게 덧붙인다. "하지만 이러한 불안은 아마도 단지 불안이기만 한 것은 아닐 것이다. 그것은 또한, 불안하게 만드는 모든 것을 넘어서는, 어떤 것에 대한 동경이기도 하다."[2]

물론 1844년 6월 17일에 출간된 쇠렌 키에르케고어의 책 『불안의 개념』은 연애소설이 아니다. 하지만 키에르케고어가 이 책으로 불안에 관한 하나의 논고를 쓴 것이라면, 그것은 불안이 단지 불안에 그치지 않기 때문이다. 비록 모호한[3] 방식이기는 하지만, 불안

Köln, 1962-1974)

1. Villy Sørensen, *Kafkas Digtning*, Kopenhagen, 1968, p. 40.
2. Franz Kafka, *Briefe an Milena*, Frankfurt a. M., 1966, p. 191.
3. [역주] 불안의 가장 중요한 특징 가운데 하나인 '모호함' 내지 '양의성'은 독일어 zweideutig, 덴마크어 tvetydig의 번역어이다. 이 개념은 1장

은 우리가 이해할 필요가 있는 어떤 것을 보여준다. 왜냐하면 "불안은 가능성이 최초로 되비쳐 보이는 현상, 일종의 가능성의 번쩍임 혹은 어떤 두려운 마법과도 같기 때문이다."[4]

『불안의 개념』은 키에르케고어에 대한 열쇠를 쥐고 있는 저작이다. 이 책에는 다른 저작에서 전개될 주제들이 선취되고, 또 집약되어 있다. 물론 이 책이 문제를 서술하는 방식은, 전체적인 견해를 하나의 완결된 형식 속에 제시하는 방식이 아니다. 오히려 『불안의 개념』은 그 저작의 특성으로 볼 때 일종의 '굴절된 작품'이라 할 수 있다. 『불안의 개념』 속에는 그 이전의 저작들이——특히 『이것이냐-저것이냐』——다루었던 주제들이 굴절된 방식으로 다뤄지고 있다. 즉 이전의 주제들이 계속 이어서 논의되면서도 이후 저작들에 대한 새로운 출발점을 제시하는 방식으로 다뤄지고 있는 것이다. 『불안의 개념』은 어려운 텍스트다. 종종 쓸데없이 난해하기도 하다. 하지만 철학적 문필가로서 키에르케고어가 남긴 저작들로 들어가기 위해 이 책을 선택하여 독해하는 것은 그럴 만한 가치가 충분히 있는 일이라 할 것이다.

내가 아래에서 하고자 하는 일도 바로 이것이다. 이 책은 『불안의 개념』에서 출발하여 키에르케고어의 전체 저작에 대한 주제적 입문서의 역할을 하고자 한다. 다른 장들보다 월등히 양이 많은

후반부와 4장에서 자세히 논의된다.
4. 『일기』, Bd. Ⅲ, p. 292.

1장에서 나는 『불안의 개념』이 전개하는 사유의 과정과 주요 주제들을 고찰할 것이다. 나는 이후의 장들에서 이들 주제를 키에르케고어의 다른 텍스트들을 함께 참조하면서 논의할 것이며, 마지막에는 다시 『불안의 개념』으로 되돌아올 것이다.

키에르케고어 사상에 대한 입문이란 독자들이 그의 저작을 읽도록 초대하는 일이기도 하다. 그 때문에 나는 도중에 그의 저작에서 많은 부분을 인용하게 될 것이다. 나는 이 때문에 독자들이 원전을 읽는 일이 방해받지 않도록 하기 위해 최대한 조심스럽게 원전을 인용하였다. 하지만 내가 원전을 상세하게 인용하게 된 또 다른 이유가 있다. 한 사상가가 남긴 저작 전체에 담긴 주요 주제들을 고찰하려 할 때는, 이 주제들에 대한 논구를 개별 저작들과 연결시켜 진행하는 일이 중요하다. 이를 통해 개별 텍스트 속에서 자주 이루어지는 복합적인 사유 전개를 감지할 수 있을 뿐 아니라, 저작들 사이에 존재하는 차이와 긴장 또한 감지할 수 있기 때문이다. 동시에 나는, 여러 개별 저작들을 가로지르면서 좀 더 토론을 부추기는 방식으로 키에르케고어의 문제들을 논의하고자 노력했다. 내게는 이런 방식이 키에르케고어와 같은 사상가의 텍스트를 읽는 가장 생산적인 방식으로 여겨졌다. 키에르케고어의 말을 빌자면, 텍스트를 천천히, 하지만 자유로운 상태에서 질문을 던지면서 읽는 방식 말이다.

아울러 나는 하나의 주제적인 입문서이기 때문에 이 책이 갖고 있는 몇 가지 한계를 미리 언급해 두고자 한다. 독자들이 키에르케고어 자신의 텍스트를 가능한 쉽게 읽도록 하기 위해, 나는 책을 쓰면서 그에 대한 연구문헌들을 언급하지 않았다. 단지 책의 말미에 그의 사상에 대해 좀 더 깊이 연구하고자 할 때 요긴한 몇몇 문헌들만 덧붙여 놓았다. 나는 키에르케고어의 삶에 대해서도 이야기하지 않았으며, 다른 사상가들에 대한 언급도 최소한으로 제한하였다.

『불안의 개념』이 열쇠를 쥔 저작인 까닭은, 그것이 바로 불안에 관한 논고이기 때문이다. 짧게 말해서 불안은 한 인간이 그냥 저절로 그 자신으로 존재하는 것이 아님을 보여준다. 반대로 불안은, 한 인간이 결정적인 측면에서 그 자신이 되지 않으면 안 된다는 것을 보여준다. 인간은 기이하게 "결합되어 있는"[5] 존재이며, 자신이 스스로에게 문제가 되어 있는 존재이다. 따라서 전체적으로 이 책의 1부라 할 수 있는 1장에서 5장 사이에서는 인간에 대한 키에르케고어의 견해, 이 견해에 등장하는 핵심적인 규정들을—이들은 '종합', '자기 자신(Selbst)',[6] '실존', '자유', 그리고 '부자유'

---

5. [역주] '이질적 차원들이 결합되어 있는'의 의미는 뒤의 2장에서 상세히 논의된다.
6. [역주] 흔히 '자기' 혹은 '자아'로 번역하는 'Selbst=self'를 다소 동어반복적으로 보이더라도 원칙적으로는 '자기 자신'으로 옮기고자 한다. 그것은 이 개념이 키에르케고어의 철학에서는 전통적인 '자아'나 '자기의식'을 뜻하는 것이 아니라 개별자의 구체적인 실존 과정, 즉 특수한 개별 주체가 매 순간 자기 자신과 관계를 맺는 과정을 뜻하기 때문이다. 문맥에 따라서는 줄여서 '자기'로 옮기기도 했다.

다—— 다룰 것이다. 마지막에 덧붙인 '그리고 부자유'라는 말은 중요한 의미를 지니고 있다. 불안이란 개념은 곧바로 자유 개념으로 이끌고 간다. 하지만 자유가 뜻하는 바를 고찰하는 일은 부정적인 접근 방식을 통해 이루어진다. 즉 부자유의 여러 형태들을 고찰하는 방식으로 이루어지게 된다. 불안 속에서 자유의 가능성이 드러난다. 하지만 한 인간은 또한 불안 속에서 자유롭지 못하다. 한 인간에게 있어 불안은 모호하고 양의적인 힘이다. 불안이 한 인간이 그로부터 벗어나야 할 어떤 것에 그치지 않는 한, 불안이 가진 의미는 모호하고 양의적이다. 인간은 또한 응당 불안해하는 것을 배워야 한다.

이 책의 2부에 해당되는 6장에서 9장은 이러한 인간 존재에 관한 견해를 심화시켜 논의한다. 특히 이 부분에서 나는 '자기 이해'와 타인의 이해 사이에 존재하는 관계가 어떤 모습인가에 대해 질문할 것이다. 나는 이에 대한 답을, 키에르케고어의 개별자[7]에 대한 개념과 보편적-인간적 차원에 대한 개념, '인간적인 것'[8]

---

7. [역주] 단어에 문자 그대로 충실하자면 der Individuelle는 '개별자'로, der Einzelne는 '단독자'로 옮기는 것이 옳을 것이다. 하지만 자연스런 우리말 용법에 따라 두 단어를 모두 개별자로 번역하였다. 중요한 것은 번역어의 선택이 아니라, 키에르케고어에게 있어 개별자와 단독자, 두 개념이 공통적으로 그만의 고유한 실존철학적 의미를 갖고 있음을 명확히 인식하는 일이다.

8. [독일어본 역주] 저자는 여기서 독일어에서는 모방할 수 없는 언어적 연상을 활용하고 있다. '인간적인 것'에 대한 덴마크어는 'det menne-

의 개념을 서로 연결시키면서, 그리고 개별자 개념과 이웃사랑의 요청에 대한 견해를 서로 연결시키면서 찾고자 한다. 여기서 출발해서 나는 키에르케고어에 있어서 윤리적 차원의 의미와 종교적 차원의 의미를 보다 더 상세히 규정할 것이다. 마지막 10장에서는 불안에 대한 분석, 인간 존재에 대한 견해, 키에르케고어 자신이 '우리 시대'라 부른 비판적인 시대 진단, 이 세 가지 측면들 사이에 존재하는 연관성에 관해 고찰해 볼 것이다.

불안에 관한 키에르케고어의 논고는 연애소설이 되지 않았다. 그럼에도 불안은 부정적인 방식으로, 또 긍정적인 방식으로 사랑과 연관된 것으로 드러나고 있다. 불안 속에서 한 인간은 스스로를 자신 안에 가두어 둘 수 있다. 그러나 한 인간은 또한 불안 속에서, 자신과 다른 사람들이 서로 연결되어 있음을 아는 방식으로 자기 자신에 대해 주목하게 될 수도 있다. 카프카의 말마따나, 바로 이러한 견지에서도 불안은 "불안하게 만드는 모든 대상들" 이상이다.

---

skelige'이다. 이때 접미어 'lige'는 그 자체로 '동일한, 동등한'을 뜻하는 말이다. 따라서 덴마크어 '인간적인 것'은 '인간과 동일한 것', '인간과 동등한 것'으로 읽을 수 있는 것이다.

1장

불안

불안해하기를 배우는 일

"그림 형제의 한 동화를 보면, 모험을 위해 길을 떠난 어떤 젊은 청년에 대해 이야기하고 있다. 이 청년은 두려워하는 것을 배우기 위해 길을 떠났다.'(181) 쇠렌 키에르케고어 혹은 비길리우스 하우프니엔시스(Vigilius Haufniensis)[1]는 『불안의 개념』의 마지막 장을 이렇게 시작한다. 이 책의 필자가 쇠렌 키에르케고어인지, 아니면 가상의 저자 비길리우스 하우프니엔시스인지에 대해 키에르케고어 자신도 약간은 회의적인 상태에 있었던 듯하다. 왜냐하

---

1. [역주] 비길리우스 하우프니엔시스는 키에르케고어가 『불안의 개념』의 필자로 내세운 가상의 이름이다. 이 라틴어 이름의 문자적 의미는 '코펜하겐의 수호자'를 뜻한다.

면 비길리우스 하우프니엔시스라는 가상의 이름은 집필이 끝나갈 무렵에야 덧붙여졌기 때문이다.[2] 어쨌든 『불안의 개념』의 저자는 그림 동화의 모험 이야기를 이어가면서 자신도 그 속에 함께 참여하고 있다. "우리는 이 모험가가 도중에 끔찍한 것을 조우할 것인지에 대해 염려하지 않고, 그로 하여금 자신의 길을 가도록 할 것이다. 그런데 나는 여기서, 이것이 모든 인간 존재가 거쳐야만 하는 모험이라고 말하고자 한다. 모든 인간은 스스로 나락에 빠져들지 않기 위해서 두려워하는 일을 배워야만 한다. 한 번도 불안 속에 있어본 적이 없거나, 혹은 불안 속에서 침몰하게 됨으로써, 인간은 나락에 빠져들게 되는 것이다. 그 때문에 올바른 방식으로 불안해하는 것을 배운 자는 어떤 궁극적인 것을 배운 것이다."

우선, 불안해하기를 배워야 한다는 말이 이상하게 들린다. 올바른 방식으로 불안해하는 것을 배워야 하고, 게다가 이것이 최고의 과제에 대한 배움이라는 주장이 기이하게 들리는 것이다. 왜 우리가 불안해하기를 배워야만 하는가? 불안은 우리가 벗어나길 원하는 어떤 것이 아닌가? 불안이 우리가 벗어나야 하는 것이면서, 동시에 자유롭기 위해 반드시 통과하여 지나가야 하는 것일 때, 이때 불안은 대체 무얼 뜻하는 것일까?

따라서 키에르케고어가 불안에 부여하고 있는 의미를 상세히

---

2. 에마누엘 히르쉬의 독일어본 서론과 번역자 주석을 참조하라.(*Der Begriff Angst*, trans. E. Hirsch, Gütersloh, 1983)

살펴봐야 할 이유가 충분한 것이다. 그가 불안에 그토록 큰 의미를 부여하고 있다는 사실, 불안이란 문제를 책 전체의 주제로 삼고 있다는 사실 자체가 이미 주목해야 할 대목이다. 얼핏 생각할 때, 불안은 일상적이지 않은 현상인 듯하다.[3] 그러나 현대가 불안을 바라보는 관점은 이와 전혀 다르다. 불안에 대한 시각이 달라진 연원을 추적해 보면, 이 변화가 다름 아니라 키에르케고어의 불안에 대한 분석에서 연유했다는 사실을 확인할 수 있다. 그것은 그의 분석이 20세기 문학, 철학, 심리학에 미친 깊은 영향으로부터 비롯된 것이다.

『불안의 개념』이란 책은 불안에 관한 본격적인 논고라는 사실뿐만 아니라, 불안을 고찰하는 고유한 방식을 통해 사상사적 전환을 가져왔다. 키에르케고어가 관심을 기울이는 것은 단지 어떤 마음의 상태로서의 불안이 아니다. 반대로 그는 불안이 보여주는 것, 즉 불안이 인간 존재에 관해 보여주는 것에 관심을 기울인다.

---

3. 키에르케고어 자신이 이렇게 말하고 있다. "우리는 불안이라는 개념이 심리학에서 거의 다뤄진 적이 없음을 발견할 수 있다."(50) 좀 더 뒷부분에서 그는 셸링의 철학에서 종종 불안이 언급되고 있다고 적고 있다. 하지만 이때의 불안은 "창조자로서 신성의 고통"이다.(70, 각주) 물론 셸링이 이와는 달리 불안의 개념을 거의 키에르케고어적인 의미에서 사용하는 경우도 있다. 즉 죄의 타락과 결합되어 있는 인간의 불안이란 의미에서 논의하는 대목도 있는 것이다.(F. W. J. Schelling, *Philosophische Untersuchungen über das Wesen der menschlichen Freiheit*(1809), Stuttgart, 1964, p. 98)

그래서 책의 제목이 "불안의 개념"[4]인 것이다. 그것은 불안의 의미에 관한 논고이다. 물론 불안은 하나의 특별한 심적 상태이기도 하다. 그러나 키에르케고어에게 불안의 상태에서 각별히 중요한 것은, 이 상태가 인간으로서 존재함의 의미를 보여준다는 점이다. 불안은 인간으로서 존재함에 포함되어 있는 현상이다. 그런데 문제는 불안이 어떤 방식으로 인간으로서 존재함에 속하는가이다.

시간의 변화

『불안의 개념』에서 키에르케고어는 겉보기에 일상적인 인간적 현존의 가장자리에 있는 현상, 즉 불안을 책의 중심에 세운다. "불안"은 우리가 통상적으로 사용하는 말이 전혀 아니다. 우리가 이 말을 사용한다면, 그 상황은 분명 예사롭지 않은 것임에 틀림없다. 우리가 '무언가를 근심하고 걱정한다'라고 말한다면, 이때 우리는 '겁이 나고 가슴을 졸인다' 혹은 '무언가를 두려워하고 있다'는 것을 주장하려 한다. 혹은 각별히 강렬한 방식으로 표현할 때는, 불안이 우리를 '사로잡았다', 불안이 우리에게 '엄습했다'라고 말

---

4. [역주] 여기서 '개념'이 뜻하는 바는 단순히 어떤 대상에 대한 '일반적이며 보편적인 정의'가 아니라, 헤겔철학이 각별히 이해하고 있는 '개념'의 의미, 즉 대상의 역사적이며 구체적인 상태와 변화를 총체적으로 포괄하여 파악한 내용을 가리킨다.

할 것이다.

그러나 불안이란 말이 일상적이지는 않더라도, 이 말은 현대에 들어와 전보다 훨씬 더 빈번히 사용되고 있다. 특히 미래와 연관하여 자주 언급된다. 우리가 단지 미래에 대한 두려움만이 아니라, 미래에 대한 불안을 이야기하는 것은, 불안이 두려움보다 더 불확정적이며, 더 포괄적인 성격을 지니고 있기 때문이다. 그것은 우리에게 친숙한 삶이 중단되고, 어쩌면 인간적인 삶 자체가 사라질 수 있음에 대한 불안, 그러한 총체적 파국에 대한 불안이다. 이러한 불안은 죽음에 대해 갖고 있는 근본적인 불안, 다시 말해 우리 자신을 위협하고 있는 파멸에 대한 불안을 환기시킨다.

아무튼 이러한 상황은 불안이 이전 시대보다 현대에 훨씬 더 강력한 지배력을 행사하고 있음을 보여준다. 이를 뒷받침해 주는 사실 하나는, 불안이 20세기 심리학은 물론, 문학과 철학에서 두드러지게 부각된 주제가 되었다는 점이다. 한 시대의 문학과 철학이 각기 해당되는 시대를 해석하고 있다고 볼 수 있는 한, 불안을 이전보다 더 강력하게 체험하고 있다는 것은 현대의 고유한 특징인 듯하다. 이 현대적인 자기의식으로 인해 우리가 이전 시대의 불안을 제대로 보지 못할 수 있다는 점을 논외로 한다면, 불안은 공허함 내지 의미 상실이라는 '현대적인' 경험과 연관되어 있을 것이다. 이것은 최종적으로 의미를 부여해 주는 심급이 존재하지 않는다는 사실의 경험이다.[5]

아래에서 살펴볼 것처럼, 키에르케고어는 자신이 살던 사회가

'현대적인 특징들'을 분명하게 보여줄수록, 점점 더 뚜렷하게 이 사회에 대한 비판적 입장을 표명하였다. 비판적 입장은 시간이 지날수록 점점 더 직접적인 방식으로 제기되었다. 키에르케고어는 공허함과 허무함의 위협에 대한 경험, 이에 대한 불안으로 가득 찬 경험을 명확히 감지했다. 하지만 그는 또한 당시 전형적인 삶의 방식들을 점차 더 많이 묘사하였다. 사람들은 의미가 부재한 상태에서 이러한 삶의 방식들을 통해 자신들의 삶을 '꾸려 나갔으며', 그럼으로써 스스로 근심하는 일을 회피하고 있었다.[6] 확실히 키에르케고어 이후 시대 상황은 극적으로 변화하였다. 키에르케고어는 우리처럼, 인간이 만든 재앙에 의해 인류 전체의 역사가 끝나버릴 수 있는 위기에는 직면하지 않았다. 그러나 그럼에도 불구하고 그는 미래에 대한 불안, "내일에 대한 불안, 소멸의 날에 대한 불안"에 대해 말하고 있다. 불안, 그것은 "바로 밝아오고 있는 내일이다." 그가 말하려는 핵심은 "만약 당신 자신이 스스로 내일

---

5. [역주] 가령 니체가 『자라투스트라』에서 말한 "신은 죽었다.", 혹은 루카치가 『소설의 이론』에서 언급한 "선험적 고향 상실" 등을 떠올릴 수 있을 것이다.

6. [역주] 여기서 '스스로 근심하고 걱정하는 일'은 진정한 의미에서 '불안해하기를 배우는 일'을 가리킨다. 키에르케고어는 당대의 많은 사람들이 실존적으로 이 배움을 통과하지 않고, 사회적으로 널리 퍼진 세계관이나 삶의 방식으로 도피하는 일을 날카롭게 비판하였다.(H. A. Johnson, 『키에르케고어 사상의 열쇠』, 임춘갑 역, 다산글방, 2006, pp. 19-50 참조)

에게 당신의 힘을 부여하지 않는다면, 그러한 내일은 무력한 무(無)일 뿐"이라는 것이다. 우리는 미래가 우리를 불안으로 채운다고 말한다. 하지만 또한 불안을 불러일으키는 것은 우리 자신이기도 하다. 왜냐하면 미래는 (아직) 아무것도 결정되지 않은 어떤 것이기 때문이다. 우리가 걱정하고 근심하는 미래는, 미래에 관한 우리의 생각들로 가득 차 있는데, 바로 이 생각들이 아마도 우리를 자유롭지 못하게 만들고 있을 것이다. 우리를 하루하루에 대하여, 오늘과 다음 날에 대하여 자유롭지 못하게 만드는 것이다. 이는 한 인간이 미래에 대한 불안 속에 있을 때 "자기 자신과" 분투하고 있다는 것을 의미한다.(『1848년의 기독교적 강화』, 82쪽 이하)

키에르케고어에게 불안은 한낱 비일상적인 현상에 그치지 않는다. 그것은 근본적으로 모든 인간적인 삶에 —— 인간적 삶이란 내적으로 볼 때 비-일상적인[7] 것인데—— 속해 있는 요소이다. 동시에 키에르케고어는 "현대적" 삶의 방식들을 묘사하는데, 이 삶의 방식들이란 불안을 회피하기 위해 자기 자신을 "일상적으로" 만드는 일을 의미한다. 이것은 불안이 근본적인 요소이긴 하지만, 불안을 감추거나 그로부터 도피하는 일 또한 언제든 가능함을 뜻한다.

---

7. [역주] '비-일상적'이란 말은 '익숙하고 일상적인 것을 벗어난 혹은 이러한 것의 외부에 있는'의 의미도 갖고 있다. 엄밀한 의미에서 한 사람의 삶이란 늘 새로운 시간 및 상황과 대결하는 과정이므로, 어떤 순간에도 이미 존재하는 익숙한 것에 그대로 머무르고 정체되어 있을 수가 없다.

불안에게 이러한 복합적인 의미를 부여하기 위해 키에르케고어는 불안의 개념이 가진 독특한 성격을 부각시키고자 한다. 그는 이미 위에서 언급했던 특징들에 주목한다. 즉 키에르케고어는 불안이 어떤 사람을 '엄습하는' 것, 불안이 어떤 사람을 '옥죄는 것', 불안이 포괄적이면서도 불확정적인 성격을 지니고 있다는 것에 주목한다. 하지만 그는 또한, 불안 속에 있는 사람이 "자기 자신과 분투하고 있다"는 사실도 덧붙인다. 불안의 결정적인 특징을 명확히 하기 위해, 키에르케고어는 불안과 두려움을 구별한다. 두려움은 어떤 특정한 것에 관계하고 있는 반면, 불안은 특정한 대상을 갖고 있지 않다. 아니 좀 더 정확히 말해서, 불안의 대상은 "무(50)"이다. 이것은 '불안은 대상이 없다'라고 말하는 것과 같은 뜻일까?

불안은 미래를 향해 있다. 두려움도 물론 그럴 수 있다. 하지만 미래는 불안 속에서 보다 더 분명하게 드러난다. 여기서 문제는 명확하게 규정된 이것 혹은 저것이 아니다. 미래는 불확정적이다. 그렇지만 이것은 불안이 어떤 일을 해야 하는 구체적인 상황과 연결될 수 없다는 것을 가리키지 않는다. 불안은, 예를 들어 어떤 큰 집회에서 연설을 하거나 여행을 떠나는 것과 같은 구체적인 상황과 연관될 수 있다. 프란츠 카프카에게 여행은 거의 신화와 같은 의미를 얻고 있다. 게오르겐탈 지역[8]에 사는 친구의 초대를 받아들이고 난 후, 카프카는 한 편지에서 이렇게 쓰고 있다. "정직

---

8. [역주] 폴란드 북부에 있는 '제조프(Jeżów)' 지역을 가리킨다.

하게 말하자면, 나는 여행에 대해 끔찍할 정도로 불안하다. 이번 여행에 대해서만 그런 것은 아니다. 나는 여행은 물론, 일체의 변화에 대해 불안해한다. 변화가 크면 클수록 불안도 커진다. 하지만 이것도 단지 비교적으로 얘기해서만 그렇다. 만약 내가 나 자신을 극도로 작은 변화에 집중하여 국한시킨다면——물론 삶이 이를 허용하지는 않겠지만——, 내 방안의 책상을 옮기는 일도 결국에는 게오르겐탈 지역으로 가는 여행 못지않게 경악스러운 일이 될 것이다. (……) 최종적인 근거 혹은 바로 그 직전에 있는 근거를 두고 볼 때, 그것은 진정 죽음에 대한 불안일 뿐이다. 부분적으로 그것은 신들이 나에 대해 주목할지 모른다는 불안이기도 하다."[9] 불안은 "아주 거대한 것뿐만 아니라 극도로 사소한 것"에 대한 불안이 될 수 있다.

변화가 불안하게 만들 때, 그 이유는 변화가 우리를 모종의 시험에 들도록 하기 때문이다. 이러한 시험과 관련하여 자주 반복되는 예를 하나 들어보자. 어떤 사람이 졸업시험을 앞두고 있을 때, 그는 어떤 일이 일어날지 두려워할 수 있다. 그는 예상치 못한 질문에 당황할 수도 있고, 아니면 시험관 배정이나 점수 평가에 있어 운이 없을 수도 있다. 또한 그는 그러한 상황에 직면하여 어떻게 반응할 것인가와 관련하여 과도하게 예민해질 수 있다. 아마도 그는 그 상황에서 몸과 마음이 마비될지 모른다고 두려워

---

9. Franz Kafka, *Briefe 1902-1924*, Frankfurt a. M., 1958, p. 382.

할 것이다. 설사 그가 아주 잘 대비했다 하더라도, 막상 그 상황에 처하게 되었을 때는 지나치게 예민해질 수 있는 것이다. 이런 경우, 우리는 두려움이라 말해야 할까? 어떤 사람을 과도하게 예민하게 만드는 것이 도대체 무엇인지, 이에 대해 말하는 것은 정말 쉽지 않다. 그 사람은 자신이 어떻게 반응하게 될 것인가라는 문제에 대해서 스스로 관계를 맺고 있다. 어쩌면 그는, 스스로 과민상태를 불러일으키거나 마비상태에 빠졌던 과거의 경험에 대해서 자기 자신이 관계를 맺고 있을지도 모른다. 그런데 누군가가 자기 자신에 대해 두려움을 갖고 있다고 말한다면, 이는 기묘하게 들릴 것이다.

그렇지만 이를 "불안"이라 부르는 것이 여전히 의문시된다면, 그것은 우리가 스스로에게 이렇게 말할 수 있기 때문이다. "원 세상에, 이건 단지 하나의 시험에 불과하잖아. 다행히 시험이 끝나도 삶은 계속되는 거야." 불안을 얘기할 수 있기 위해서는, 우리가 처해 있는 시험 상황을 다른 것으로부터 구분해 내는 일이 훨씬 더 어려워야 한다. 문제가 되는 것은 우리 자신이 과연 누구인가라는 것이다.

바로 이것이 키에르케고어가 겨냥하는 지점이다. 불안의 대상이 '무'라고 해서, 불안이 어떠한 상황과도 관계되어 있지 않다는 것을 뜻하는 것은 아니다. 불안 속에서 우리는 우리 자신의 상황과 관계하고 있다. 하지만 불안 속에서 상황은 불확정적인 것으로 드러난다. 키에르케고어는 불안을 어떤 현기증과 비교한다. 불안은 우리를 집어삼킬 듯 위협하는 깊은 구멍 속을, 혹은 어떤 심연 속을 응시할 때 느끼게 되는 현기증과 흡사하다. 불안 속에서 우리는, 마치 우리가 알고 있는 세계가 모든 친숙함을 상실하여, 더 이상 의지할 것이라곤 아무것도 없는 듯한 상태에 처하게 된다. 마치 이 세계와 함께 몰락하게 되고, 동시에 이 세계로부터 분리되는 것처럼 보이는 것이다. 우리가 불안 속에서 발견하는 상황의 불확정성으로 인해, 우리는 우리 자신에게로 되돌아오게 된다. 이러한 의미에서 우리는 불안 속에서 자신과 관계를 맺게 된다. 왜냐하면 어떻게 우리가 상황과 관계해야 하는가 하는 문제가 우리 자신에게 대두되기 때문이다. 불안 속에서 우리는 우리 자신에 대해서 반응할 수 있다. 말하자면 미리 앞을 향하여 자기 자신에 대해 반응할 수 있는 것이다. 달리 말해서 우리는, 우리 자신이 앞으로 어떻게 처신하게 될까라는 문제에 대해서 관계를 맺을 수 있는 것이다.

불안은 시간을 어떻게 체험하는가와 연관되어 있다. 이것은 단지, 불안이 미래를 향해 있음을 뜻하는 말이 아니다. 우리는 시간에 대해서 우선은, 하나의 '지금'이 또 다른 '지금'을 교체하면서 연쇄적으로 이어지는 진행으로 이해한다. 그러나 시간은 또한, 하나의 순간에 집중될 수도 있다. 이 한 순간은 과거와 미래 사이에 경계선 혹은 전환점이 정립되는 순간이다. 시간이 어떤 다른 시간으로 변하는 것이다. 그리고 이렇게 되었을 때야 비로소, 통상적으로 시간하면 생각되는 분할되어 있는 여러 상이한 순간들에 대해

그 연관성을 묻는 일이 가능해진다.[10]

시간이 다른 시간이 된다는 것은, 우리의 상황이 결정적으로 변화하는 것을 의미한다. 어떤 것을 잃어버렸다는 사실 앞에 서 있으면서, 동시에 우리는 새로운 가능성 앞에 서 있는 것이다. 이에 대한 가장 좋은 예는 한 사람이 성인이 되는 것 혹은 성장하는 것이다. 인간이 성장하여 성인이 되는 일은 단번에 이루어지지 않는다. 성공적으로 성인이 될 수 있을지도 결코 확실한 일이 아니다. 하지만 그럼에도 한 사람의 삶은 어떤 극적인 사건들로 인해 크게 달라질 수 있다. 예컨대 전학 가는 일, 부모 집에서 나와 독립하는 일 혹은 사랑에 빠지는 일 등을 통해서 달라질 수 있다. 카프카에게 고향인 프라하를 떠나 여행하는 일은 어떤 다른 삶으로 가는, 자신의 삶인지 아직은 잘 모르는 삶을 향해 가는 여행이 된다. 성인이 되는 일은 일종의 여행이다. 자신의 고향을 떠나는 사람에게는 특히 그렇다.

시간의 변화에 대한 또 다른 대표적인 예로, 나이가 들어 늙어가는 일을 들 수 있다. 만약 나이가 들고 나서 어린 시절에 보낸 장소들을 다시 찾는다면, 우리는 묘한 경험을 하게 된다. 우리

---

10. 이미 『이것이냐–저것이냐』의 제1부에서 키에르케고어는 "불안은 언제나 시간에 대한 반성을 자신 안에 포함하고 있다."고 말한다.(*Entweder-Oder I*, 166) 불안은 하나의 "반성 규정"이며, 이때 시간에 대한 반성이란, 과거와 미래가 서로 구별되고 대립되는 것을 뜻한다. 나는 어떤 것을 지나간 일로 보면서, 미래를 보고 있는 것이다.

자신이 다른 사람이 되어버린 동안, 그 장소들 또한 변한 것을 경험하게 되는 것이다. 부모의 죽음이나 친구의 우정이 끊어지는 것과 같은 결별을 겪으면 우리 삶이 바뀌게 된다. 한 사람이 살면서 겪을 수 있는 또 다른 변화는 자식들이 커가는 것을 보는 일이다. 자식들은 성장하면서 자기 나름의 삶을 찾게 되고, 부모는 이를 지켜보면서 이들의 삶에 동참하고픈 희망을 갖게 된다.

성장하여 어른이 되는 것과 늙어가는 것, 이 두 가지 예는 단순한 사례에 그치지 않는다. 오히려 이들은 우리 자신이 변화하는 것에 따라, 우리가 시간의 변화를 경험하게 되는 두 가지 방식이라 할 것이다. 바로 이곳이 불안이 나타날 수 있는 지점이다. 왜냐하면 키에르케고어의 말로 하자면, 시간의 변화라는 것이 "우리가 우리 자신을 상실하게 될" 정도의 위협이 될 수 있기 때문이다. 불안 속에서 우리는 세계로부터 떨어져 나오면서 자기 자신으로부터 벗어나게 된다. 우리 자신과 연관되어 있는 세계가 친숙함을 상실 하기 때문이다. 그리하여 불안으로 인해 우리는, 우리 자신을 어떤 다른 사람으로 경험할 수 있는 가능성에 직면하는 것이다.

시간으로 인한 문제라는 것은, 시간이 부분으로 나누어 놓는 삶이 어떻게 연관성을 가질 수 있는가의 문제이다. 다시 말해 이것 은 우리가 자기 자신과 어떤 방식으로 연관되어 있는가라는 문제 이다. 불안은 여기서, 말하자면 어떤 틈새를 비집고 들어온다. 불안 은 우리가 자기 자신을 파악하고 있는 실존적인 연관성이 갑자기 해체될 수 있다는 가능성을 보여준다. 키에르케고어의 저작에서 시간의 변화는 지속적으로 논의되는 문제이다. 시간 혹은 변화는 일종의 부담으로서 혹은 위협으로서 등장한다. 실존적 연관성이 해체될 위험성, 자기 자신이 아닌 다른 사람이 될 위험성이 늘 존재하는 것이다. 이 순간에는 이런 사람이었다가, 다음 순간에는 다른 사람이 될 수 있는 것이다. 그러나 시간과 변화는 우리에게 도전이기도 한 만큼 가능성이기도 하다. 우리 자신이 될 수 있는 가능성이기도 한 것이다. 왜냐하면 한 사람이 그 자신이 되는 것은, 오직 자기 자신과 함께 성장해 갈 때,[11] 즉 구체적인 자기 자신이 될 때뿐이기 때문이다.

이로써 우리는 키에르케고어가 전개하는 불안에 관한 분석의 핵심적인 사상적 연관성에 대해 언급한 셈이다. 이는 '불안', '시간', '자기 자신으로 존재함' 사이에 존재하는 사상적 연관성을 말한다.

종합으로서의 인간

이 사상적 연관성을 좀 더 깊이 탐구하려면, 먼저 불안에 대한 분석의 출발점이 되는 문제에 주목해야 한다. 이미 언급했듯이,

---

11. [역주] 이것은 진정한 의미에서 '구체적인(con-crete)' 자기 자신이 된다는 것을 의미한다.

키에르케고어는 불안이 무엇을 의미하는가에 대해 묻는다. 그런데 인간이 불안해 할 수 있다는 사실, 이미 이 사실 속에 특이한 점이 놓여 있다. 불안을 느낄 수 있기 위해서는, 인간 스스로가 여러 상이한 요소들 사이에 놓여 있는 어떤 관계가 되어야 한다. 더불어 자신이 이러한 관계라는 것을 반드시 스스로 경험해야 한다. 어른으로 성장하는 것과 늙어가는 것, 이 두 가지 사례에는 과거와 현재 사이의 관계와 관련하여 결정적인 차이가 존재한다. 그런데 우리는 단지 이러한 관계로서 존재하는 데에 그치지 않는다. 우리는 또한 이러한 관계 속에서도 우리 자신과 관계를 맺고 있다. 즉 우리는 우리 자신의 과거(이전에 우리가 그러했던 것)에 대해서, 그리고 우리 자신의 미래(우리가 어쩌면 앞으로 그렇게 될 것)에 대해서 관계를 맺고 있는 것이다.

　한 인간 존재가 내적으로 하나의 관계라는 사실, 이 사실을 키에르케고어는 "인간은 하나의 종합이다."라는 말로 표현한다. 『불안의 개념』에서 그는 바로 인간에 대한 이 규정을 강조하고 있는데, 그가 이를 표현하는 방식은 두 가지다. 첫째, "인간은 영혼의[12] 차원과 육체적 차원의 종합이다."라는 정식이다. 키에르케고

---

12. [역주] 이때 '영혼의'는 물론, 우리말로 '심리적' 혹은 '내면적' 등으로 옮길 수도 있다. 하지만 키에르케고어가 인간을 이중적인 관계로서 분석할 때 서구의 오랜 전통인 '영혼(psyche)'과 '정신(nous)'의 구별을 따르고 있다는 점을 고려하여, '영혼의' 혹은 '영혼적'으로 옮기기로 한다.

어는 이 종합이 "정신에 의해서 실행되고 있다"는 말을 덧붙인다.(52, 58) 둘째로 그는 인간은 "시간적 차원과 영원성의 종합이다."라고 말한다.(99) 우리는 이 두 가지 '종합의 정식'을 좀 더 상세히 고찰할 것이다. 하지만 그 전에 먼저, 인간은 "하나의 종합"이라는 말이 무엇을 뜻하는가를 밝히지 않으면 안 된다.

종합에 대해서 얘기한다는 것은, 두 개의 요소, 즉 영혼과 육체가 함께 속한다는 것을 의미한다. 영혼과 육체가 어떤 것인가가 이 종합 속에서 나타나고 있는 것이다. 달리 말해서, 이 두 요소는 이 둘 간의 관계 혹은 이 둘의 결합인 종합 속에 존재하는 '계기들'이라 할 것이다. 그러나 바로 여기에 문제가 존재한다. 인간이 하나의 종합이라는 것은, 인간이 복합적으로 구성된 존재임을 의미한다. 이미 말했듯이, 이를 마치 한 인간이 서로 무관한 두 개의 단위 요소들이 결합되어 이루어진 듯 이해해선 안 된다. 문제의 핵심은 다른 곳에 있다. 인간은 실존과 관련하여 "기이하게 구성되어 있는"(『비학문적 후서』 I, 167) 상태이다. 인간은 특이한 종류의 '중간적 존재'이다. 그것은 이질적인 것들, 즉 영혼과 육체로, 혹은 좀 더 명확하게 말해서 시간적 차원과 영원성으로 구성되어 있는 존재인 것이다. 그런데 인간이 이질적인 것들로 구성된 존재라는 것은 그의 실존적 연관성이 쉽게 깨어질 수 있다는 것을 의미한다.

따라서 인간을 종합으로 규정하는 일은 두 가지를 의미한다. 즉 종합을 이루는 두 가지 계기들이 인간에게 함께 속해 있다는 사실과 인간 존재를 구성하는 두 계기들이 인간 스스로에게 문제가 되고 있다는 사실을 의미한다. 두 가지 계기들 사이의 관계는 언제든 실패한 관계가 될 수 있다. 그리고 만약 실패한 관계가 되었을 때, 두 계기들 사이의 연관성이 완전히 해체되는 것은 아닌지 물어야 한다. 그러나 키에르케고어의 주장에 따르면, 두 계기들 사이의 연관성은 부정적인 것, 즉 실패한 관계 속에서도 자신을 드러낼 수밖에 없다. 『불안의 개념』의 뒷부분에서 그는 이렇게 말한다. "인간은 영혼과 육체의 종합이며, 이 종합을 수행하는 것은 정신이다. 그렇기 때문에 한쪽 요소가 해체되면, 그 여파가 다른 쪽 요소에도 미치게 된다."(143) 키에르케고어의 이 통찰, 즉 종합을 이루고 있는 계기들이 실패한 관계 속에서도 계속 함께 속해 있다는 통찰에 대해서는 나중에 『죽음에 이르는 병』과 관련하여 좀 더 논의하게 될 것이다.(4장 참조) 실패한 관계가 등장하게 되는 때는, 한 계기가 다른 계기 없이 홀로 부각되는 경우이다. 하지만 그럼에도 불구하고 두 계기들이 함께 속해 있다는 것은, 한 계기가 다른 계기로부터 분리되는 경우, 그것이 이전과는 다른 상태가 되어버린다는 사실로부터 분명해진다. 부정적인 상태에서도, 두 가지 계기들은 서로 관계를 맺고 있는 것이다. 이 경우에 두 계기들의 관계가 실패한 관계가 되는 것이다.

따라서 "종합"은 두 가지 사태를 동시에 표현하는 개념이라 할 수 있다. 한편으로 종합은 한 인간이란 언제나, 이미 하나의 관계라는 사실, 그리고 이 관계가 부정적인 방식으로 드러날 수 있다는 사실을 표현하는 개념이다. 다른 한편으로 종합은 두 계기들 사이에 존재하는 연관성이 실현되어야만 하는[13] 하나의 과제라는 사실을 표현하고 있다. 『불안의 개념』에서 얘기되는 "종합"은 무엇보다도, 이미 주어져 있는 것이 아니라 앞으로 실현되어야만 하는 과제로서의 연관성을 나타낸다. 문제의 핵심은, 종합이 진정 "현실적"인 것인가라는 데에 있다. 연관성이 언제든 깨어질 수 있고, 또 실패할 수 있다는 사실은, 종합이 단지 그냥 주어지는 것이 아니라, 한 사람이 실행해야 하는 하나의 실존적 과제임을 뜻한다. 인간으로서 존재한다는 것, 이 사실 속에는 이질적인 요소들——이들 요소는 또한 우리 자신이기도 한데——사이에 하나의 연관성을 형성해야 하는 과제가 놓여 있는 것이다.

"종합으로서의 인간". 바로 이 규정 안에 이러한 내용이 응축된 형태로 담겨 있다. 인간은 복합적인 존재다. 언제든 자신의 연관성 혹은 자신과의 동일성이 깨어질 수 있는 존재인 것이다. 따라서 인간에게는 자기 자신과의 '연관성을 형성해야' 하는 과제가 주어져 있는 것이다.

우리는 종합이란 말 속에서 과제가 포함되어 있다는 점을 다른 방식으로도 알아낼 수 있다. 즉 우리가 종합에 대한 두 가지 정식 사이에 어떤 차이가 존재하는가를 질문하게 되면, 이를 알아낼 수 있는 것이다. 키에르케고어 스스로, 두 번째 정식이("인간은

---

13. [역주] 이것은 개별자에게 그냥 저절로 주어지는 것이 아니라, 개별자가 매 순간 스스로 도달해야 하는 과제임을 가리키는 말이다.

시간성과 영원의 종합이다.") 만들어지는 방식과 첫 번째 정식이
("인간은 영혼과 육체의 종합이며, 이 종합을 수행하는 것은 정신
이다.") 만들어지는 방식이 서로 다르다고 지적하고 있다. 왜냐하
면 두 번째 정식에는 제3의 항(정신)이 빠져 있는 것처럼 보이기
때문이다. 하지만 좀 더 정확히 분석해 보면, 이 두 번째 정식에도
두 계기를 서로 결합시켜주는 제3의 항이 있음이 드러난다. 그것은
다름 아닌, 앞서 얘기한 바 있는 순간이다. 이는 시간적인 경계
혹은 전환점이 정립되는 결정적인(ent-scheidend) 순간이다. 따라
서 두 번째 정식은 또 다른 제2의 종합을 위한 것이 아니라, "저
첫 번째 종합을 위한 표현"인 것이다. "정신이 정립되자마자, 곧바
로 순간이 존재한다."(104) 물론 이로부터 암시되는 것은, 두 번째
정식이 첫 번째 정식을 그대로 반복하는 것은 아니라는 점이다.
두 번째 정식을 통해서 시간이 하나의 고유한 문제로서 대두되고
있기 때문이다. 그렇지만 이 경우에도 "제3의 항"이 정신인 점은
변함이 없다.

제3의 항으로서의 정신, 이에 관해 상세히 설명하는 것은 대단
히 중요한 일이다. 키에르케고어는 단지 두 개의 서로 다른 부분들
이라는 말을 하지 않는다. 두 부분들이 원리적으로 분리되어 있다
거나 혹은 극복할 수 없이 서로 대립되어 있다고는 더더욱 얘기하
지 않는다. 키에르케고어가 강조하고자 하는 바는 종합 속에서
둘 사이를 서로 결합시키고 있는 제3의 부분에 있다. 종합을 실현
시켜주는 제3의 항, 즉 정신에 있는 것이다. 한 개별자가 자기

자신에 대해 영혼이며 동시에 육체로서 관계를 맺음으로써, 시간적인 존재이자 영원한 존재로서 관계를 맺음으로써, 두 가지 서로 이질적인 부분들, 즉 영혼과 육체 내지 시간과 영혼이 서로 결합되는 것이다.

그렇다면 이제 불안은 이 모든 관계들 속으로 어떻게 들어오는 것일까? 나는 불안에 대한 배움을 거론하는 대목을 인용하면서 이 책을 시작했다. 이 대목에 이어지는 부분에서 키에르케고어는 이렇게 말한다. "만약 인간이 동물이거나 천사라면, 그는 불안해할 수가 없게 될 것이다. 인간이 불안해할 수 있는 것은, 인간이 하나의 종합이기 때문이다."(181) 분명하게 말하지는 않고 있지만, 여기서 제기되고 있는 것은 다음의 질문이다. 한 인간이 도대체 불안해할 수 있는 사실, 이 사실의 원인은 무엇인가? 불안이 가능한 것은, 인간이 하나의 '중간적 존재', 즉 하나의 복합적으로 구성된 존재이기 때문이다. 이에 상응하여, 『불안의 개념』에서 종합 개념이 처음으로 등장하는 곳에서 키에르케고어는 이렇게 말한다. "불안이 출현한다는 사실, 바로 이 사실이 전체의 핵심 지점이다. 인간은 하나의 종합인 것이다. (……)"(52)

불안을 통해 드러나는 사실은, 우리가 저절로 우리 자신으로 존재하는 것이 아니라, 스스로 자기 자신이 되어야만 한다는(sollen) 점이다. 이것이 바로 종합이란 개념을 통해 표현되고 있는 과제인 것이다. 이는 우리 자신을 이루고 있는 이질적 계기들이 서로 결합되는 상태에 도달해야 하는 과제이다. 후에 『죽음에 이르는 병』(1849)에 이르면, 이것은 "구체적이 되어야 하는 과제"라는 말로 표현된다.(『죽음에 이르는 병』, 26) 이때 키에르케고어는 "구체적(concrete)"이란 말의 의미(라틴어 어원인 con-crescere의 의미는 '함께 결합하여 자라나다')를 갖고 유희한다. 구체적이란 말을 '자신 자신과 함께 결합하여 자라나다, 그리하여 치유하다'[14]로 풀이하는 것이다.

우리는 이것을, 내가 위에서 제안했던 두 가지 중요한 예, 즉 성장하는 것과 나이가 드는 것을 통해서 이렇게 이해할 수 있을 것이다. 한 인간은 과거와 미래 사이의 관계가 갖고 있는 긴장 속에 놓여 있다. 그는 이 관계 안에서 양쪽으로 펼쳐져 있는 것이다. 인간의 근본적인 과제는, 시간이 부분들로 분리시키고 있는 자신의 삶이 하나의 연관성을 이루도록 만드는 일이다. 따라서 이때의 종합이란 바로 시간 안에서의 종합이다. 그러나 앞서 말했듯이, 관계는 언제든 실패한 관계가 될 수 있다. 미래가 완전히 닫혀버릴 만큼 과거의 부담이 커질 수 있으며, 아니면 반대로 인간이 자신을 위한 것으로 떠올리는 가능성이 일체 아무런 현실적 무게가 없는 것, 즉 "환상적인 것"이 될 수도 있는 것이다.

한 인간이 동물이나 천사와 달리 불안해할 수 있는 존재라는 사실. 이 사실은 인간 자신이 내적으로 이질적인 것들 사이의 관계

---

14. 여기서 '치유하다'를 위해 쓰인 덴마크어는 'at hele'인데, 이 말은 동시에 "전체적인, 완벽한"을 뜻하는 형용사 'hele'를 연상시킨다.

맺음이라는 사실을 보여준다. 인간 자신을 이루고 있는 요소들은 통일되어 있지 않은 요소들이며, 인간은 스스로 이 요소들 사이를 연결시켜 연관성을 만들어내야 하는 존재다. 바로 이런 한에서, 인간은 기이하게 복합되어 있는 존재인 것이다. 인간 자신이 가능성의 존재인 셈인데, 이때 이 가능성은 인간이 자신의 과제로서 자신 앞에 두고 있는 가능성이라 할 수 있다. 이것은 인간이 내적으로 하나의 관계맺음일 뿐 아니라, 인간 자신 또한 하나의 '자기관계맺음'임을 의미한다. 앞서 말한 대로, 이 점은 첫 번째 종합의 정식에서, 뒤에 덧붙여진 정신에 대한 텍스트 부분을 통해 표현되고 있다. 즉 인간은 영혼적 차원과 육체적 차원의 종합인데, 이 종합을 수행하는 것이 바로 정신인 것이다. 제3의 항인 정신은 영혼과 육체 외의 또 다른 새로운 계기가 아니다. 반대로 정신은 종합 속에서 이 두 가지 계기들을 서로 결합시켜 주는 행위를 의미한다. 두 가지 계기들은 개별자가 스스로 자기 자신에 대해서 영혼이자 육체로서 관계를 맺음으로써, 이 관계맺음의 과정을 통해서 서로 결합되는 것이다. 이것은 인간 존재가 하나의 자기 자신 (Selbst)[15]임을 의미한다. 다시 말해, 스스로가 비동질적인 계기들

---

15. [역주] '자신(Selbst)'은 키에르케고어가 개별자로서의 인간 존재를 각별히 가리키기 위해 사용하는 중요한 용어이다. 즉 '자신'은 종적 존재로서의 인간(Mensch; human being), 그리고 근대 이래 의식철학 전통이 강조한 '자기의식' 내지 '자아(Ich)'로서의 인간과 구별되는 구체적으로 실존하는 개별자를 뜻한다. 그는 비슷한 의미로 '개별자

사이의 관계인 인간은 이 계기들을 서로 연관지어야 하는 과제 앞에 서 있는 것이다.

불안이 보여주는 것은, 스스로 자기 자신과 관계 맺을 수 있는 인간 존재의 가능성이다. 키에르케고어에 따르면 이는 자유의 가능성이기도 하다.

자유의 가능성

『불안의 개념』의 여러 곳에서 키에르케고어는 "불안이 무엇인가"에 대해서 직접적으로 이야기한다. 가장 먼저 불안과 연결된 것으로 드러나는 것이 자유이다. 혹은 좀 더 정확히 말해서 자유의 가능성이다. 이때 자유는 이러저러한 자유가 아니라, 일반적인 자유(die Freiheit)를 의미한다.

첫 번째 종합의 정식이 등장하기 바로 직전, 키에르케고어는 이렇게 말한다. "불안은 가능성을 위한 가능성으로서의 자유의 현실성이다.(Angst [ist] die Wirklichkeit der Freiheit als Möglichkeit für die Möglichkeit.)"(50) 이 문장의 내용을 파악하기는 쉽지 않다.

(Individuum)'와 '단독자(der Einzelne)'라는 용어도 자주 사용한다. 앞으로 문장의 맥락과 우리말 어감을 살리기 위해, 특히 이곳에서처럼 '스스로 자신과 관계 맺는 과정'이라는 과정적이며 사건적인 뉘앙스를 살리기 위해 때때로 '자기 자신'으로 옮긴다는 점을 밝혀둔다.

이 문장은 먼저 자유의 현실성을 말하고, 이어 가능성이란 말을 중복시켜서 말하고 있는데, 바로 그럼으로써 자유의 현실성이란 말이 오히려 더 멀리 멀어지는 듯 보이기 때문이다. 자연스럽게 독자는 먼저, 자유의 현실성에 주목하게 된다. 하지만 독자는 다음 순간, 문장을 다시 한 번 읽지 않으면 안 된다. 뒤에서부터 말이다. 왜냐하면 자유의 현실성이 한갓 가능성에 그치고 있기 때문이다. 게다가 이 가능성조차 오직 불안 안에서만 드러나는 가능성이다. 문장 처음에 있는 불안이 문장 마지막에 있는[16] 가능성을 좀 더 상세하게 규정하고 있는 것이다. 이것은 불안하게 만드는 가능성이다. 하지만 지금까지 이 가능성은 오직 불안 안에서만 자신을 드러내는 가능성이었다. 미리 앞서서 불안해하는 가능성으로서 말이다. 동시에 이 문장은 이후 이어지는 키에르케고어의 사유를 선취하고 있다. 왜냐하면 자유가 아직까지는 단지 가능성으로만 드러나고 있지만, 이 자유가 후에 특정한 가능성으로 확인될 것이기 때문이다. 즉 스스로 자유로운 존재가 될 수 있는 개별자의 가능성으로 확인될 것이다. 『불안의 개념』의 다음 부분에서 키에르케고어는 좀 더 직접적으로 이렇게 쓴다. "자유의 가능성이 불안 속에서 예고되고 있다"(88), 좀 더 뒤에 가서 앞선 내용을 돌이켜보면서, 그는 불안을 "자유 자체가 가능성 속에서, 자기 자신 앞에서

---

16. [역주] 이것은 물론, 우리말 번역이 아니라 본래 문장의 어순을 가리킨다.

스스로 드러나는 것"(130)으로 규정하고 있다.

이 마지막 문장은 문제를 더 복잡하게 만드는 듯 보인다. 하지만 우리가 책의 내용을 조금 앞서서 고려한다면, 이 문장의 의미를 이렇게 풀어낼 수 있을 것이다. 불안은 자유의 가능성이 드러나는 경험이다. 그것도 스스로가 자유의 존재인 어떤 개별자에게 그 자신이 갖고 있는 자유의 가능성이 드러나는 경험인 것이다. 달리 말하면, 불안 속에서 한 인간은 자기 자신의 자유를 가능성으로서 발견하게 된다.

여기서 질문이 떠오른다. 한 인간에게 자신의 자유의 가능성이 드러나는 일이 왜 그를 불안하게 하는 것인가? 보통 우리는 **가능성**을 긍정적인 것으로 여긴다. 가능성이 많으면 많을수록 더 좋다고 생각한다. 물론 관건이 되는 것은 어떤 가능성들을 실제로 갖고 있는가에 달려 있을 것이다. 그러나 그럼에도 불구하고 아주 폭넓은 가능성을 확보하고 있다는 것은 장점이 아닐 수 없다. 그런데 불안 속에서 드러나는 자유의 가능성에는 이중적이며 모호한 측면이 있다. 일반적으로 우리는 가능성을 갖고 있다는 것을 자유와 연결시킨다.[17] 주의해야 할 것은 키에르케고어가 여러 종류의 자유의 가능성들을 이야기하지 않는다는 점이다. 반대로 그는 특정한 형식을 지닌 자유의 가능성을 말하고 있다. 그가 자유의 가능성을

---

17. [역주] 이는 물론, 일상적으로 흔히 언급되는 '선택의 자유'를 가리키는 말이다.

말하고 있지만, 이때 자유 자체는 여러 가지 가능성들에서와 같은 가능성이 아니다. 자유는 우리가 선택하거나 아니면 그냥 포기할 수 있는 가능성이 아니다. 자유가 일단 가능성으로서 자신을 드러낼 때, 우리는 이 자유를 피할 수 없다.

만약 여러 가지 가능성들 가운데 하나를 선택해야 하는데 아직 결단을 내리지 못한 경우라면, 이 경우 행위하는 사람의 상황은 분명 불확정적인 상태라 할 것이다. 그러나 키에르케고어가 자유 자체가 가능성으로서 자기 자신을 드러낸다고 말할 때, 이때 문제가 되는 가능성은 개별자 자신을 에워싸는 가능성이다. 인간은 특별한 상황에 놓여 있다. 즉 어떤 확정되지 않고 부유하는 상태 속에 놓여 있는 것이다. 그리고 이렇게 불확정적인 상황은 인간을 자기 자신에게 되돌아가도록 한다. 이 불확정적인 상황은 모호하다. 왜냐하면 이 상황은, 당사자인 어떤 인간이 이에 대해 어떤 태도를 취하느냐에 따라 여러 가지 방향으로, 심지어 서로 상반된 방향으로 전개될 수 있기 때문이다.

이로써 우리는 어떤 중요한 개념에 도달하였다. 그것은 키에르케고어의 불안에 대한 분석에서 핵심적인 것으로 밝혀지는 개념인데, 바로 모호성(Zweideutigkeit)이다. 이미 언급한 대로, 키에르케고어는 『불안의 개념』의 여러 곳에서 불안이 무엇인지, 또 무엇이 불안 속에서 드러나고 있는지를 규정하려 시도한다. 첫 번째 시도에서 그는 불안과 자유를 연결시켰으며, 이제 두 번째 시도에서는 불안을 모호성과 연결시킨다. 불안을 "가능성을 위한 가능성으로서의 자유의 현실성"으로 규정한 후, 키에르케고어는 불안의 변증법적 규정들이 "심리학적 모호성"을 지니고 있다고 적고 있다. "불안은 어떤 공감적 반감이며, 또한 반감적 공감이다."(51)

모호성은 이미 주어진 상황 속에 놓여 있다. 상황이 애매하거나 확정되지 않았고, 어떤 결정을 요구하고 있다는 데에 놓여 있는 것이다. 하지만 방금 인용한 문장은 이를 넘어서서, 불안을 모호한 힘이라고 말하고 있다. 우리를 매혹시키면서 동시에 우리를 위협하는 이것은 대체 무엇인가? 이에 대한 잠정적인 대답은 이렇다. 그것은 상황 속에 놓여 있는 가능성이며, 우리가 어떠한 태도를 취하느냐에 따라 상황 또한 달라진다는 것이다. 확정되지 않은 것으로서 상황이 우리에게 닥쳐오는 것이다. 여기서도 우리 자신이 확정되지 않은 상황에 대해서 여러 가지 방식으로 입장을 취할 수 있다는 사실이 드러난다. 결국 모호성은 인간이 불안 속에서 자기 자신과 마주서게 된다는 사실에서 기인한다. 특정한 방식으로 자신과 관계를 맺을 수 있는 자기 자신(Selbst)으로서 자신 앞에 서는 것이다. 언제든 또 다른 방식으로 관계를 맺을 수 있는 자신으로서 말이다.

인간을 두렵게 하는 것은 단지 상황에 대해서 어떤 입장을 취할 수 있다는 사실만이 아니다. 불명확하거나 불확정적인 것으로 다가오는 상황에 대해 입장을 취해야만 한다는 것 또한, 인간을 두렵게 한다. 인간 삶의 과정에서 기본적인 예라 할 수 있는 사춘기를 보자. 사춘기에 접어들면, 어떤 다른 모습의 삶, 내 자신의 삶이 되어야 하는 또 다른 삶이 불명확하고 불확정적인 상태로 눈앞에 다가온다. 사춘기에 인간은 이를테면, 자기 자신으로부터 벗어나는 경험을 한다. 더 이상 이전과 같은 어린이가 아니며, 지금의 자신과는 다른 사람이 되어야 한다는 과제 앞에 서게 되는 것이다. 나중에 우리는 키에르케고어가 불안을 사춘기라는 삶의 기본적 경험과 연결시키는 것을 보게 될 것이다. 그가 이렇게 하는 이유는, 우리가 불안 속에서 우리 자신에 의해서 또는 우리 자신에 대해서 특이한 상태로 변화하기 때문이다. 사춘기와 같은 불안 속에서 우리는 우리 자신을 뚜렷하게 인지하게 된다. 불안 속에서는 이를테면, 자기 자신에 대한 관계가 중복된 형태가 됨으로써, 이 자기관계가 두드러지게 부각되는 것이다. 불안에서 드러나는 것은 자기 자신에 대해 관계를 맺을 수 있는 (또는 어떤 다른 방식으로 관계를 맺을 수 있는) 가능성이다. 하지만 불안은 또한, 그 자체가 이미 자신과 관계를 맺고 있는 방식이기도 하다. 불안은 이렇게 독특한 구조를 가진 자기 경험이다. 우리는 불안 속에서 우리 스스로를 자신과 관계를 맺고 있는 자로서 지각한다. 불안 속에서 우리는 단지 미래의 가능성에 대해서만 관계하고 있는 것이 아니다. 불안 속에서 관계하고 있는 가능성은, 자기 자신과 다른 방식으로 관계 맺을 수 있는 가능성, 내지는 스스로 이전과는 다른 사람이 될 수 있는 가능성인 것이다.

앞서 말한 대로, 한 인간이 불안해 할 수 있다는 것은 인간의 자기(Selbst)가 하나의 관계맺음이라는 사실, 내적으로 통일되지 못한 관계맺음이라는 사실을 보여준다. 하지만 불안은 단지 어떤 가능성에 그치지 않는다. 불안 속에서 한 인간은 바로 자신을 유일무이한 자기 자신(Selbst)으로서 경험하는 것이다. 키에르케고어에 따르면, 이렇게 자기 자신으로서 존재한다는 것은 이중적인 의미에서 자기관계맺음으로서 존재한다는 것을 뜻한다. 즉 인간은 자신에 대해 관계하고 있으며, 이 관계맺음 속에서 다시금 자기 자신에 대해 관계하고 있는 것이다. 여기서 한 문제가 떠오른다. 인간이 자기 자신에 대해 관계하고 있을 때, 인간은 자기 자신과 조화를 이루고 있는가? 불안에서 드러나는 것은 인간이 그냥 저절로 자기 자신으로 존재하는 것이 아니라는 점이다. 오히려 이제 비로소 자기 자신이 되어야만 하는 존재로서 드러난다. 그리고 이것은 종합이라는 규정 안에 놓여 있던 과제이다. 그것은 바로 자기 자신과 함께 결합하여 자라나야 하는[18] 과제이다. 키에르케고어가 보기에, 자기 자신에 대해 관계를 맺는 일 속에는 이중적인 가능성이 들어 있다. 인간은 자기 자신을 옹호하는 (자기 자신을 받아들이는) 입장을 취할 수 있으며, 아니면 반대로 자기 자신에 머무르지 않으려는, 자기 자신을 인정하지 않으려는 입장을 취할 수도 있다. 후자의 가능성은 이미 인간이 자신을 회피하는 경우에도, 즉 자기 자신을 선택하는[19] 일을 회피하고자 하는 경우에도 해당된다.

---

18. [역주] 즉 구체적인 자기 자신이 되어야 함을 말한다.
19. [역주] '선택'은 키에르케고어의 실존적 윤리학 혹은 '윤리적 실존방

자유의 가능성은 자기 자신과 관계할 수 있는 가능성 혹은 자신을 스스로 규정할 수 있는 가능성이다. 하지만 자유의 가능성은 또한, 인간이 자기 자신이 될 수 있는 가능성이기도 하다. 이 가능성은 인간 존재를 각별히 압박하는 성격을 갖고 있다. 이 가능성은 인간에게 회피할 수 없는 요구로서, 회피할 수 없는 과제로서 드러나고 있다. 왜냐하면 인간은 개별자로서 이미 이 가능성에 대해 관계를 맺고 있기 때문이다. 이 자유의 가능성에 내해서 인간이 스스로 결정을 내리는 것이다. 이때 결정은, 자유의 가능성 앞에서 느끼는 불안 속에서 인간이 이 가능성을 붙잡지 않는 방식으로도 내려질 수 있다.

불안과 원죄

나는 앞선 두 개의 단락에서, 『불안의 개념』 책 전체에서 몇 가지 중요한 대목을 선택하여 불안이 어떤 의미를 갖고 있는가를 개략적으로 보여주고자 했다. 하지만 키에르케고어가 논의를 시작하는 방식은 이와 다르다. 지금까지 나는 키에르케고어가 불안

식'에 있어서 매우 중요한 개념이다. 내용적으로 보편적인 윤리적 규범을 따르는 자기 자신과의 관계맺음으로 이해할 수 있을 것이다. 이에 대해선 아래 3장에서 상세히 논의된다.

에 대한 분석을 시작하는 논의의 틀, 자신의 분석을 그 안에 끼워 넣고 있는 논의의 틀을 무시했던 것이다.

키에르케고어는 이 논의의 틀을 『불안의 개념』의 긴 부제를 통해 말하고 있다. 그것은 "원죄라는 교의학적 문제와 관련하여, 심리학적으로 사태를 보여주는(hinweisen)[20] 하나의 고찰"이라는 부제다. 책 1장의 제목 또한 이에 못지않게 길다. 1장의 제목은 "원죄의 전제로서의 불안, 동시에 원죄의 원천을 향하여 소급해 올라간 설명으로서의 불안"인데, 이로써 불안과 원죄를 연결시키고 있는 것이다. 이어서 1장은 "원죄의 개념을 고려한 역사적 시사점들"로 시작하고, 그 첫 문장은 질문의 형태를 취하고 있다. "이 원죄 개념은 최초의 죄의 개념, 아담의 죄, 죄로 인한 타락과 동일한 것인가?"

우리가 먼저 다루어야 할 것은 원죄 개념이 어떻게 구성되어 있는가이다. 원죄 개념에는 서로 어울리지 않는 두 범주, 즉 자연적 범주("유전")의 범주와 윤리적 범주("죄" 또는 "죄책")가 결합되어 있다. 우리는 유전적 요인으로 물려받은 것에 대해서 스스로 죄책을 떠맡을 필요가 없다. 우리가 죄책을 떠맡은 일과 관련해서는, 결코 유전으로 물려받은 부분을 통해서 용서를 구할 수 없다.[21]

---

20. [역주] 직역하면 '심리학적으로 가리키는(psychologisch-hinweisend)' 이 될 것이나, 인간의 심리적 존재 상태를 그대로 직시하고 세밀하게 분석한다는 의미를 나타내기 위해 이렇게 옮겼다.

21. [역주] 일반적인 상식으로 볼 때, '원죄'라는 개념 자체가 내적 모순을

1장에서 키에르케고어는 원죄에 관한 전통적인 관념을 비판적으로 토론한다. 그는 원죄와 최초의 죄, 즉 아담의 죄가 어떤 관계에 있는가를 묻는다. 도대체 어떤 의미에서 아담의 죄는 최초의 죄가 되는 것인가? 아담의 최초의 죄와 이후 모든 인간이 범하는 최초의 죄 사이에는 어떤 차이가 있는가? "전통적인 관념에 따르자면" 그 차이는, 아담의 죄가 인간의 죄성(罪性, Sündigkeit)[22]을 결과로 가져오는 데 반해, 아담 이후 모든 개인이 범히는 최초의 죄는 바로 이 죄성을 전제하고 있다는 데에 있다.(36) 그러나 이러한 이해를 통해 아담은 인류 전체의 외부에 놓이게 된다. 키에르케고어가 원죄에 대한 전통적인 관념에 대해 반복해서 비판하는 것은, 이 관념이 아담을 "공상적으로 역사로부터"(34), "인류의 역사로부터"(31) 배제하고 있다는 것이다.

따라서 키에르케고어가 관심을 기울이는 것은 최초의 죄라는 개념이다. 최초의 죄는 단지, 어떤 계열의 맨 처음에 서 있다는 의미에서의 첫 번째 죄가 아니다. 만약 그렇다면, 그로부터 어떠한 역사도 등장하지 않을 것이다. 이와 달리 최초의 죄는 어떤 "질

갖고 있음을 설명하고 있다.

22. [역주] '죄 일반'과 '죄성'의 구별은 키에르케고어의 논의에서 대단히 중요한 역할을 한다. 전자가 개별자 스스로가 매 순간 행하고 있는 '질적 도약'을 뜻한다면, 후자는 인간이 어떤 자연적 기질로서 본래 지니고 있거나, 혹은 후천적-문화적으로 체득하게 된 죄의 가능성을 뜻한다.

(Qualität)적인 규정이다. 최초의 죄는 죄 일반(die Sünde)인 것이다."(36) 이 말은 다음과 같은 방식으로 이해되어야 한다. "최초의 죄를 통하여 [……] 죄가 이 세상으로 (들어왔다)."(37) 처음 볼 때 이 말은 아담의 첫 번째 죄와 함께 죄가 이 세상에 나타났다는 "일반적인 통념"을 확인시켜 주는 것처럼 보인다(39). 그러나 이것은 "이후 모든 인간이 범하는 최초의 죄에 대해서도 똑같이 해당된다. 즉 모든 인간이 저지르는 최초의 죄를 통해 죄가 세상에 들어오는 것이다."(37)

이에 따라 근본적인 질문은 어떻게 죄[23]가 세상에 나타나는가이다. 키에르케고어의 답변은 확실히 이중적인 방식을 보여주고 있다. 모든 것은 우리가 어떻게 질문하는가에 달려 있다. 만약 이 질문을 마치 하나의 설명을 제시해야 하는 식으로 이해한다면, 이는 이 질문을 잘못 이해한 것이다. 키에르케고어가 우리에게 주는 답변은, 죄 자신이 스스로를 전제하고 있다는 것이다.(38 이하) 이 답변이 뜻하는 바는 우리가 죄의 뒤편으로[24] 돌아갈 수 없다는 것이다. 이것이 불가능한 것은 죄가 다름 아니라 유일무이한 개별자 자신을 둘러싼 문제이기 때문이다. 죄가 어떻게 세상에

---

23. [역주] 여기서 '죄'는 특정 대상이나 문제에 대해 범한 잘못이 아니라 일반적 개념으로서의 '죄', 즉 '실존적 자기관계의 실패' 일반을 의미하는 '죄'로 봐야 할 것이다.
24. [역주] 다른 자연적인 현상들처럼 죄에 대해서 그 원인을 묻고 설명하는 일은 불가능하다는 뜻이다.

오는가, 이것을 모든 사람은 각자 자기 자신으로부터 이해하고 있다. "전적으로, 오로지 자기 자신을 통해서만"(61) 이해하고 있는 것이다. 키에르케고어는 이로써 죄의 질문이 갖고 있는 윤리적 성격을 강조하고 있다. 모든 사람은 각자가 죄에 대해서 하나의 "원초적인", 다시 말해 근원적인 관계를 갖고 있다. 만약 누군가가 죄에 대해서 질문하면서, 한 사람의 개별자와 상관없는 무언가를 묻는 듯 질문한다면, 그는 멍청이처럼(60) 질문하는 것과 나를 바 없다. 왜냐하면 그렇게 우리가 어떤 존재인지를 망각하는 방식으로 질문할 때, 우리는 바로 우리 자신을 망각하고 있는 것이기 때문이다. 모든 사람은 각자 죄가 무얼 뜻하는지, 바로 자기 자신을 통해서 알고 있다.

그럼에도 불구하고 키에르케고어는 불안에 관한 분석을 통해 죄가 어떻게 이 세상에 들어왔는지를 보여주고자 하는 듯하다. 내가 앞선 개략적 논의의 마지막 부분에서 말한 것처럼, 인간은 언제든 길을 잘못 들 수 있다. 즉 불안이 열어주는 가능성을 회피하면서 자기 자신을 그르칠 수 있는 것이다. 바로 불안 속에서 인간은 자기 자신을 그르치게 된다. 이를 보여주는 가장 결정적인 대목은 이것이다. "우리는 불안을 어떤 현기증과 비교할 수 있다. 입을 벌린 아득한 심연(深淵)을 내려다봐야 하는 자는 현기증을 느낄 것이다. 그렇지만 현기증의 원인은 어디에 있을까? 그것은 이 사람의 눈에도 있고, 또 심연에도 있다. 왜냐하면 그가 그 아래를 내려다보지 않았다면, 현기증이 일어나지 않았을 것이기 때문이다.

바로 그와 마찬가지로 불안은 자유의 현기증이다. 그것은 정신이 종합을 정립하려 하고, 이제 자유가 자기 자신의 가능성을 내려다 볼 때 일어나게 되는 현기증이다. 이때 자유는 자기 자신의 가능성을 내려다보면서 스스로를 지탱하기 위하여 유한성을 붙들고 있다. 바로 이렇게 현기증 속에서 자유가 침몰하고 있다.'(72) 키에르케고어는 불안을 현기증과 비교한다. 좀 더 정확히 말해서, 불안이 바로 자유의 현기증이다. 깊은 심연을 내려다보는 자가 현기증을 느끼게 되는 것처럼, 자유가 이제 자기 자신의 가능성을 내려다보는 것이다. 이 말 뜻은, 스스로 자신 자신에 대해 관계해야 하는 가능성을 갑자기 발견한다는 것이다. 그런데 여기서 우리는 또한, 자신이 어떻게 관계를 맺는가에 대해서 책임을 지지 않으면 안 된다. 물론 이때 어떤 방식으로 이 가능성을 발견하고 있는가가 중요하다. 우리는 불안 속에서 이 가능성을 발견한다. 즉 이미 불안 속에서 이 가능성에 대해 관계를 맺고 있으면서 이 자유의 가능성을 발견하는 것이다. 이에 따라 불안에서 드러나는 것은 인간이 자신으로부터 회피할 수 없다는 사실이다. 설사 인간이 불안 속에서 자신을 회피하려고 시도한다 하더라도, 이 또한 이미 자기 자신과 관계를 맺는[25] 것이기 때문이다. 불안은 단지 자유의 가능성을 발견하는 것에 그치지 않는다. 동시에 불안은 또한, 이

---

25. [역주] 불안 자체를 부인하려는 것, 혹은 자기 자신의 자유를 그냥 지나치려는 태도 또한 자기관계의 한 방식이기 때문이다.

가능성을 앞에 둔, 이 가능성에 대한 불안이 된다. 그리고 바로 이 불안 속에서, 혹은 이 자유의 현기증 속에서 "자유는 침몰하고 있다."

키에르케고어의 말을 따르자면, 타락 혹은 몰락에 대한 이러한 설명이 심리학적으로 보여주는 방식이다. 본래적인 의미에서 이 것은 설명이기를 원치 않는 설명이다.[26] 방금 인용한 다음 부분에서 키에르케고어는 이렇게 말한다. "심리학은 이 이상 더 나아갈 수 없다. 심리학은 더 나아가는 것을 원치도 않는다."(72) 그의 설명은 여기서 멈춘다. 결정적인 것은 개별자가 스스로 실행하는 걸음이다. 키에르케고어는 계속해서 말한다. "바로 동일한 순간에 모든 것이 변화하였다. 그리고 자유가 다시금 일어서면, 그때 자유는 자신이 죄를 범했음을 안다. 이 두 순간 사이에 도약이 존재하는데, 이 도약은 어떠한 학문도 설명하지 못했고 또 설명할 수도 없다."(72) 앞서 얘기한 대로, 최초의 죄는 하나의 질적인 규정이다. "도약과 함께 즉시, 수수께끼처럼 급작스럽게 새로운 질이 등장하는 것이다."(37) 따라서 우리는 불안에 대한 분석을 통해, 죄가 "개별자의 질적인 도약에 의해" 세상에 들어온다는 사실에 도달하는 것이다.

키에르케고어가 논의를 시작하면서 전개하는 이 토론, 즉 불안, 죄, 원죄 사이의 관계에 관한 토론은 전체적으로 조망하기가 쉽지

---

26. [역주] 이것은 일반적인 인과론적 설명과는 다른 '설명'이라는 뜻이다.

않다. 이 토론의 핵심을 꿰뚫어보기란 더더욱 어렵다. 하지만 이 토론을 쫓아가다 보면, 서서히 상당히 분명한 내용을 가진 답변이 윤곽을 드러낸다. 키에르케고어는 '죄'와 '죄성' 사이를 엄밀하게 구별하고 있다. 죄는 개별자의 질적 도약으로 인해 세상에 들어온다. 반면 죄를 범할 수 있는 가능성으로서 계속 존재하는 죄성은 모든 세대를 거쳐서 혹은 인류 전체를 통해서 계속 아래 세대로 전해진다. 죄성은 자신의 역사를 갖고 있다. 그러나 이 역사는 양적인 규정들 안에서 움직이는 역사이다.(56) 다시 말해서, 인간의 역사가 죄를 범할 수 있는 가능성 내지 성향에 의해 아무리 깊이 물들어 있다 하더라도, 죄 자체가 이로부터 산출되는 것은 아니다. 죄는 개별자가 스스로가 행하는 발걸음[27]이기 때문이다.

다시 처음으로 돌아가 질문해 보자. 왜 키에르케고어는 원죄와의 연관성 속에서 불안에 대해 그토록 중요한 역할을 부여하는 것일까? 그가 말하는 심리학적 설명이 원인과 관련하여 어떠한 설명도 제공하지 않는데도 말이다. 심리학적 설명은 죄에 선행하는 것이 무엇인지를 묻는다. 그러나 이 설명이 어떤 대답을 내놓기는 하지만, 결코 죄를 설명하지는 않는다. 죄가 분명 불안 속에서 세상에 들어오기는 하지만, 이렇게 세상에 들어오는 것은 도약을 통해서 일어나기 때문이다. 그런데 죄성과 죄 사이를 구별하는 것과 관련하여, 불안이 단순히 이 둘 가운데 어느 한쪽에 속하는

---

27. [역주] 즉 개별자 자신이 행하는 '질적 도약'을 말한다.

것은 아니다. 얼핏 보면, 불안은 죄에 선행하는 죄성 아래에 복속되는 것처럼 보인다. 그러나 불안은 죄성과는 전혀 다른 방식으로 주관적인 현상이다. 불안은 죄가 언제나 개별자의 죄인 것과 거의 흡사하게 개별자가 홀로 겪는 불안인 것이다. 불안은 일종의 중간적 규정(Zwischenbestimmung)이다.[28] 그리고 바로 중간적 규정이라는 불안의 의미가 원죄 개념이 내포하고 있는 문제와 관련되어 있는 것이다.

앞서 얘기한 것처럼, 이 원죄 개념의 문제는 개별자에게 자연적으로 주어진 것(유전)과 개별자가 자신이 행한 것(죄 내지는 죄책) 사이의 관계에 대한 문제이다. 앞서 나는 불안을 자유의 현기증으로 논의하는 대목을 인용했었는데, 키에르케고어는 바로 이 대목에 이어서 이렇게 말한다. "불안 속에서 죄를 짓게 되는 자는 더없이 모호한 상태에서 죄를 짓는 자이다. 불안은 일종의 여성적인

---

28. [역주] '중간적 규정'은 직접적으로는 불안이 죄의 가능성(죄성)과 죄의 현실성 사이에 위치해 있는 인간 존재의 상태라는 점을 가리키고 있다. 하지만 '중간적 규정'의 중간은 지금까지 논의한 내용을 볼 때 다음 세 가지 함의 또한 갖고 있다고 볼 수 있다. 하나는 불안이 주체가 자신의 자유(자기규정의 가능성)를 전혀 모르는 상태에서 자유를 감지하는 상태로 이행하는 '중간 단계'임을 드러낸다고 볼 수도 있으며, 다른 하나는 불안의 모호성, 즉 불안 자체가 반감적 공감이면서 공감적 반감이라는 이중적인 성격을 동시에 갖고 있음을 나타낸다고 볼 수 있다. 나아가 '중간적 규정'은 불안을 통해 드러나는 자유의 가능성이 언제든 침몰하여 실패할 수 있는 가능성이라는 점 또한 함축하고 있다고 볼 수 있다.

무기력이라 할 수 있는데, 이 무기력 상태에서 자유가 자신의 의식을 상실하는 것이다. 심리학적으로 말한다면, 자유의 타락은 언제나 어떤 무기력 속에서 일어난다. 그러나 동시에 불안만큼 자기 자신과 직결된 것[29]도 없으며, 자유의 어떠한 구체적인 표현도 모든 구체화의 가능성만큼 자기 자신과 직결된 것일 수 없다. 이것은 다시금 개별자에게 압도적인 것이다. 즉 개별자의 모호한 관계, 개별자의 공감적이면서 동시에 반감적인 관계를 규정하는 압도적인 것이다."(72 이하)

불안에 있는 모호함은 이제 죄책에 대한 질문에 대해서도 유효하다. 이미 언급한 대로, 불안은 단지 자유의 가능성을 드러내는 데 그치지 않는다. 자유는 불안 속에서 "침몰할" 수 있는 것이다. 이것은 마치 우리에게 우연히 일어나는 어떤 일처럼 들린다. 우리는 현기증을 느끼거나 지쳐버릴 수 있다. 하지만 동시에 우리는 스스로 굴복하거나 길에 잘못 접어들 수도 있다. 바로 이 이중적인 특성 때문에 키에르케고어가 불안을 모호한 힘으로 서술하는 것이다. 불안에 의해서 죄를 짓게 된 사람은 "사실은 무구하다. 왜냐하면 그를 사로잡은 것은 그 자신이 아니라, 그에게 낯선 힘인

---

29. [역주] 키에르케고어가 의도하는 바에 따라서, 저자는 여기서 자기 자신과 직접적으로 관련되어 있고, 자기 자신을 일깨운다는 의미의 '자기 집중적인(selbstisch')과 자기 자신을 하나의 완결된 실체로 여기면서 그에 매달리고 집착하는 '자기 집착적인 혹은 이기적인 (selbsthaft)'을 구별하고 있다.

불안이었기 때문이다. 그는 이 불안이라는 힘을 사랑하지 않았고, 오히려 그 힘에 대해서 불안함을 느꼈던 것이다. 하지만 그럼에도 그는 죄책을 짊어지게 되었는데, 왜냐하면 그가 두려워하면서도 사랑하였다고 할 수 있는 바로 그 불안 속으로 스스로 침몰하였기 때문이다."(52) 키에르케고어는 덧붙인다. "이 세상에 이보다 더 모호한 것은 없다."(52) 키에르케고어가 원죄의 문제와 관련하여 불안에게 중심적인 역할을 부여할 때, 그 이유는 바로 불안이 갖고 있는 모호함에 있는 것이다. 불안이 무엇에 의해 촉발되는가라는 질문 안에 이미 모호함이 들어 있다. (불안과 현기증에 대한 그의 비교에서처럼) 깊은 심연 때문인지 아니면 내려다보는 눈 때문인지 모호한 것이다. 심연을 내려다볼 때, 우리는 불안을 느낀다. 그런데 우리가 눈을 '고정시키고' 시선을 돌리지 않는 방식으로 심연을 들여다본다는 것 또한 사실이다. 불안은 인간 안에 존재하는 어떤 낯선 힘이다. 그것은 인간을 압도하는 또는 인간을 사로잡는 어떤 것이다. 그러나 동시에 우리는 불안 속에서 우리 자신과 관계를 맺고 있다. 우리는 불안 속에서 우리 자신에게 무언가를 ――예컨대 우리 스스로 길을 잘못 드는 방식으로―― 행하고 있다. 이런 의미에서 우리는 모호함을 얘기하지 않을 수 없다. 이 모호함 속에서 "개별자는 죄를 지은 것이기도 하고, 무구하기도 하다. 불안의 무기력함[30] 속에서 개별자는 몰락한다. 하지만 바로 그렇

---

30. [역주] 의미에 따라 좀 더 풀어서 번역한다면, "불안이 야기한 무기력

기 때문에 개별자는 죄가 있기도 하고 또 무구하기도 한 것이다."(86) 이미 얘기한 대로, 불안의 무기력함은 죄가 세상에 들어왔다는 사실을 설명해 주지는 못한다. 이 사실이 불안 속에서 일어난 것이기는 하지만, 본질적으로는 "질적인 도약에 의해서"(64) 일어난 것이기 때문이다.

이렇게 볼 때, 불안은 하나의 "중간적 규정"이다. 즉 불안은 가능성(죄성)과 현실성(죄) 사이에 있는 규정인 것이다. 불안이 저절로 자유와 동일해지는 것은 아니다. 우리 스스로가 불안해지기로 결정하는 것은 아니다. 우리는 어쩔 수 없이 불안해지게 된다. 그러나 동시에 불안은 우리가 우리 자신과 관계를 맺는 하나의 방식이기도 하다. 우리가 불안을 '키우는' 것 또한 사실이다. 불안은 이를테면 "붙잡혀 있는 자유이다. 즉 이때 자유는 내적으로 자유롭지 못한 상태인 것이다."(59) 죄가 불안 속에서 세상에 들어왔다는 것이 뜻하는 바는 죄가 어떤 자유롭고 자의적인 결정에 의해서 이루어지지 않았다는 점이다. 이것은 또한 죄가 어떤 필연성으로서 세상에 들어온 것이 아님을 가리키는 말이기도 하다.

따라서 불안의 모호함이란, 불안이 우리에게 돌발적으로 '나타나지만', 동시에 우리가 불안 속에서 자기 자신과 관계를 맺고 있으면서, 우리 '자신(Selbst)'이 불안해하고 있다는 점이다. 이

함" 또는 "불안으로 인해 개별자가 빠져들게 된 무기력함"이 될 것이다.

모호함을 바탕으로, 불안은 우리에게 우리 자신을 발견할 수 있는 가능성을 주고 있다. 우리가 우리 자신을 의식하게 된다면, 이것은 우리에게 뭔가 결정적인 일이 일어났다고 할 수 있다. 어떤 일이 우리 자신에게 돌발적으로 "일어난" 동시에, 그 일이 우리 자신에 '의해서' 일어나게 된 셈이다. 우리가 우리 스스로를 의식하게 되었기 때문이다. 설사 다른 사람들이 우리의 불안이 일어나는 데 많은 역할을 했다 하더라도, 불안에서 문제가 되는 것은 우리가 스스로 겪어야만 하는 우리 자신의 경험인 것이다.

무구성과 불안

"하지만 무구성은 오직 죄책에 의해서만 상실된다. 모든 개별자들은 각자, 본질적으로 아담이 무구성을 잃었던 것과 동일한 방식으로 자신의 무구성을 상실한다."(44) 최초의 죄, 즉 죄로 인한 타락은 모든 개별자 각자에게 똑같이 근원적으로 일어난다. 따라서 한 개별자의 삶에서 죄로 인한 타락이 도대체 무엇을 의미하는가를 살펴볼 필요가 있다. 만약 개별자의 질적 도약으로 인해 죄가 세상에 들어온 것이라 할 때, 개별자 자신에게는 무슨 일이 일어난 것일까? 키에르케고어 자신이 이에 대한 연구를 시사하고 있는데, 왜냐하면 그가 타락 이전의 무구성에 관해 논의하고 있기 때문이다. 무구성 또한 모든 개별자의 삶 속에 똑같이 근원적으로 존재하고 있다.

먼저 키에르케고어는 무구성과 직접성을 혼동하지 말라고 경고한다.(43) 아마도 독자들은 왜 이렇게 경고하는지를 쉽게 이해하기 어려울 것이다. 키에르케고어는 헤겔에 대한 공격적인 선언, 즉 헤겔이 발견해낸 것을 반드시 잊어야 한다고 선언하면서 자신의 경고를 얘기하고 있다. 그러나 헤겔에 대한 공격은 다른 목적을 갖고 있다. 키에르케고어가 말하고자 하는 핵심은, 무구성이 단지 지양되어야만 하는 어떤 것이 아니라는 것, 헤겔이 지양되어야만 하는 것으로 본 직접성 같은 것이 아니라는 데에 있다. 키에르케고어 스스로 강조하듯이, 무구성은 어떤 무엇이다. 무구성은 "어떤 질(Qualität)이다. 그것은 홀로 충분히 잘 존립할 수 있는 하나의 상태인 것이다." 무구성은 "사람들이 그 안에 머무를 수 없는 어떤 불완전성이 아니다. 왜냐하면 무구성은 언제나 혼자만으로 충분한, 자족적인 것이기 때문이다."(45)

우리가 이 무구성이란 말을 유년기의 무구성으로 이해한다면, 키에르케고어가 무구성으로 무엇을 말하려 하는지가 명확하게 드러난다. 유년기란 단순히 사춘기 이전의 시기를 가리키지 않는다. 유년기가 갖고 있는 의미는 단지 그 이후에 오는 시기에 의해 결정되는 것이 아니라, 그 자체 내적으로 충족되어 있는 것이다. 유년기는 어떤 불완전한 것, 그 결핍과 단점으로부터 그 의미를 측량할 수 있는 어떤 불완전한 것이 아니다. 반대로 유년기는 나름의 고유한 완전성을 갖고 있으며, 그 자체 내적으로 완성되어 있는 시기다. 유년기는 자신 안에 머물러 있다. 그러나 유년기가 고유한 의미를 획득하게 되는 것은, 유년기가 스스로 어떤 이해를 품고 있기 때문이다. 여기서 '어떤 이해'란 성인의 삶에 대한 이해 또한 포함하고 있는 말이다. 키에르케고어가 새롭게 불안에 대해 이야기할 때, 그는 바로 이 점을 암시하고 있는 것이다. 유년기가 그 무구성에 있어서 자기 충족적이라 할지라도, 그것은 또한 자신과 다른 어떤 것[31]을 향해 있는 시기이기도 한 것이다.

키에르케고어는 무구성 안에 존재하는 불안에 대해 간략하게 말한다. "어린아이들을 관찰해 보면, 우리는 이러한 불안이, 모험적이며 동화적인 것, 무시무시한 것, 수수께끼 등을 향한 동경보다 더 명확한 방식으로 드러나고 있다는 점을 확인하게 된다."(51) 어린아이는 스스로 앞으로 올 것에 대한 느낌을 갖고 있다. 유년기는 내적으로 늘 동일하게 머물러 있는 시기가 전혀 아니다. 반대로 그것은 어린아이가 스스로 관계를 맺고 있는 일련의 변화들로 얼룩져 있다. 만 세 살이 되었을 때 어린아이가 겪게 되는 변화가 이에 대한 구체적인 예가 될 것이다. 어린아이는 만 세 살이 된다는 것이 어떤 것인지에 대해 미리 고민할 수도 있고, 또 머릿속에 상상해 볼 수도 있다. 만 세 살이 되면, 어느 정도는 성장했다고 할 수 있다. 보통 어린이집에 다니게 되고, 젖꼭지와 기저귀를

---

31. [역주] 아직은 그 모습을 제대로 알 수 없는 사춘기, 그리고 그 너머의 성인으로서의 삶을 의미한다.

떼게 된다. 만 세 살이 되는 것. 어린아이의 머릿속에서 이것은 거의 어떤 마법적인 것일 수도 있다. 집을 떠나 어린이집에 다니게 되면, 어린아이는 이러한 변화를 놀이를 통해서 체험한다. 예를 들어, 어린아이는 흔히 인형이나 부모가 어린아이 역할을 하도록 하고, 이들을 어린이집에 데려 갔다가 데려 오는 놀이를 하는 것이다. 좀 더 시간이 지나면서 어린아이는 성인의 삶에 대해 점점 더 많이 상상하고, 앞으로 다가올 것에 대해 여러 가지 생각을 하게 된다. 놀이 속에서나, 아니면 수수께끼나 모험적인 것을 향한 동경을 통해서나, 어린아이는 자신과 다른 미래의 삶에 대해서 스스로 관계를 맺고 있는 것이다.

그런데 키에르케고어에 따르면, 바로 이렇게 성인의 삶에 대한 관계맺음에 있어서 유년기가 가진 무구성이란 무지에 다름 아니다. 무구성이 어떻게 무지이면서, 동시에 모호한 가능성을 선취하는 불안일 수 있을까? 여기서 재차 지적해야 할 것은 이러한 무지가 단지 모든 앎이 부재한 상태가 아니라는 점이다. 한편으로 유년기의 무지는 어떤 특정한 무지, 즉 (아직은) 존재하지 않는 것에 대한 무지이다. 즉 그것은 성적인 차원에 대한 무지이다(이 성적 차원 자체가 나름의 의식을 수반하고 있다는 점을 우리는 나중에 보게 될 것이다). 다른 한편으로 유년기의 무지는 "무지를 의미하는 어떤 앎"(81)이다. 무지 안에 들어 있는 이 앎이 바로 수치심(Scham)이다. 이 앎은 성적 차이에 관한 것이다. 하지만 이 앎은 성적 차이에 대해 일정하게 관계를 맺고 있는 앎이 아니다. 수치심의 불안은 모호하다. "여기에는 감성적 쾌락에 대한 어떠한 흔적도 없다. 그럼에도 분명히 부끄러움이 존재한다. 도대체 무엇 때문인가? 어떤 것 때문도 아니다. 그럼에도 개별자는 심지어 수치심 때문에 죽을 수도 있다. 상처 받은 수치심은 가장 깊은 고통인데, 왜냐하면 이 고통이야말로 가장 설명하기가 어려운 고통이기 때문이다."(81)

키에르케고어는 이러한 방식으로 수치심을 무구성에 의해 설정된 틀 안에서 이해한다. 혹은 좀 더 정확히 이렇게 말할 수 있다. 수치심이 곧바로 무구성인 것은 아니다. 오히려 수치심이 무구성을 보존하거나 혹은 계속 고수하려고 시도하면서, 수치심은 동시에 성적 차이에 대한 어떤 앎이 되는 것이다. 개별자가 수치심의 불안을 키울 때, 그는 자신이 특정한 성으로 규정되어 있다는 사실을 부끄러워하거나 회피하고 있다.(81 이하) 그는 이를테면, 자기 자신과 직접적으로 통일되어 있는 상태를 위협하는 것에 대해서 스스로를 보호하고 있는 것이다.

키에르케고어가 이런 방식으로 수치심을 계속 유지되고 있는 무구성으로, 즉 '경계선 위의' 무구성으로 한정하는 것에 대해 어쩌면 의아한 생각이 들 것이다. 왜냐하면 이를 통해 수치심의 불안이란 현상이 양쪽 방향으로 협소해지는 것처럼 보이기 때문이다. 즉 이전의 어린아이 시절과의 관계에서도, 또한 이후의 성인 시기와의 관계에서도 협소해지는 듯하다. 어린아이도 얼마든지 수치심과 관련하여 상처를 받을 수 있으며, 실제로 스스로 수치심을 느낄 수 있는 것이다. 다른 한편, 수치스러움과 수치심은 성인들의 삶에도 포함되어 있는 현상이다. 어쩌면 성인이 갖고 있는 수치심은 성인의 삶이 계속 유년기 내지 사춘기와 연결되어 있도록 해주는 어떤 능력일는지 모른다. 그러나 키에르케고어는 수치심의 불안이 차지하는 위치를 무구성의 내부로 —— 이때 무구성은 "무지를 뜻하는 앎"으로 이해되는데 —— 정함으로써, 무지가 자기 자신 안에 고유한 앎을 포함하고 있음을 보여주고 있다. 다시 말해 수치심의 불안 자체가 이미 성적 차이에 대해서 관계를 맺고 있는 하나의 방식인 것이다. 바로 성인의 삶을 형성하게 될 바로 그 차이에 대해서 말이다.

키에르케고어가 무구성에 관해 묘사한 내용에는 아직 또 하나의 문제가 남아 있다. 그가 무구성이란 그 자체로 존속할 수 있는 마음의 상태라고 말할 때, 우리는 이렇게 반문하지 않을 수 없다. 즉 수치심이 앞으로 나타나게 될 것에 대한 앎을 포괄하고 있는 것은 아닌지, 이에 따라 수치심이 향후에 더 이상 존속하지 않게 될 것에 대한 앎을 포함하는 것은 아닌지, 반문하지 않을 수 없는 것이다. 하지만 그럼에도 키에르케고어가 여전히 무구성이 그 자체 내적으로 지속되는 것이라고 주장한다면, 그 의미는 바로 무구성이 앞서 서술한 것처럼, 하나의 고유한 세계를 이루고 있다는 점에 있을 것이다. 이후에 오는 다른 세계와 저절로 교체되지 않는 고유한 세계로서 말이다. 비록 우리들이 어린아이가 성장하여 성인이 될 것이라고 이야기한다 해도, 무구성이 그 이행 과정에서 자연스럽고 순탄하게 지양되는 것은 아니다. 무구성은 어떤 도약을 통해서, 수수께끼처럼 갑작스럽게 상실된다. 물론 유년기 안에도 이러저러한 '도약들'이 존재한다. 어린아이도 자신이 이전과 달라졌음을 스스로 감지하는 때가 있으며, 이럴 때 자신을 자기 자신으로부터 분리시킬 수 있다. 이 경우 어린아이는 자신에 대해 이전과는 다른 의식을 갖고 이를 발전시키게 된다. 따라서 키에르케고어가 개별자의 질적인 **도약**에 대해 말할 때, 이 도약은 보나 더 확장된 의미를 갖고 있음에 틀림없다. 이 확장된 의미가 무엇인지를 알아내기 위해선, 그가 무구성 안에 존재하는 정신에 대해 논의하는 바를 주목해야 한다.

"무구한 상태에 있는 인간은 정신으로서 규정된 것이 아니라, 자신의 자연성과 직접적으로 통일된 상태에서 영혼적으로 규정되어 있다."(50) 이렇게 무구성 속에 있는 "직접적인" 통일에 대해 얘기하는 것은 우리가 방금 전까지 전해들은 내용과 어긋나는 것처럼 보인다. 앞서 얘기한 대로, 무구성은 개별자가 자신에 대해 갖고 있는 독특한 관계맺음이며, 이를 통해 무구성은 그 자체 하나의 고유한 세계를 이루고 있다. 그것은 바로 다른 세계의 경계선들로부터[32] 구별되어 있는 하나의 고유한 세계인 것이다. 그렇기 때문에 무구한 상태에 있는 인간이 정신으로서 규정되어 있지

---

32. [역주] 이 경계선 너머에는 사춘기, 성인기, 노년기 등등 아직은 구체적으로 전혀 알 수 없는 삶의 시기들이 놓여 있다.

않다고 얘기하는 데 그친다면, 이는 충분하다고 할 수 없을 것이다. 키에르케고어는 이렇게 덧붙인다. "정신은 꿈을 꾸면서 인간 안에 존재한다."(50) 좀 더 아래에서는 이렇게 설명하고 있다. "따라서 정신이 현존하고 있는 것이다. 하지만 직접적인 정신, 꿈을 꾸는 정신으로서 현존하고 있는 것이다."(52) 정신이 이렇게 이미 현존하면서, 정신은 영혼과 육체의 직접적인 통일성을 교란시키고 있다. 앞서 살펴보았듯이, 정신은 제3의 항으로 이해해야 한다. 개별자가 자기 자신에 대해 영혼과 육체로서 관계할 때, 정신은 이두 가지 계기를 결합시키는 제3의 항이다. 달리 말하자면, 정신은 자기관계맺음(Selbstverhältnis) 또는 자기관계 속에 있는 연결을 나타내는 말이다. 어린아이가 미래의 가능성, 자신이 다른 모습이 될 가능성에 대해서 스스로 관계를 맺고 있다면, 바로 이런 한에 있어서 어린아이의 정신은 무구성 안에서 꿈을 꾸는 것처럼 현존한다고 할 수 있다. 키에르케고어는 여기서 정신을 모호한 힘이라고 부른다. 정신은 직접적인 연관성[33]을 교란시키는 한에서는 적대적인 것이지만, 정신이 가져다주는 변화의 가능성이 (다시금) 자기 자신이 되는 가능성인 한에서는 우호적인 것이기도 하다. 정신이 꿈을 꾸면서 현존한다는 것은, 개별자가 다가올 또 다른 삶의 윤곽

---

33. [역주] 여기서 '직접적인 연관성'은 어린 시절에 영혼과 육체의 측면이 서로 대립하고 갈등을 일으키지 않고 자연스럽게 통일되어 있는 상태로 이해할 수 있다.

을 어렴풋이 감지하면서 자기 자신과 관계를 맺고 있음을 의미한다. 물론 개별자가 이때 이러한 또 다른 삶을 하나의 독자적인 가능성으로서 명확히 파악하고 있는 것은 아니다. 키에르케고어의 표현을 따른다면, 정신은 여기서 스스로 불안으로서 자신과 관계하면서, 자기 자신에 대해 관계를 맺고 있는 것이다.(53)

이러한 불안이란, 무구한 상태에 있는 인간이 자기 자신에 의해 불안정하게 될 수 있다는 것을 의미한다. 오직 "딘 하나의 단어가 울려 퍼지는 것으로 족하다."(53) 그러면 바로 불안은 스스로 움직일 수 있는 무언가를 갖게 된다. 키에르케고어는 신이 아담에게 한 말을 언급한다. "그러나 선과 악을 인식하게 되는 나무, 너는 이 나무로부터 어떤 것도 먹지 마라."(창세기 2:17) 그는 덧붙인다. "이 금지는 아담에게 불안을 초래했는데, 왜냐하면 그것이 아담 안에서 자유의 가능성을 일깨웠기 때문이다. 무구성의 상태에서 불안의 무(無, Nichts)로서 그냥 지나쳐 갔던 것이 이제 아담의 내면 안으로 밀려들어온 것이다. 그리고 이 밀려들어온 것은 다시금 하나의 무이다. 그것은 할 수 있음이라는, 아담을 불안하게 만드는 가능성인 것이다."(53) 이 불안 속에서 무구성은 "그 극한의 단계"에 도달하게 된다.(54) 비록 우리가 무구성으로부터 이어지는 자연스러운 이행에 대해 얘기할 수는 없지만, 어떤 극단적인 고조 상태가 등장하는 것은 사실이다.

이상의 내용을 볼 때, 키에르케고어가 단지 어떤 하나의 도약뿐만 아니라 도약 일반[자체]에 대해서 논의할 때, 이 도약의 확장된 의미는 무엇일까? 이미 지적한 대로, 여기서 말하는 도약은 개별자가 자기 자신에 대한 의식을 통해서 스스로 변화하게 됨을 의미한다. 그리고 이 변화란, 개별자가 자기 자신에 대해 의식하게 되는 것, 스스로를 자기 자신(Selbst)으로서 의식하게 되는 것을 뜻한다. 달리 말해서, 온전한 의미에서 자기 자신과의 관계맺음이 출현하는 것이다. 정신은 더 이상 꿈꾸는 상태가 아니다. 반대로 정신은 이제 어떤 전환점, 하나의 새로운 국면을 정립하게 된다.

성과 역사

지금까지 상당히 오래 진행된 논의에 이어서, 이제 우리는 종합으로서의 인간이라는 규정으로 되돌아오고자 한다. 이미 언급했듯이, 키에르케고어는 무구성의 상태에서는 영혼과 육체 사이가 직접적으로 통일되어 있다고 설명한다. 그러나 그는 또한 이러한 영혼과 육체의 종합이 현실적인 것은 아니라고 강조한다. 왜냐하면 "두 계기를 결합시키는 것이 바로 정신인데, 이 정신은 아직 정신으로 정립되지 못한 상태이기 때문이다."(58) 정신이 "정신으로서 정립되어 있다"는 것은, 개별자가 유일무이한 자기 자신(Selbst)으로서, 종합을 위한 두 계기들을 서로 결합시켜야 하는 자기 자신으로서 스스로를 의식하게 된다는 것을 의미한다.

그러나 두 계기들을 결합시키는 일이 해야 할 과제로 주어져 있다면, 이 계기들은 그에 앞서 서로 분리되어 있어야만 한다. "정신이 스스로를 정립하는 바로 그 동일한 순간, 정신은 종합을 정립한다. 하지만 정신이 종합을 정립하기 위해서는, 우선 정신이 종합을 분리시키면서 그 속으로 침투해 들어가야만 한다. 그리고 감성적 차원의 가장 극단적인 지점이란 바로 성적인 차원이다."(58) 죄로 인한 타락에서 개별자는 자기 자신으로부터 분리됨으로써 자신으로부터 소외된 상태가 된다. 이것은 두 계기들 사이의 차이가 모순을 이루면서, 이들이 서로 분리되는 것을 의미한다. 즉 육체성 혹은 감성이라는 하나의 계기가 다른 영혼의 계기와의 관계에서 '극단적인 수준'으로 부각되면서, 서로 분리되게 되는 것이다. 이를 통해 정신이 일방적으로 다른 영혼의 측면에서 등장하게 되는 듯하고, 그럼으로써 두 계기들 사이의 관계가 이제 한쪽에는 감성이, 다른 한쪽에는 정신이 서로 첨예하게 대립하는 관계로 변화되는 것이다. 『불안의 개념』 뒷부분에서 키에르케고어는 성적 차원이 엄청난 모순을 표현한다고 말한다. 즉 "불멸하는 정신이 성(Genus)으로서 규정되어 있다는"(82) 엄청난 모순의 표현인 것이다. 여기서 이미 종합에 대한 또 다른 규정, 곧 영원성과 시간성 사이에서의 종합이란 규정이 드러나고 있다.

그러나 정신은 "제3의 항" 역할을 중단하지 않는다. 오히려 이제야 비로소 정신 혹은 자기 자신(Selbst)이 종합의 계기들을 결합시키는 제3의 항으로서 스스로를 드러내게 된다. 이것은 방금 인용한 문장 속에도 표현되어 있다. "성"으로서 혹은 성적 차이로서 규정되어 있는 것은 바로 정신 내지 자기(Selbst)로서의 개별자인 것이다. 사춘기에 개별자는 자기 자신이 성별로서[34] 규정되어 있다는 특이한 경험을 하게 된다. 이것은 개별자 자신에게 기이하게 다가오는데, 바로 이때 개별자는 또한 자기 자신과, 자기(Selbst)로서의 자기 자신과 맞닥뜨리게 된다. 다시 말해서 개별자는——성적으로 규정되어 있음을 통해—— 자신으로부터 벗어나게 됨으로써 스스로를 자기 자신(Selbst)으로서 발견하게 되는 것이다. 그리하여 종합안에 놓여 있는 과제, 즉 비동질적인 것들을 서로 연관지어야 하는 과제가 등장하게 된다. "성적 차원에 이르러 비로소 종합이 모순으로서 존재하게 된다. 그런데 여기서 종합은 동시에, 다른 모든 모순들처럼 하나의 과제로서 정립되어 있는 것이다. 바로 이 동일한 순간에 이 과제의 역사가 시작되는 것이다."(59)

나는 이 인용문을 이곳과 뒤의 6장에서 비교적 상세하게 논의하게 될 것이다. 우선 성적 차원이란 개념을 보자. 이미 보았듯이, 수치심 안에는 성적 차이에 대한 어떤 앎이 존재한다. 하지만 이 앎은 우리가 성적 차이에 대해 스스로 관계를 맺을 때, 이에 속해 있는 그러한 앎이 아니다. 다시 말해서, 여기서 성충동은 아직 그 자체로서 현존하지 않는 것이다.(81) 이런 한에서 성적 차원은 아직 정립되지 않았다고 해야 맞을 것이다. 이것은 성적 차원 속에 어떤 앎 혹은 의식이 놓여 있음을 의미한다. 개별자가 자신이 성적

---

34. [역주] 즉 남성 아니면 여성으로서.

차이에 의해 규정되어 있음을 의식하고 있는 것 말이다. 성적 차원이 이렇게 의식되게 되면(79 이하), 개별자는 자신을 이전과는 다르게 이해하게 된다. 이로써 하나의 전환점, 하나의 새로운 국면이 열리는 것인데, 이제 개별자는 더 이상 이 의식 이전으로 되돌아갈 수 없다.

앞선 문단의 인용문에서 성과 역사가 서로 어떤 방식으로 연결되어 있는지를 잘 살펴볼 필요가 있다. 키에르케고어는 그 인용문 직전에 직접적으로 "성이 없다면, 역사도 없다."고 주장한다. 또한 그는 여러 차례 "천사에게는 어떠한 역사도 없다."고 언급하고 있다.(41, 58) 인간이 자기 자신에 대해서 이질적인 상태로 존재하기 때문에, 그는 자신과의 관계에서 자기 스스로를 규정해야 하는 과제 앞에 서게 된다. 바로 이를 통해 인간은 역사를 갖게 되는 것이다.

『불안의 개념』에서 키에르케고어가 시도하는 고찰은 특히 역사의 문제, 즉 인간이 역사를 가진 존재라는 것이 무엇을 뜻하는가에 초점을 맞추고 있다. 나 또한 지금까지 이 점을 몇 차례 시사한 바 있다. 키에르케고어가 원죄에 대한 전통적인 이해에 대해서 자신의 입장을 피력할 때, 그 비판적 논점 가운데 하나는 전통적인 이해가 아담을 역사 바깥으로 몰아낸다는 것이었다. 인간의 공통적인 역사가 존재하게 되는 것은, 모든 사람들 각각이 유일무이한 개별자로서 타인들로부터 구별되어 있음을 통해서이다. 이제 본질적인 문제는 개별자가 역사를 갖고 있다는 사실에 무엇이 속해 있는가이다. 키에르케고어의 간접적인 대답은 이렇다. 개별자는 어떤 역사적 맥락 속에, 즉 어떤 특정한 역사의 "연관성(Nexus)" (86) 속에 던져진 채 태어난다. 그러나 개별자가 역사를 갖게 되는 것은 오로지 하나의 "초월"(60)을 통해서, 다시 말해 역사적 연관성 안에는 전혀 존재하지 않는 개별자의 질적인 도약을 통해서이다. 개별자가 스스로 역사를 갖기 위해서는, 자신이 역사를 바라보고 있는 어떤 출발점 또는 결정적인 순간을 갖고 있어야 한다. 여기서 키에르케고어가 결정적인 순간을 말하고 있지만, 우리는 이 말을 한 인간의 삶 속에서 일어나는 특정한 사건으로 이해해선 안 된다. 오히려 이 순간은 한 인간이 자기 자신을 의식하게 될 때 일어나는 어떤 단절(Bruch)을 말한다. 물론 이 단절이 특정한 사건이나—좀 더 가능성이 큰 경우로는—일련의 사건들과 결합되어 있을 수도 있다. 이런 한에서 개별자가 '자기 자신에 대한 의식에 도달하는 것'은 그 나름의 역사를 갖고 있다. 그러나 개별자 자신은 이러한 역사를 되돌아보면서, 즉 자기 자신에 대한 의식에 도달한 이후에야 비로소 알게 된다. 설사 되돌아보는 회상 속에서 일련의 전개 과정을 인식하게 되었다 하더라도, 키에르케고어가 결정적인 '순간'을 얘기하는 것은 적절한 일이라 하겠다. 왜냐하면 자기 자신에 대해 의식하게 된 것 자체가 일종의 단절, 하나의 경계 설정이기 때문이다. 이전과 이후 사이에 경계선, 하나의 새로운 국면이 정립됨으로써 비로소 어떤 역사를 이야기하는 일이 가능해진다. 새로운 국면을 정립하는 결정적인 '순간'을 통해서 우리는 비로소 과거를 되돌아보면서 특정한 사건들에 대해 결정적인 중요성을 부여할 수 있게 된다. 자기 자신에 대한 의식에 도달한다는 것은 개별자에게 어떤 새로운 국면이 정립되었음을 뜻한다. 이제 우리는 이전과는 다른 사람이 되었다. 우리는 스스로에 대해서 자기 자신(Selbst)이 된 것이다. 이제 과거로 되돌아가는 매 걸음마다 이러한 자기의식이 항상 동반된다. 이러한 의미에서 우리는 경계선 내지 새로운 국면을 정립한 그 순간, 뒤쪽으로 되돌아갈 수 없다. 우리는 자신의 역사를 기억하면서 이전으로 되돌아갈 수 있다. 하지만 이것은 우리가 자신의 역사를 자기의식의 되돌아보는 시선을 가지고 바라본다는 것을 의미한다.

자신에 대한 의식에 도달한다는 것은 어떤 일회적인 사건도, 그리고 '지금부터 시작해서 앞으로' 나아가는 사건도 아니다. 우리가 무구성을 상실하게 되었다는 의미에서 자신에 대한 의식에 도달했다 하더라도, 그럼에도 여전히 우리 자신에 대해 불명확한 상태에 있을 수 있다. 우리의 본래적인 자기이해가 다른 곳으로 밀려날 수 있는 것이다. 심지어 우리는, 지금에서야 비로소 우리 자신에 대한 의식에 도달하게 된 것처럼 생각할 수도 있다. 실제로는 이렇게 생각함으로써 우리 자신의 본래 역사가 변화된 것임에도 말이다. 아무튼 이러한 사정은 우리가 방금 획득한 결론을 강화시켜 준다. 즉 자신의 역사를 갖기 위해서 인간은, 자기 자신 또는 자신에 대한 의식을 자기 자신이 시작하는 출발점으로서 갖고 있어야만 한다.

『불안의 개념』에서 키에르케고어는 "개별자의 삶에서 불안은 순간이었다."(96)고 하면서, 불안과 순간을 연결시키고 있다. 여기서 그는 강한 의미의 불안에 대해 이야기하고 있다. 그것은 개별자가 불안 속에서 비로소 자기 자신에 대해 주목하게 될 때의 불안이다. 이 순간은 최초의 죄 혹은 죄로 인한 타락과 결합된다. 이미 언급한 대로, 만약 최초의 죄가 단지 죄의 계열 가운데 맨 앞에 있는 것이라면, 여기에는 어떠한 역사도 없을 것이다. 혹은 성과 역사를 결합시키고 있는 앞서의 인용문이 말하듯이, 역사는 종합이 모순과 과제로서 정립되는 바로 그 "동일한 순간"(59)에 시작되는 것이다.

왜 죄가 이러한 역할을 해야 하는가? 죄는 단순히 누군가가 때때로 도덕적인 잘못을 저지른다는 것을 뜻하지 않는다. 왜냐하면 이런 경우라면, 정도 차이는 있겠지만, 기껏해야 느슨하게 연결된 일련의 개별 행위들만 거론해야 할 것이기 때문이다. 물론 죄의 의미는 잘못을 저지르거나 또는 윤리에 어긋나는 행동을 한 데에 있다. 그러나 좀 더 근본적인 의미에서 죄를 좌우하는 것은, 우리가 자신에 대해 취하게 되는 입장, 즉 우리 자신의 것을 찾음으로써 우리 자신에 대해 취하게 되는 입장이다.[35] 죄에서 결정적인 것은,

---

35. [역주] 키에르케고어가 생각하는 개별자의 실존적 관점에서 죄는 보편적인 윤리적 가치판단의 문제라기보다는 근본적으로 개별자가 자기 자신과 관계하고 있는 '주관적' 사태인 것이다.

한 인간이 스스로 자기 자신으로부터 벗어날 수 없음을 직시하게
됨으로써, 죄에 의해 '물들어 있는(gezeichnet)' 상태가 된다는 점
이다. 그는 자신이 이미 잘못을 저질렀고, 이에 따라 자기 자신을
스스로 구속하고 있다는 것을 발견하게 된다. 문제는 한 인간이
이미 거꾸로 행동한 자로서, 스스로 자신을 어떻게 만들고 있는가
이다. 이렇게 자기 자신에 의해 '물들어 있는' 상태로 존재하게
되면서, 개별자는 역사를 갖게 된다.

개별자는 새로운 국면을 정립하는 바로 그 순간을 통해서, 비로
소 스스로 역사를 갖게 된다. 하지만 키에르케고어도 단지 암시하
는 데 그치고 있지만, 문제의 좀 더 깊은 핵심은 다른 곳에 있다.
그것은 개별자의 역사 자체 안에 이러한 국면에 앞서 있는 시작,
즉 무구성도 함께 속해 있다는 점이다. 우리가 우리 자신의 역사를
이야기한다고 생각해보자. 이것은 단순히 유년기부터 시작되는
연대기의 문제가 아니다. 반대로 그 이후 이어지는 역사는 오직
유년기와의 관계 속에서, 이 관계를 바탕으로 해서만 제대로 이야
기될 수 있다. 한 인간은 유년기에 세상이 무엇인지 처음으로 알게
된다. 그리고 개별자가 더 이상 이전의 어린아이가 아닐 때, 그는
자기 자신을 이 최초의 세계로부터 분리시키게 된다. 그러나 이
세계는 개별자가 처음으로 자기 자신을 경험한 세계이며, 따라서
이후 이어지는 그의 세계도 반드시 그와 관계를 맺지 않을 수
없다. 유년기는 개별자의 삶이 시작되는 지점으로서 자기의식이
시도하는 회상에서 벗어나 있다. 하지만 동시에 개별자는 어느

정도까지는 유년기의 경험을 함께 갖고 가게 된다. 유년기는 그 자체로 독자적인 하나의 세계이다. 유년기를 회상하려고 할 때, 그것은 이미 상실된 것이다. 그러나 유년기 이후 자신의 역사를 갖기 위해서는 반드시 유년기를 회상해야만 한다.

그런데 키에르케고어가 『불안의 개념』에서 시도하고 있는 성찰은 좀 다른 방향으로 나아간다. 이를 이해하기 위해서 우리는 책의 구성을 주의 깊게 살펴봐야 한다. 이미 언급했듯이, 1장의 제목은 불안과 원죄를 연결하고 있다. 지금까지 우리는 죄로 인한 타락 이전의 불안과 —— 무구성의 불안, 수치심의 불안 —— 타락이 일어날 때의 불안에 관하여 논의하였다. 이를 고려할 때, 이젠 타락 이후의 불안에 관해 질문하는 것이 합당한 순서인 듯 보인다. 하지만 키에르케고어는 이 문제를 4장에 이르러서야 다룬다. 그렇다면 2장과 3장은 어떤 내용을 갖고 있는가? 나는 이미 지금까지 이 두 장에서 여러 곳을 인용한 바 있다. 키에르케고어 자신도 2장과 3장의 내용이 실은 1장에 위치할 수도 있음을 밝히고 있다.(109 주석) 하지만 2장과 3장의 내용이 1장과는 다른 무언가를 이야기하고 있다는 점 또한 의심의 여지가 없다.

2장의 제목은 "앞으로 나아가는 방향에서 원죄로서의 불안"이다. 키에르케고어는 우리가 연구의 어떤 지점에 와 있는지를 알려주고 있다. 여기서 필요한 것은 "죄에 선행하는 상태, 심리학적으로 말해서 죄를 어느 정도 준비하고 있는 상태 속으로 깊이 파고드는 일이다."(90) 하지만 동시에 우리는 지금 아담의 죄 이후의 시기에 위치해 있다. 그러나 아담 이후에 나타난 사람들에 대해서도 똑같이 무구성의 상태를 이야기하지 않으면 안 된다.(62) 아담과 그 이후의 개별자 사이의 차이점은 불안이 후자에게서 달라진 모습을 갖게 된다는 것이다. 즉 후자는 인류의 역사에 참여하기 때문에, 그의 불안이 좀 더 반성적인 모습을 띠게 되는 것이다. 개별자의 역사이기도 한 인류의 역사는 죄와 죄책에 관하여 논의한다. 개별자가 자신이 태어나고 자란 역사에 대해서 관계를 맺게 될 때, 개별자는 자신 앞에 있는 역사와 대면하게 된다. 그리고 이 역사 속으로 불안이 반영되어 나타날 수 있는 것이다. 나중에 태어난 개별자에게 있어서는 불안이 좀 더 반성적인 모습을 띠게 된다는 것. 이 사실을 "이렇게 표현할 수 있을 것이다. 즉 불안의 대상인 무(Nichts)가 이를테면 점점 더 어떤 무엇(Etwas)이 되어간다고 표현할 수 있다." 키에르케고어는 곧바로 덧붙인다. "우리는 무가 실제로 어떤 특정한 무엇이 된다거나 혹은 실제로 특정한 무언가를 의미한다고 말하지 않는다. (……)" 왜냐하면 "아담에게 해당되었던 무구성이 (……) 이후에 오는 개별자에게도 동일하게 해당되기 때문이다."(73) 불안의 대상이 어떤 무언가가 되어간다는 것은 단지 "말하자면" 그렇다는 것이다. 인류의 역사가 개별자의 죄를 준비하는 역할을 한다 하더라도, 죄는 이후에 오는 개별자들에 있어서도 늘 질적인 도약에 의해 정립되는 것이다. "이후에 오는 개별자는 아담과의 관계에 있어서 '더 많음(Mehr)'을 갖고 있으며, 다른 개별자들과의 관계에 있어서 '더 많음' 혹은 '더 적음'을 갖고 있다. 하지만 이와 무관하게 본질적으로 중요한 것은, 불안의 대상이 어떤 무라는 사실이다."(90 이하) 이 답변은 이미 앞에서 키에르케고어가 양적인 규정 안에서 움직이는 죄성과 새로운 특질로서의 죄를 명백히 구분할 때 제시했던 것과 동일한 방식의 답변이다. 죄성(죄의 가능성 또는 죄의 성향)이 역사 속에서 증가할 수도, 줄어들 수도 있는 것처럼, 불안 또한 역사 속에서 커지거나 줄어들 수 있는 것이다.[36]

이렇게 볼 때, 2장의 중심 문제는 간접적으로는 인류의 역사가 개별자에 대해 어떤 의미가 있는가 하는 문제이다. 이 역사의 의미는 불안 속에서 나타난다. 말하자면 개별자는 유산으로 물려받는 죄성을 자신의 불안 속에 함께 짊어지고 있는 것이다. 게다가 2장은 제목에서 불안과 원죄(원죄로서의 불안)를 동일시하고 있다.

---

36. [역주] 여기서 키에르케고어가 말하는 '더 많이'라는 개념과 관련하여 좀 더 설명이 필요할 것이다. 이 개념의 핵심은 물론, 죄의 '조건' 내지 '배경'(역사적, 사회적, 문화적 상황과 요인들)과 죄의 '근원'(개별자의 자유의 도약)을 엄밀하게 구별하는 데 있다. 즉 '더 많이'는 전자에만 해당되는 양적 규정인 것이다. 그러나 그렇다고 해서 '더 많이'를 우리가 일상적으로 이해하는 양과 질의 '논리적' 구별 정도로만 생각해선 안 될 것이다. 변증법적 사유의 중요한 원칙 가운데 하나는 양적 변화가 상황과 정도에 따라서 질적 변화를 초래할 수 있다는 것이다. 이에 따라 '더 많이' 또한 개별자를 사로잡는 불안의 종류와 상태에 대해서 근본적인 충격과 변화를 야기할 수 있다고 봐야 한다. 이것은 아래에 나오듯이, 키에르케고어가 "죄에 대한 불안이 죄를 낳게 된다."라고 서술하는 것으로부터 충분히 유추할 수 있다.

불안이 인류의 역사 속에서 좀 더 반성된 형태, 좀 더 의식된 형태를 갖게 된다는 것은, 죄를 저지를 수 있는 모종의 성향이 불안에 결부되어 있음을 의미하는 것이다.

그렇다면 "후대의 개별자에게 불안의 무를 의미할 수 있는 그 어떤 것(Etwas)", 엄격한 의미에서 원죄라 하는 이 어떤 것은 대체 무엇일까?(73 이하) 감성이 여러 세대의 역사 속에서 점점 더 커지면서, 불안 역시 그에 따라 증가하게 된다. 이것은 키에르케고이가 조금 전 우리에게 말해준 내용에 의해 뒷받침되고 있다. "만일 종합의 한 부분[계기]에 어떤 '더 많이'가 들어 있다면, 이것은 정신이 스스로를 정립할 때 분리의 골이 더 깊어지고, 자유의 가능성 안에서 불안이 차지하는 여지가 더 커지는 결과를 낳을 것이다."(76) 성의 형식 속에서 감성은 이전보다 더 큰 중요성을 갖게 된다. 이제 키에르케고어는 감성과 죄가 동일한 것이 아님을 강조한다. 성적인 것 자체는 죄스러운 것이 아니다. 죄는 개별자 스스로가 실행하는 도약이다. 개별자의 도약으로 인해 죄가 정립되면서, 죄가 감성을 죄성으로 만들어버리는 것이다.(87)

여기서 논의되는 차이는 다시금 명확하다. 한편에는 인류의 역사가 있고, 이 역사는 언제나 양적 규정들 안에서만 움직이고 있다.(41) 다른 한편에는 개별자의 질적인 도약이 있다. 그럼에도 불구하고 역사는 불안이 증가하게 된다는 의미를 갖고 있다. 역사를 배경으로 하여, 불안은 그 대상이 "이를테면" 어떤 무엇(Etwas)이 되었다고 할 수 있을 정도로 커질 수 있다. 아울러 이러한 양적 증가의 "최대치(maximum)"로서의 경악할 만한 가능성, 즉 "죄에 대한 불안이 죄를 낳게 된다."(86)는 가능성도 확연하게 모습을 드러낸다. 여기서 불안은 지금이 아니라, 나중에 그렇게 되어야 할 것이 되어 버린다. 바로 죄 앞에서의 불안이 되어 버리는 것이다. 지금까지 불안은 단지 죄의 가능성만을 선취할 수 있을 뿐, 결코 죄의 현실성을 선취할 수는 없었다. 그래서 키에르케고어가 2장을 시작하면서 이렇게 말했던 것이다. 후대의 개별자가 갖고 있는 반성된 불안은 "죄 앞에서의 불안은 아니다. 왜냐하면 아직까지는 선과 악의 차이가 부재하기 때문이다. 오직 자유의 현실성을 통해서만 선과 악의 차이가 존재하게 된다."(62)

이에 따라 2장의 주제는 역사가 개별자의 불안에 대해서 갖고 있는 의미가 무엇인가라는 문제이다. 3장에서도 역사의 의미에 관한 문제가 반복되긴 하지만, 문제를 논의하는 관점이 2장과는 다르다. 3장의 제목은 "죄의식이 부재한 죄의 결과로서의 불안"이다. 어떤 의미에서 2장은 역사철학적 논고의 형태를 띠고 있다. 키에르케고어가 지금까지 논의해 온 것은 분명한 역사적 맥락, 다시 말해 기독교 세계를 전제하고 있었다. 2장에서도 그는 역사에 대해 실존적 순간이 갖고 있는 의미를 서술하면서, 이러한 역사적 맥락을 독자에게 알려준다. 그 핵심을 요약해서 말하자면, "역사는 순간에서 비로소 시작된다."(104 이하) 키에르케고어는 순간을 이렇게 규정한다. 순간은 "어떤 모호한 것, 시간(Zeit)과 영원성(Ewigkeit)이 서로 접촉하는 모호한 것이다. 이 순간과 함께 시간성

(Zeitlichkeit)의 개념이 정립된다."(105) 그는 이어서 기독교 세계의 정수라 할 수 있는 시간의 충만함에 대해 언급한다. 이 충만함 속에서 순간은 그 자체가 영원한 것으로서 역사를 포괄하게 된다. 키에르케고어에게 기독교 세계에 대비되는 개념은 무엇보다도 "그리스 정신", 즉 고대 그리스 세계이다. 그런데 그가 보기에 고전적인 그리스 사유는 바로 순간의 개념과 시간성의 개념을 갖고 있지 못했다. 이 사유에 온전한 의미의 정신의 개념이 부재했기 때문이다.(104 이하)

앞서 말했듯이, 키에르케고어는 불안에 대해 보편적인 의미를 부여한다. 어떤 면에서 불안은 인간으로 존재함 자체에 포함되어 있는 일부분이다. 그러나 불안에 대한 분석은 죄에 대한 이해, 개별자 자체가 뚜렷이 물들어 있는 그 질적인 발걸음에 대한 이해와 밀접하게 연결되어 있다. 그리하여 하나의 문제가 불가피하게 제기된다. 만약 죄의식이 아예 없거나 등장하지 않는다면, 불안은 어떻게 되는 것일까? 3장에서 키에르케고어는, 죄의식이 있고 없음에 상관없이 불안이 계속 나타난다는 점을 보여주고자 한다. 이교도의 세계에서 불안은 개별자가 운명에 대해 맺고 있는 모호한 관계 속에서 나타난다. 유대교 세계에서는, 개별자가 자신이 속해 있는 인류와 구분되지 않은 듯 보일 정도로 죄책이 강조되어 있다. 그러나 유대교 세계에서 개별자가 죄책에 대해 맺고 있는 관계는 한층 더 모호한 상태에 있다. 여기서 죄책은 아주 분명한 방식으로 하나의 '어떤 것'으로 존재하는 듯 보인다. 죄책이 개별자가 두려워하는 것으로 규정되어 있는 듯한 것이다. 그러나 "불안이 두려워하는 동안, 불안은 자신의 대상과 교묘하게 소통하고 있다."(121) 삶은 우리에게 "충분히 많은 현상들을 보여준다. 불안에 **빠져** 있는 개별자가 거의 갈망하다시피 하는 심정으로 죄책을 응시하면서, 동시에 이를 두려워하고 있는 현상들을 말이다."(122)

키에르케고어는 자신이 단지 역사적인 개요를 보여준 것이 아니라는 점을 분명히 한다. "세계사적인 관계들에 대해서 여기서 간략하게 지적한 내용은, 이제 기독교 세계 안에서 살아가는 개별자들에게서 되풀이되고 있다."(123)

역사적 개요를 서술하기 전에 키에르케고어는, 가장 깊은 의미에서 죄에 도달하지 않았다는 사실 안에 바로 죄가 들어 있다고 말한다.(110) 처음 볼 때 이 말은 이해하기가 매우 어려울 것이다. 그러나 그가 주장하려는 내용은 이렇게 봐야 할 것이다. 즉 "가장 깊은 의미에서" 죄에 도달한다는 것은 온전한 의미에서 죄에 대한 의식에 도달하는 것이다(이것은 개별자가 유일무이한 자로서[37] 확연히 구별되는 것이다). 이것이 함축하는 바는, 본래적인 의미에서 죄의식이 부재한다 하더라도, 그럼에도 죄 자체는 계속 존재할 수 있다는 사실이다. 키에르케고어는 역사적으로 볼 때, 죄의식이 부재한다는 것이 곧 무구성의 상태를 뜻하는 것이 아님을 지적하

---

37. [역주] 이것은 개별자가 자신을 '죄의 당사자'로서 의식하게 됨을 의미한다.

고 있다. 이럴 경우 부재하는 것은 죄의식이 매개해 주는 어떤 앎이며, 이 앎의 내용은 인간 존재가 정신 혹은 자기 자신(Selbst)으로 규정되어 있다는 것이다.

이제 이보다 좀 더 포괄적이며 급진적인 가능성이 존재하는데, 그것은 이러한 인간 존재에 관한 이해가 역사 속에서 등장했다 하더라도 다시 상실될 수 있다는 것이다. 이것이 바로 키에르케고어가 "무정신성"이라는 말로 표현하는 것이다. 그는 정신의 개념 자체가 없는 상태인 정신의 부재와 정신에 대한 이해가 상실된 무정신성을 명확히 구별한다. 전자가 이교도 세계의 특징인 반면, 후자는 기독교 세계 안에 계속 존속하고 있는 가능성이다.(111) 무정신성이란 개념은 키에르케고어가 자신의 시대를 비판적으로 진단할 때 핵심 개념이 된다. 책의 종반부에서 이를 좀 더 상세히 다루게 될 것이다.[38]

악 앞에서의 불안 ── 그리고 선 앞에서의 불안

『불안의 개념』에서 키에르케고어는 지금까지 두 종류의 불안에

---

38. [역주] '무정신성'은 개별자의 잘못으로 정신을 상실하게 된 상태를 가리키며, 이는 10장 "우리 시대"에서 키에르케고어가 철저하게 비판하는 당시의 지배적 경향으로서 좀 더 상세히 논의될 것이다.

대해 논의하였다. '죄로 인한 타락 이전의' 불안(무구성의 불안, 수치심의 불안)과 타락이 이루어질 때의 불안(자유의 현기증으로서 불안)이 그것이다. 나아가 그는 역사가 진행되면서 불안이 겪게 되는 변화에 대해서도 서술하였다(반성적 불안). 비록 죄책이 역사가 흘러가면서 계속 축적된다 하더라도, "온 세계의 죄책이 모두 합쳐져서" 개별자를 죄책이 있는 자로 만들어버릴 듯(128) 그렇게 죄책이 축적된다 하더라도, 그럼에도 모든 개별자 각각이 오로지 자기 자신을 통해서만 죄책이 있는 자가 된다는 사실에는 변함이 없다.(64) 키에르케고어의 논의는 논증적 완결성을 보여준다. "아담이 죄로 말미암아 무구성을 잃었듯이, 마찬가지로 모든 개개의 인간도 마찬가지 방식으로 무구성을 상실하고 있다."(43)

여기까지 오는 동안 잠깐 언급만 하고 미뤄둔 문제가 하나 있다. 그것은 '죄로 인한 타락 이후'의 불안은 어떤 것인가이다. 키에르케고어는 이 문제를 4장에 와서야 본격적으로 다룬다. 4장의 제목은 "죄의 불안, 혹은 개별자 안에서 죄의 결과로서 존재하는 불안"이다. 이 장을 시작하면서 키에르케고어는, 불안의 개념에 관한 분석에서 이제 어떤 변화가 일어나고 있다는 점을 밝히고 있다. 이전까지 불안은, 자유의 가능성이 개별자 자신에게 드러난다는 사실을 통해서 규정되었다. 그런데 이것은 개별자 자신을 불안하게 만드는 모호한 가능성이었다. 그리고 자유의 가능성 앞에서 불안에 빠지면서 개별자는 잘못을 저지르게 된다. 또한 일단 개별자가 질적인 도약을 하게 되면, 우리는 이제 불안이 사라졌다고 생각하기 쉽다. 왜냐하면 불안이 직접적으로는 자유의 가능성과 관계된 것이기 때문이다. 그러나 죄에 의해 정립된 현실성은 일종의 "정당한 권리가 없는 현실성"이다. 이것은 본래 있어서는 안 되는 현실성이며, 따라서 계속 지속되어서도 안 된다. 이에 따라 불안이 "이미 정립된 것과의 관계 속에서, 그리고 앞으로 도래할 것과의 관계 속에서" 다시 나타나게 된다. 문제는 인간이 이 현실성("정립된 것")에 대해 무엇을 할 것인가, 그리고 이 현실성이 앞으로 무엇이 될 것인가이다("앞으로 도래할 것"). 그러나 여기서 결정적인 변화가 일어났다. 왜냐하면 불안의 대상이 "이 시점에서는 어떤 특정한 것, 불안의 무가 현실적으로 존재하는 어떤 것(Etwas)이기" 때문이다. 그 이유는 이제 "선과 악 사이의 구분이 구체적으로 정립되었기 때문이다."(130)

내가 방금 인용한 것은 4장의 첫 번째 단락이다. 책 전체의 중심이라 할 이 4장에서 키에르케고어의 논의는 새롭게 고조되는데, 이는 그가 악 앞에서의 불안과 선 앞에서의 불안을 명확히 구분하면서 나타난다.

위에서 살펴본 대로, 불안은 타락 이후에 '다시' 돌아온다. 그러나 그 모습이 달라져 있다. 키에르케고어는 불안이 '그 변증법적인 모호성'을 상실했다고 적고 있다. 왜냐하면 불안이 이제 앞에 놓여 있는 어떤 차이, 즉 선과 악 사이의 차이와 관계를 맺고 있기 때문이다.(130 이하) 그러나 문제는 그렇게 간단하지 않다. 실제로는 그 반대다. 키에르케고어가 서술하는 4장의 고조 과정은 오히려 불안이 가진 모호성이 강화되는 것을 의미하는 것이다.

논의의 출발점은 이렇다. 죄로 인한 타락에서 개별자에게는 어떤 앎이 주어진다. 선과 악의 차이에 대한 앎이 그의 삶 속으로 들어오는 것이다. 이제 개별자 자신이 이 앎에 의해 규정되게 된다. 혹은 이 앎에 의해 물들게 된다. 왜냐하면 이 앎이란, 이미 자신이 행한 일과의 관계 속에서 앞으로 어떤 일을 해야 하는가에 대한 앎이기 때문이다. 따라서 여기서 관건이 되는 문제는 개별자가 자신의 과거에 대해 어떤 방식으로 관계를 맺는가이다. 어떤 일을 해야 하는가를 알기 위해서, 개별자는 자신이 스스로 행한 일을 이해해야만 한다. 이로써 과거, 현재, 미래 사이의 관계가 일종의 윤리적이며 실존적인 문제로 등장하게 된다. 이미 말한 것처럼, 종합이란 시간 속에서 이루어지는 종합인데, 이 종합이 이제 윤리적인 문제가 되어 나타나는 것이다.

이런 방식으로 선과 악의 차이가 하나의 새로운 전환점을 정립한 셈이라면, 선 앞에서의 불안과 악 앞에서의 불안을 구분하는 일은 자연스러운 일이라 할 수 있다. 하지만 하나의 질문이 떠오른다. 악 앞에서의 불안을 얘기하는 데 그치지 않은 이유는 무엇일까?[39]

그러나 실제로 먼저 제기해야 할 것은 다음 질문이다. 도대체

---

39. [역주] 다시 말해서, 선 앞에서의 불안까지 이야기하는 이유는 무엇일까?

왜 악 앞에서의 불안에 대해 얘기하는 것인가? 키에르케고어는 앞서, 개별자가 지나가버린 과거의 잘못에 대해 불안해할 수는 없으며, 단지 후회할 수 있을 뿐이라고 설명한 바 있다.(108) 죄책이 정립되자마자, "불안은 사라지고, 후회만 그 자리에 남아 있다."(121) 그러나 후회 자체가 모호한 시도로 밝혀진다. 후회가 불안을 끌어들일 수 있는 것이다.

여기서 문제는, 한 인간이 죄책 속에서 자신을 내리누르고 있는 과거로부터 어떻게 자유로워질 수 있는가이다. 인간은 과거를 반복하지 않음으로써 과거로부터 자유로워진다. 다시 말해서, '앞을 향하여' 자유로워질 수 있는 것이다. 그러나 바로 여기서 불안이 등장한다. 불안은 이것이 실패로 돌아갈 수 있다는 가능성을 선취한다. "불안은 미리 앞서서 다가온다. 불안은 결과가 나타나기 전에, 미리 그 결과를 찾아낸다. 마치 폭풍이 오기 전에, 그것을 예감할 수 있는 것처럼 말이다. 결과가 좀 더 가까워지면, 개별자는 마치 이전에 한 번 두려워했던 장소에서 비명을 지르며 멈춰서는 말처럼 전율하게 된다."(135) 우리가 뭔가 잘못을 범했다는 것을 인식하게 되면, 우리는 저절로 다시 잘못을 저지를 수도 있다는 것에 대해 불안해 할 수 있다. 우리는 우리 자신이 나약하다는 것에 대해서, 혹은 좀 더 정확히 말하자면 우리가 스스로를 나약하게 만들 수 있다는 것에 대해서 불안해 할 수 있다. 키에르케고어에 따르면, 우리가 후회하는 것, 우리를 불안하게 만드는 것은 대단히 많다. 그것은 "술, 아편, 방탕함에 빠져드는 것"일 수도 있고, "자부심, 허영심, 분노, 증오, 반항, 교활함, 질투 등등"과 관련된 것일 수도 있다.(136) 우리가 뉘우치고 있는 한에서는, 이러한 악 앞에서의 불안이 "선 안에" 머물고 있는 것이라고 말할 수 있다.(139) 악의 가능성에 대해서 저항하고 있는 것이기 때문이다. 그렇다면 왜 불안에 대해서 말하는 것일까? 어떻게 불안의 모호성이 우리가 원하는 선함과의 관계 속으로 들어오게 되는 걸까? 후회하면서 우리는 죄책의 무거움을 가진 과거로부터 자유로워질 수 있어야 할 것이다. 하지만 문제는, 후회가 과연 우리를 자유롭게 해 주는가이다. 자유로워지는 것은, 우리가 잘못을 저질렀다는 것을 스스로 인식하고 인정할 것을 요구한다. 그러나 만약 우리가 우리의 죄를 진정으로 알고 있다면, 그럼에도 우리가 과거로부터 자유로워지는 일이 가능한 일일까? 아무튼 후회는 불가피할 것이다. 만약 우리가 자신의 과거와 더 이상 관계하지 않고자 한다면, 과거가 우리를 더더욱 강하게 옭아맬 것이기 때문이다. 후회하면서 개별자는, 과거에 대해 반대하는 입장에서 과거를 반복하지 않는 일을 하고 있는 셈이다. 그러나 그렇다고 후회 자체가 스스로 정지되는 상태가 되는 것일까? 실상은 정반대로, 후회 안에서 개별자에게 요구되는 행동이 뒤로 미뤄지거나 머뭇거리는 상태가 된다.(138) 그리하여 새로운 죄책이 등장하고, 이는 다시 새로운 후회를 요구하게 된다.

이상의 논의로 볼 때, 악 앞에서의 불안에 대해 얘기하는 것은 매우 정당하다. 이 불안의 모호성은 다음과 같다. 즉 과거의 잘못으로 인식한 것이 반복될지 모를 가능성에 대해 저항하고는 있지만, 동시에 자기 자신에 대해서는[40] 불확실한 상태에 있는 것이다. 우리는 불안 속에서 죄를 응시하고 있을 수 있다. 우리가 그로부터 거리를 두고 있는 가능성이 동시에 우리를 끌어당기고 있는 것이다. 직접 행한 악한 행동에 대한 우리의 후회조차 윤리적으로 볼 때는 모호한 것이다. 윤리적으로 요청되는 일은 우리가 자발적으로 후회하는 것이다. 하지만 후회는 늘 한 발짝 뒤처져서 절룩거린다. 후회는 늘 너무 늦게 오고, 게다가 윤리가 요구하는 실천적 행동을 지연시키고 있다.

다음 문제는 왜 악 앞에서의 불안으로 충분하지 않는가이다. 왜 또한 선 앞에서의 불안을 얘기해야 하는가? 이것은 어떤 불안인가? 이때 우리가 불안해하는 선이란 무얼 가리키는가? 키에르케고어는 선을 정의하는 일은 결단코 불가능하다고 짧게 설명한다. 이어 바로 다음 문장에서 선이란 "자유이다."라고 주장한다.(130 주석) 하지만 선의 의미는 이 설명을 통해서도 분명한 내용을 획득하지 못한다. 선한 것은 자유이다. 혹은 좀 더 나은 방식으로 표현하자면, 선은 재생시켜(Wiederherstellung) 주고, 갱신시켜(Erneuerung)[41] 주는 것이다. 키에르케고어의 말을 따르자

---

40. [역주] 즉, 이렇게 가능성에 대해 저항하고 있는 자기 자신에 대해서는.
41. [역주] '재생'과 '갱신' 모두 키에르케고어의 고유한 실존적 함의를 담고 있는 용어이다. '재생(wieder-her-stellen)'은 문자 그대로 한다면 '다시 이쪽으로 가지고 와서 세우다'인데, 개별자의 실존과 연결시켜

면, 선한 것은 "자유의 재생, 자유의 해방, 자유의 구원"이다.(140)
이렇게 볼 때, 선 앞에서의 불안이란 우리가 스스로 자유롭게 되는
것 혹은 우리 자신이 되는 것에 대해서 부정적으로 반응하고 저항
하는 것을 의미한다. 여기서 좀 더 상세한 설명이 필요할 것이다.
도대체 왜 우리가 모든 인간이 추구할 수밖에 없는 가능성에[42]
반대하고 저항한다는 것인가? 선 앞에서의 불안의 경우, 우리는
자유의 가능성에 대한 불안에서보다 더 강렬하게 저항하는 상태
에 있다고 할 수 있다. 우리는 단지 어떤 부유하는 상태, 이제
자기 자신을 선택해야 하는 비결정의 상태에 있는 것이 아니다.
오히려 이러한 상태는 이미 결정되었다. 여기 존재하는 저항이란
우리가 비자유의 상태에 있는 자기 자신을 계속 고수하는 것을
의미한다. 이를 명확히 이해하기 위해서 우리는 다소 우회하지
않으면 안 된다.

인간이 자기 자신이 되는 것. 이것은 자신의 삶 속에서 하나의
연관성 내지 연속성을 확인하는 일을 의미한다. 그런데 이럴 때
문제는, 단지 자기 삶의 여러 시기들을 하나의 연관된 전체로 결합

해석한다면, 개별자가 과거의 자신을 현재의 자신과 결합시켜 '구체적
인 자기 자신'으로 만드는 실천과정이라 할 수 있다. '갱신(er-neuern)'
또한 마찬가지로, 문자적 의미는 '새로운 것으로 만들다'이지만, 실존
철학적으로 해석한다면, 개별자가 매 순간 진정으로 구체적인 '자기
자신으로 거듭나는, 새롭게 태어나는' 실천과정으로 봐야 할 것이다.
42. [역주] 이것은 물론, 자유의 가능성을 가리킨다.

시키는 일만이 아니다. 문제의 어려움이 커지는 것은, 자신의 삶
속에 인정하고 견디기 어려운 지점이 있을 때이다. 악 앞에서의
불안은, 후회하면서 '자기 자신을 다시 되찾는' 시도가 실패할
수 있다는 점을 잘 보여주었다. 이제 문제가 되는 것은[43] 스스로
'치유하는 일'에 대해서 적대적인 의지가 존재한다는 것이다. 여기
서 선한 것, 즉 재생시키는 일이 요구하는 것은 일종의 자기—상실
의 형식이다. 우리가 되돌아가서 다시 가져와야 하는 것은, 다름
아닌 우리 스스로가 멀리 밀쳐내고 억압하고 있는 것이다. 바로
이것 속으로 침투해 들어가기 위해서, 우리는 우리 자신이 이렇게
침투해 들어갈 수 있도록 허락해 주어야 한다. 다시 말해서, 우리가
갖고 있는 반감을 우리 스스로 제거해야 하는 것이다. 우리가 스스
로 저항하고 있는 한에서는, 우리 자신의 구원이 외부로부터 올
수밖에 없다. 우리 외부에 있는 것이 개별자 자신과의 연관성을
개별자에게 약속하거나 부여해 줄 수밖에 없는 것이다.[44] 선 앞에
서의 불안에서 저항이 더욱 강화되는 이유는, 우리가 외부로부터
오는 가능성으로서의 자유에 반대하여 자기 자신을 고수하고 있
기 때문이다. 하지만 이러한 자기 고수는 실상 자신을 더욱 첨예하
게 분열시키는 자기주장을 의미한다. 여기서[45] 불안의 모호성이

---

43. [역주] 즉, 이제 선 앞에서의 불안에서 문제가 되는 것은.
44. [역주] 이 두 문장에서 말하는 '외부' 내지 '외부에 있는 것'은 문맥으로
    볼 때 선한 것, 즉 진정으로 자유로운 자기 자신을 다시 되찾는 것을
    가리킨다.

더욱 증가하게 되는데 그 이유는, 개별자가 스스로 선의 가능성에 대해 자신을 닫아버리고 있으며, 하지만 동시에 이 가능성과 접촉하고 있기 때문이다. 다시 말해 개별자는 모호한 방식으로[46] 자기 자신과 관계하고 있다. 개별자는 자기 자신을 주장하고 있다. 하지만 이 자기주장은 자신이 '전적으로 치유되는 것'에 대해 스스로 저항하는 일을 통해 이루어지고 있는 것이다.

키에르케고어에 따르면, 이러한 모호성이 악마적인 것(das Dämonische)의 본질적 특징이다. 그는 직접적으로 악마적인 것이 바로 선 앞에서의 불안이라고 말하면서, 악마적인 것을 "스스로 자신을 폐쇄하고자 원하는 부자유"(144)라고 규정한다. 그러나 만약 악마적인 것이 실제로 자기 자신을 폐쇄시킬[47] 수 있다면, 불안에 대해 얘기할 필요가 없을 것이다. 비록 한 개별자가 자기 자신을 부자유의 상태에서 계속 고수하고자 시도한다 하더라도, 그는 여전히 선과 관계되어 있음을 비밀스럽게 유지하고 있다. 불안이 드러나는 순간은, 그가 선의 가능성과 접촉하게 되는 바로 그 순간이다. 따라서 이 가능성에 대한 저항만이 아니라, 이 가능성에 의해 접촉되고 영향을 받는 것 또한 불안 속에[48] 놓여 있는

---

45. [역주] 이것은 '선 앞에서의 불안 앞에서'를 의미한다.
46. [역주] 즉 이중적인, 양가적인 방식으로.
47. [역주] 문맥상 이때 폐쇄는 자기 자신을 완벽하게 폐쇄시키는 것으로 이해해야 할 것이다.
48. [역주] 즉, 선 앞에서의 불안 속에.

것이다. 개별자가 이미 영향을 받고 있음은 무엇보다도 개별자가 무언가를 해야만 한다는 것, 즉 자신의 저항을 계속 유지해야 한다는 것에서 드러난다. 악마적인 것은 무슨 일을 하고 있는가? 그것은 "스스로를 자신 안에 가둬두고 있다." 키에르케고어는 이에 이렇게 덧붙인다. "인간의 실존이 지닌 심층적인 국면은 바로, 부자유가 스스로 자기 자신을 죄수로 만들고 있다는 점이다."(145)

이로써 우리는 악마적인 것에 대한 핵심적인 규정, 따라서 선 앞에서의 불안에 대한 핵심적인 규정에 도달한 셈이다. 악마적인 것은 폐쇄성이다. 하지만 이를 좀 더 세밀하게 규정해야 한다. 어떤 사람은 적절한 시점에 자신을 밖으로 분명하게 알리기 위해 자신을 폐쇄할 수 있다. 이와 반대로 악마적인 폐쇄성에서 개별자는 스스로 자기 자신을 자유롭지 못하게 만든다. 선의 개념 안에는 한 사람의 삶이 지니고 있는 연관성 내지 연속성이 들어 있는데, 이 연관성 내지 연속성이란 그가 스스로 자신의 존재에 대해 고백하고 인정하며, 그럼으로써 밖으로 자신을 분명하게 드러내는 일을 말한다. 악마적인 것은 이와 반대되는 폐쇄성을 뜻한다. 그것은 개별자가 자신을 밖으로 드러내고자 하지 않으면서 자신을 자신 안에 가둬두는 것을 말한다. 물론 그렇다고 해서 개별자가 외부를 향하는 일 자체가 배제되는 것은 아니다. 그러나 개별자는[49] 스스로 말하고 행동하는 와중에 자기 자신을 은폐하고 있는 것이다.

---

49. [역주] 즉 악마적 폐쇄성 상태에 있는 개별자는

설사 그가 자신을 표명하고 분명하게 알려준다고 하더라도, 이는 그의 본래 의지에 반하는 일이다. "폐쇄성은 바로 침묵하고 있는 것이다. 반면 언어와 말은 바로 구원해주는 것이다."(145)[50] 뒤의 7장에서 나는 다시 이 주장으로 되돌아올 것이다.

악마적인 것은 여러 가지 상이한 방식으로 자신을 표현한다. 악마적인 것의 출발점은 "자유가 그것 속으로 깊이 파고들고자 하지 않는 무언가가 존재한다."(153)는 것이다. 키에르케고어는 앞에서 이미 몇 가지 예를 언급한 바 있다. 어떤 사람은 일종의 도취 상태에서 어떤 일을 저지르고 나서, 그에 대해 아주 희미하게만 기억할 수 있다. 그러나 동시에 이 사람은 자신이 한 일이 너무 야만적이어서, 그것을 '자신의 존재로서 고백하고 인정하기가' 거의 불가능하다는 점 또한 잘 알고 있다. 또 다른 예는 이렇다. 즉 어떤 사람이 예전에 한 번 정신질환을 겪었었는데, 나중에 "그 당시의 상태에 관한 기억을 다시금 되찾게 되었다." 키에르케고어는 이에 대해 말한다. "이러한 현상이 악마적인가 아닌가를 결정하는 것은, 개별자가 드러나고 있는 일에 대하여 어떠한 태도를 취하

---

50. [역주] 이 침묵과 말없음의 상태, 그리고 이로부터 벗어나는 말과 담화의 시도 키에르케고어의 악마적 폐쇄성은 의심의 여지없이 후에 정신분석학이 상세히 규명하게 될 무의식, 억압, 신경증, 분석 담화 등과 긴밀하게 관련되어 있다. 하지만 키에르케고어가 언급하는 몇 가지 구체적인 예로 볼 때, 악마적 폐쇄성을 곧바로 무의식적 억압과 동일시할 수는 없을 것이다.

느냐에 달려 있다. 다시 말해 그가 그 사실을 자유를 통해 깊이 파고드는가, 그리하여 그것을 자신의 자유 안에 받아들이고자 하는가, 아니면 그렇지 않는가에 달려 있는 것이다. 그가 그렇게 하기를 거부하자마자, 이 현상은 곧바로 악마적인 것이 된다.'(150 이하) 악마적인 폐쇄성은 기이하게 모호한 것이다. 왜냐하면 개별자가 어떤 부분에서 그에 대해 기억하고 있는 것을 스스로 자신으로부터 멀리 떼어놓으려 하기 때문이다. 개별자가 이 어떤 것을 보호하고 '간직하면서'도 또한 멀리 떨어뜨려 놓는 것이다. 그는 자신이 자유롭게 깊이 파고들거나 인정하고 싶지 않은 것에 대해서 스스로 관계를 맺고 있는 것이다.

『불안의 개념』에서 키에르케고어가 논의하는 바에 따르면, 악마적인 것은 상당히 넓은 범위를 갖고 있으며, 도처에 퍼져 있는 현상이다. 악마적인 것은 "지나치게 예민한 감수성, 과도한 민감함, 신경쇠약, 히스테리, 우울증(Hypochondrie) 등등"(160)과 같은 현상들에서 심신상관적으로 자신을 드러낼 수 있다. 하지만 악마적인 것은 또한 "생각하는 일을 뒤로 미루는 나태함으로, 오직 호기심에만 몰두하는 호기심으로, 진솔하지 않은 자기기만으로, 다른 사람에 의존하는 여성적 나약함으로, 고상한 방식의 무시함으로, 멍청하게 분주하게 지내는 것 등등"(161 이하)으로 나타날 수 있다. 아무튼 여기서 중요한 것은 이들이 악마적인 것이 표현되어 나타나는 현상들이라는 점이다. 이러한 현상들과 함께 그 배후에 어떤 폐쇄성이 잠재되어 있다고 봐야 하는 것이다. 예를 들어,

어떤 사람이 나태함 속에서 스스로 생각하는 일을 뒤로 미루거나 혹은 단지 자신의 호기심을 오직 호기심 자체에만 그치게 할 때, 그는 자기 자신을 제지하고 억누르는 상태에 있는 것이다. 이에 대해선 4장에서 좀 더 상세히 살펴볼 것이다.

불안의 모호성

비록 키에르케고어의 말대로, 선과 악의 차이를 마주한 상태에서 불안이 "자신의 변증법적 모호성"을 상실했다고 하더라도, 이 모호성은 다시 돌아온다. 아니 그것은 선 앞에서의 불안에서 더더욱 강화된 모습으로 나타난다. 키에르케고어의 불안에 대한 분석에서 "모호성"은 핵심 개념이며, 그 중요성은 분석이 진행됨에 따라 점점 더 증가한다.

가장 먼저 얘기해야 할 것은, 불안을 야기하는 상황이 모호하고 결정되지 않은 상태란 점이다. 상황이 규정되어 있지 않으면서 어떤 결정을 요구하고 있는 한에서, 그것은 한층 더 모호하다. 이어 불안도 모호하지만, 불안 속에서 드러나고 있는 가능성 또한 모호하다. 이 가능성은 자유의 가능성일 뿐 아니라 부자유의 가능성이기도 하다. 그리고 이것은 불안 자체가 모호하다는 사실과 연관되어 있다. 자세히 살펴보면, 우리가 불안 속에서 우리 자신과 모호하게 관계를 맺고 있다는 것을 알 수 있다. 즉 우리가 불안해하는 것으로부터 거리를 두려 하지만, 동시에 그에 의해 끌리고 있는 것이다. 나아가 키에르케고어는 불안을 모호한 힘으로 묘사하고 있다. 불안을 자라나게 하는 것은 바로 우리 자신이다. 그럼에도 불안은 우리를 지배하는 어떤 힘이다. 불안은 우리를 엄습해 온다.

간단히 말해서, 불안은 우리가 자기 자신을 발견할 수 있도록 해준다. 그뿐만 아니라 불안 속에서 우리는 우리 자신과 모호하게 관계를 맺고 있다. 악마적 폐쇄성의 경우, 이러한 모호성은 두 가지 의지의 형태를 띠게 된다. 하나는 자신을 표현하려다 굴복하게 된 무기력한 의지이고, 다른 하나는 폐쇄된 상태를 원하는 좀 더 강력한 의지이다.(151) 개별자는 불안 속에서 자기 자신을 감출 수 있다. 나중에 좀 더 살펴보겠지만, 개별자는 심지어 자기 자신을 앞에 둔 상태에서도 스스로를 감출 수 있다.

주목해야 할 것은 이러한 불안의 전개 과정에서 불안과 결합되어 있는 가능성 자체도 변화하고 있다는 점이다. 불안은 근본적으로 자유의 가능성을 드러낸다. 하지만 동시에 불안은 바로 이 자유의 가능성에 대한 불안이 될 수도 있다. 악 앞에서의 불안에서 우리는, 우리가 악한 것으로 인식한 것을 반복할지 모른다는 가능성에 대해서 스스로 관계를 맺고 있다. 그리고 선 앞에서의 불안에서는 '완전하게 치유되는 일'[51]의 가능성에 대해서 스스로 저항하

---

51. [역주] 이것은 과거의 자신과 현재의 자신이 온전하게 하나의 전체가 되는 것, 즉 진정으로 구체적인 자기 자신으로 거듭나는 것을 의미한

고 있는 것이다. 여기서 불안에 대해 말하는 것은, 이미 우리가 선의 가능성과 접촉하고 이에 영향을 받고 있기 때문이다. 바로 이 가능성에 대해서 우리가 저항하고 있는 것이다. 이런 한에서, 여기서도[52] 비록 은폐된 방식이긴 하지만, 불안이 자유의 가능성을 드러낸다고 할 수 있다.

지금까지 살펴본 것처럼, 키에르케고어가 분석하는 불안의 개념은 복잡하다. 그의 고찰을 좀 더 자세히 들여다보면, 그의 분석이 움직이고 있는 두 가지 차원을 구별할 수 있다. 첫 번째 차원에서 불안은 **자유의 가능성**을 보여준다. 그런데 이것은 우리를 불안하게 하는 모호한 가능성이다. 자유의 가능성 앞에서 느끼는 이 불안 속에서 개별자는 잘못된 길로 접어들게 된다. 그럼에도 이를 통해 우리는 두 번째 차원에 도달한다. 불안은 단지 자유의 가능성일 뿐 아니라, 그 속에서 우리 스스로가 자유롭지 않은 상태가 되는 것이기도 하다. 이 두 번째 차원에서 불안은 어느 정도 분명하게 **자유롭지 않은 자기관계**이다. 이러한 형태의 부자유가 직접적으로 나타나는 것은 선 앞에서의 불안에서이다. 이때 개별자는 스스로 자신을 폐쇄시키면서, 자신을 자유롭지 못하게 만들고 있는 것이다.

다른 의미도 있겠지만, 키에르케고어의 책 『불안의 개념』은

다.(『죽음에 이르는 병』, 임규정 역, p. 84-89)

52. [역주] 즉, 선 앞에서의 불안에 있어서도

"불안"이라는 말에 풍부한 함축적 의미를 부여하려는 시도라 할 수 있다. 특히 키에르케고어가 두려움과 불안을 구분한 것은 이후 불안에 대해 시도한 철학적 이해의 노력에 뚜렷한 흔적을 남겼다. 이미 전에 언급했듯이, 두려움은 어떤 특정한 대상을 향해 있는 반면, 불안의 대상은 무(Nichts)이다.(50) 불안의 대상은 "무라고 할 수 있는 어떤 것"(51)이다. 불안이 대상을 갖고 있으나, 이 대상이 "무"라는 것은 두대체 무슨 뜻인가? 불안은 아무런 대상이 없는 것이 아니다. 하지만 불안이 향해 있는 것은 어떤 특별한 것이 아니라, 불확정적인 어떤 것이다. 불안은 사물들이 친숙함을 상실한 어떤 상황을 가리키고 있다. 이 상황의 본질적 특징이 사물의 불확정성이라는 얘기다. 이러한 상황에서 인간은 자기 자신을 규정해야 하는 과제에 직면하게 된다. 그리하여 불안에 의해 인간은 자기 자신에게 되돌아가게 된다. 즉 불안은 인간이 저절로 자기 자신으로 존재하는 것이 아니라, 이제 비로소 자기 자신이 되어야만 한다는 점을 알려주는 것이다.

이제 불안의 분석이 움직이고 있는 두 번째 차원이 등장한다. 이 차원은 불안이 다른 한편, 어떤 특정한 현실과 관계를 맺고 있다는 것을 통해 등장하게 된다. 이미 인용한 대로, 키에르케고어는 이제 불안의 대상이 "어떤 규정된 것"이며, 불안의 무가 이제 현실적인 어떤 것이라고 쓰고 있다. 왜냐하면 선과 악 사이의 구분이 정립된 상태이기 때문이다.(130) 그렇지만 불안의 개념이 완전히 달라졌다고 말할 수는 없다. 키에르케고어가 첫 번째 차원에서 서술한 내용은 계속해서 유효하다. 이 첫 번째 차원에서 서술한 내용 속에서, 불안을 이야기하기 위해 반드시 충족되어야 하는 조건이 제시되어 있기 때문이다. 불안에 대해 말해야 한다면, 다시금 어떤 모호한 가능성, 즉 이제 그렇게 규정된 현실[53]과 관계를 맺을 때의 모호한 가능성이 존재해야만 한다. 그리고 바로 이러한 모호한 가능성이 죄의 현실성 속에 놓여 있다. 죄의 현실성이란 존재하기는 하지만, 계속 존속해서는 안 되는 현실성을 말한다. 하지만 죄가 존재한다는 것, 죄가 계속해서 존재한다는 것, 이것이 바로 불안하게 만드는 가능성이다. 왜냐하면 죄란 [다름 아니라] 우리 자신이 행하는 바에 의해 계속 존재하게 되는 것이기 때문이다. 이러한 방식으로 모호성은 다시 되돌아온다. 더불어 그것은 구원의 가능성과 관련해서도 또한 되돌아온다. 이 구원의 가능성이란 "개별자가 좋아하면서도 또한 두려워하고 있는 어떤 무인 것이다!"(63)

여기서 나는 두 가지 차원을 구별하였는데, 일견 이 두 가지 차원은 죄로 인한 '타락 이전의' 불안과 '타락 이후의' 불안이란 구별에 각각 상응하는 것처럼 보인다. 그러나 사태는 그렇게 간단하지 않다. 키에르케고어는 한 곳에서 무구성과 선 앞에서의 불안을 비교한다. 무구성 속에서 자유의 가능성은 개별자가 느끼는 불안과 함께 자신을 드러내고 있다. 반면 선 앞에서의 불안(악마적

---

53. [역주] 이것은 선과 악의 구분이 정립된 현실성을 말한다.

인 불안)에서는 자유가 이미 상실되어버린 상태이다. 그러나 "여기서 자유의 가능성은 다시금 불안이다."(144) 무구성이 자유를 향해 나아가고 있는 규정인 반면, 이제 자유의 가능성[54]은 부자유와의 관계 속에서 자신을 드러내는 것이다. 이런 한에서, 악마적인 것 안에 있는 관계맺음은 전도된 것이라[55] 할 것이다. 그럼에도 결정적으로 중요한 공통점이 존재한다. 그것은 선 앞에서의 불안에서도 자유의 가능성이 여전히 힘을 발휘한다는 사실이다. 만약 그렇지 않다면, 우리는 불안에 대해서 말할 수 없을 것이다. 선을 위한 가능성, 이 가능성에 대한 관계는 모호하다. 개별자는 이 가능성과 마주하여 자기 자신을 폐쇄시키는데, 그 이유는 바로 그 자신이 이 가능성과 접촉하고 이 가능성에 의해 영향을 받고 있기 때문이다. 악마적인 것이 하나의 가능성을 자신 안에 품고 있는 상태라는 사실도 여기에 덧붙여진다. 이 악마적인 것이 앞으로 어떤 것으로 변화할지는 미리 결정할 수 없다. 이것은 개별자 자신이 어떤 입장을 취하느냐에 따라 달라진다. 이렇게 볼 때, 주어진 상태로부터 나아가는 모든 한 걸음, 한 걸음은 하나의 '도약'이다. 개별자가 직접 실행해야 하는 도약인 것이다. 그리고 여기에서 다시금 자유의 가능성이 자신을 드러내게 된다.

---

54. [역주] 이는 선 앞에서의 불안에서 나타나는 자유의 가능성을 말한다.
55. [역주] 이는 무구성 속에서의 불안과 비교할 때 전도된 것으로 볼 수 있다는 뜻이다.

그러므로 두 가지 차원은 '타락 이후'에도 계속해서 힘을 발휘한다. 불안 속에서 자유가 상실되었지만, 그럼에도 불안 속에서 또다시 자유의 가능성이 드러나고 있다. 여기서 자연스럽게 질문이 떠오른다. 그것은 혹시 불안의 의미 자체가 모호한 것은 아닌가라는 질문이다.

불안의 의미

나는 키에르케고어에게 가장 중요했던 문제를 지적하면서 내 논의를 시작하였다. 그것은 불안이 인간 존재[56]에 관하여 무엇을 말해주는가이다. 개념적으로 요약해서 말하자면, 불안은—이것은 한 사람이 불안해 할 수 있다는 것과 그가 불안 속에서 겪게 되는 경험을 포괄하는데—개별자가 자기 자신(Selbst)으로서 존재함을 보여준다. 즉 개별자가 저절로 자기 자신으로 존재하는 것이 아니라, 이제 비로소 자기 자신으로 존재해야 함을 보여주는 것이다. 불안 속에서 개별자는 정신으로서 혹은 자기로서 자신과

---

56. [역주] 키에르케고어의 실존적 인간학은 인간의 존재 상태를 근본적으로 역동적이며 과정적인 것으로 파악하는 이론이다. 그래서 관계가 아니라, 관계맺음(관계함), 인간 존재가 아니라 인간으로서 존재함, 존재하는 과정으로 이해하는 것이 사태의 진실에 부합한다고 할 수 있다.

관계를 맺게 된다.

헌데 이러한 설명에 대해 하나의 비판이 제기될 수 있다. 이런 방식으로 불안에서 중요한 문제는 오로지 개별자가 자기 자신과 관계하고 있다는 것뿐인가라는 비판이다. 키에르케고어의 이러한 설명을 따르자면, 자기관계는 '정신적인' 관계로서 육체로부터 분리되고, 또한 '내적인' 관계로서 세계로부터 분리되어 있는 것이 아닌가?

인간이 하나의 종합이라는 것은 영혼과 육체가 함께 속해 있다는 것을 의미한다. 그러나 이렇게 말한다고 해서 모든 것이 밝혀진 것은 아니다. 왜냐하면 종합이라는 것은, 두 계기[57]가 서로 분리되는 바로 그 순간에 비로소 하나의 과제가 되는 것이기 때문이다. 이 순간에 인간은 자신이 자기 자신과 동일한 상태가 아니라는 사실을 경험하고, 그럼으로써 자기 자신으로부터 빠져 나오게 된다. 가령 사춘기에 우리가 자신에게서, 자신으로부터 스스로를 특이하게 느끼게 될 때, 우리는 우리 자신을 육체로서 느끼는 것이다. 이때 우리는 우리 스스로에 대해 낯설어지며, 우리의 육체는 변화를 겪고 있다. 낯선 것이면서도 동시에 우리 자신이기도 한 것이다. 심지어 자신의 목소리도, 평소에는 너무나 자신에게 가까워서 거의 들을 수도 없는 목소리도 달라질 수 있다. 청소년기에 갑자기 변성기가 올 수 있는데, 그때 우리는 자신의 목소리를 낯선

---

57. [역주] 물론, 여기서 두 계기는 영혼과 육체를 가리킨다.

사람의 것처럼 듣게 된다. 여전히 자신의 목소리인데도 말이다. 또한 여자아이의 첫 월경과 같은 삶의 큰 변화들은 순간적으로, 어떤 전환점이 될 수 있다.

키에르케고어가 사춘기에 대해서 특별히 자세히 언급하는 것은 아니다. 그럼에도 그의 분석에서 특기할 만한 것은, 불안 속에서 일어나는 자기 자신의 발견이 자신의 육체에서 경험하는 변화와 연결되어 있다는 점이다. 자기 자신(Selbst)이 되기 위해서 개별자가 우선적으로 경험해야 하는 것은 어떻게 자기 자신이 스스로부터 분리되는가이다. 그런데 이 경험이 이루어지는 방식은 근본적으로 육체적 계기의 의미가 달라지는 것을 통해서이다. 개별자는 정신으로서의 자기 자신과, 또한 육체로서의 자기 자신과 관계를 맺는다. 키에르케고어가 직접 하는 말로 표현하자면, 자기 자신으로서의 인간을 의미하는 정신이 "성차를 지닌"(81) 육체로서, 한 마디로 "성"(82)으로서 규정되는 것이다. 정신 혹은 자기 자신(Selbst)은 두 계기를 종합해야 하는데, 이 두 계기의 결합이 결정적인 문제가 되어 있는 것이다. 정신과 한 가지 계기 사이의 관계에서 연관성이 부재하게 되면, 이는 곧바로 정신과 다른 계기와의 관계 속에 반영되어 나타나게 된다. 이미 앞서 인용했듯이, 인간이란 "영혼과 육체의 종합이며, (……) 이 종합을 수행하는 것은 정신이다. 그렇기 때문에 이들 중 하나가 해체(Desorganisation)를 겪게 되면, 그 여파는 곧바로 다른 것에도 나타나게 된다."(143)

위에 제기된 비판의 앞부분과 관련해서는 이 정도로 충분할 것이다. 비판의 뒷부분에 대해 적절히 대응하려면,[58] 자기관계에서[59] 핵심적인 문제가 과연 무엇인가를 좀 더 자세히 고찰해야 한다. 자기관계라는 것은 이중적인 사태를 지시하고 있다. 즉 개별자가 스스로 무엇인가와 관계를 맺는다는 것과, 이 관계맺음 속에서 동시에 자기 자신과 관계를 맺고 있다는 것이다(개별자는 그때 그때 어떤 특정한 방식으로, 어떤 특정한 사태에 대해 관계를 맺고 있는 자로서 존재하고 있다). 키에르케고어기 개별자가 자기 자신에 대해서 어떻게 관계하고 있는가를 집중적으로 고찰할 때, 우리가 반드시 주목해야 할 것은 자기관계란 다름 아니라, 주변 세계와의 관계를 통해서, 다시 말해 개별자가 자신을 둘러싼 주변 세계와 관계를 맺는 방식을 통해서 드러나고 있다는 점이다. 앞서 언급했던 몇 가지 예가 이를 잘 보여준다. 개별자가 나태함 속에서 사유하는 일을 뒤로 미루는 것, 호기심 자체만을 위해 호기심에 머무는 것 혹은 자신을 존중하지 않으면서 자신을 내세우는 것 등등. 이들 예에서 한 인간은 어떤 방식으로든 자기 자신과 관계를 맺지 않을 수 없다. 여기서 자기관계가 위치해 있는 곳은 단지 육체적인 자기

---

58. [역주] 비판의 앞부분은 불안을 일방적으로 정신적 차원에서만 논의하여 육체적 차원이 경시되고 있는 것이 아닌가 하는 문제제기이며, 비판의 뒷부분은 불안을 지나치게 내적이며 심리적인 문제로만 논의하여 인간을 둘러싼 세계(사회, 문화, 역사)를 소홀히 다루고 있지 않은가 하는 문제제기이다.

59. [역주] 즉, 개별자가 자신 자신과 맺고 있는 자기관계에서.

경험에 한정된 것이 아니라, 개별자가 자신의 과거를 어떻게 받아들이고, 자신을 둘러싼 상황에 대해 어떤 입장을 취하고 있는가에도 해당되는 것이다. 개별자가 어떤 일을 하든, 그가 하는 일은 언제나 그 자신과 결부되어 있다.

지금까지 밝혀진 바와 같이, 키에르케고어는 불안에 대해서 보편적인 의미를 부여한다. 인간의 가능성으로서(한 인간이 불안해할 수 있다는 것), 그리고 인간의 경험으로서 불안은 개별자가 자기 자신(Selbst)이라는 것을,[60] 자기 자신이 되어야 하는 과제로 규정되어 있다는 것을 보여준다. 그렇다면 불안은 직접적으로, 피할 수 없이 인간적인 삶에 속한 현상인가? 키에르케고어에게도 불안은 '부정적으로' 이해되고 있다. 불안 속에서 우리는 자유롭지 않게 된다. 불안 속에서 우리는 자기 자신을 어떤 부자유의 상태에 옭아매고 있다. 만약 이러한 불안이 인간적 삶에 직접적으로 속한 부분이라면, 우리는 불안을 부자유라고 서술할 수 없을 것이다. 오히려 다음 사실이 전제되어 있는 것처럼 보인다. 즉 인간적인 삶이란 불안이 없을 때, 비로소 성공적인 삶이 될 수 있다는 것이다. 불안으로부터 자유로워지는 것이 반드시 요구된다.

따라서 불안에 보편적 의미를 부여한다는 것은 아무 문제가 없는 일이 아니다. 그럼으로써 불안이 인간 삶 전체에 널리 퍼져

---

60. [역주] 즉, 누구와도 비교할 수 없고 혼동할 수 없는, 유일무이한 자기 자신이라는 것을.

있는, 어떤 불분명한 상태가 되어버리는 위험을 감수해야 하는 것이다. 그 때문에 우리는 키에르케고어가 "불안"을 어떻게 이해하고 있는가를 좀 더 명확히 밝혀야 한다. 그가 불안 안에 어떠한 다양한 현상들을 포함시켜 이해하고 있는가를 명확히 밝혀야 하는 것이다. 키에르케고어가 불안에 얽힌 현상들을 묘사할 때, 그가 각별히 중시하는 것은 부자유 상태로서의 불안, 인간이 자기 자신을 묶어두는 상태로서의 불안이다. 그러나 이 불안에 선행하는 불안이 있다. 그것은 자유의 가능성을 드러내는 불안이다. 첫 번째 차원에서 불안은 스스로를 자기 자신(Selbst)으로서 발견할 수 있는 가능성이다. 그리고 이 첫 번째 차원이 두 번째 차원에 의해 지양되는 것은 아니다. 반대로 우리는 두 번째 차원(자유롭지 못한 자기관계로서의 불안)으로부터 첫 번째 차원(자유의 가능성을 드러내는 불안)으로 되돌아갈 수 있다. 왜냐하면 자기 스스로를 묶어두는 부자유의 상태를 "불안"이라 부를 수 있다면, 이것은 이러한 부자유의 상태 자체가 모호하기 때문이다. 즉 이 상태 또한 자유의 가능성으로부터 영향을 받고 있는 것이다. 선 앞에서의 불안이 바로 이 점을 첨예한 형태로 보여주었다.

『불안의 개념』 마지막 장인 5장을 시작하면서 키에르케고어는 누구나 스스로 불안해하는 일을 배워야만 한다고 말한다. 게다가 그는 이 배움이야말로 가장 숭고한 것을 배우는 일이라고 말한다. 이에 따르자면, 불안은 단지 한 인간이 그로부터 자유로워져야 하는 것이 아니다. 인간은 "올바르게" 불안해하는 일을 배워야 한다. 우리가 배워야만 하는 불안은 자유의 가능성으로서의 불안이다. "오직 이 자유의 가능성으로서의 불안만이, 믿음에 의해서, 절대적으로 인간을 도야하는 역할을 한다."(181) 마지막 5장에서 논의하는 불안과 믿음 사이의 관계에 대해서는 이 책 9장에서 살펴볼 것이다. 하지만 지금까지의 내용으로부터 분명하게 드러나는 것은, 불안 없이는 자유 또한 존재하지 않는다는 사실이다. 왜냐하면 개별자는 불안 속에서 자유를 자신의 자유로서, 그 자신의 본질적 규정으로서의 자유를 발견하는 것이기 때문이다.

그리하여 불안은 근본적인 의미, 즉 그 안에서 자유의 가능성이 드러나는 것으로서의 의미를 획득하게 된다. 하지만 이로써 모든 것이[61] 분명하게 말해진 것은 전혀 아니다. 왜냐하면 불안은 또한, 부자유의 상태이기도 하기 때문이다. 불안으로부터 자유로워지기 위해서는 반드시 불안해하기를 배워야 한다는 것. 이를 우리는 이렇게 이해할 수 있을 것이다. 즉 우리가 스스로를 옭죄는 부자유의 상태에서 빠져나오는 길이, 자유의 가능성으로서의 불안을 통과할 수밖에 없다는 것으로 이해할 수 있는 것이다. 여기서 또 하나의 문제가 떠오르는데, 그것은 이러한 자유의 가능성이 부자유의 경험을 전제하는 것은 아닌가 하는 것이다. 불안 속에서 개별자는 자유롭지 못한데, 이는 그가, 키에르케고어의 말로 하자면, '자기 자신을 상실하고' 있기 때문이다. 우리가 우리 자신이 되기

---

61. [역주] 즉, 불안과 관련되어 있는 모든 문제들이.

위하여 자신을 상실하는 일이 불가피하다는 것, 이것은 대체 어떤 의미일까? '부정적인 것'을 거쳐 가는 길은 피할 수 없는, 필연적인 우회로인가? 이러한 견지에서도 인간은 자유롭기 위해서—— 불안으로부터 자유롭게 되기 위해서—— 불안해하기를 배워야만 하는 것인가?

나는 다음 장들에서 이들 문제에 초점을 맞출 것이다. 우리는 앞에서부터, 가장 가까운 개념과 함께 다시 논의를 시작할 것이나. 이 개념은 실존(Existenz)이란 개념이다. 불안에 대한 키에르케고어의 분석은 간접적으로는, 당연히 인간의 실존에 관한 분석이다. 그러나『불안의 개념』에서 고유한 함축적 의미를 가진 "실존"이라는 용어는 거의 등장하지 않는다. 한 곳에서 키에르케고어는 "인간 실존의" 본질적인 것(34)에 대해서 말하고 있으며, 또 다른 곳에서는 "실존의 개념들'(172)에 대해서 말하고 있다.[62]『철학적 조각들에 대한 결론적인 비학문적 후서』[63]에 이르러서야 비로소 "실존"은 지속적으로 고유한 함축적 의미를 가진 개념으로 사용된다. 그 대신 이 책에서는 직접적인 불안의 분석이 전혀 등장하지 않는다.[64] 실제로『비학문적 후서』에서는 실존에 대한 분석이 불

---

62. 다른 곳들의 예는 함축적인 의미가 거의 없다. 예를 들어, "그러한 실존"(111), "그러한 천재적인 실존"(120), "실존에 대한 어떤 시험"(123), "하나의 종교적인 실존"(124) 등이 그렇다.
63. [역주] 이하『비학문적 후서』로 줄여서 표기한다.
64. 하지만『비학문적 후서』에서 한 번『불안의 개념』을 되돌아보면서,

안에 대한 분석에 견줄 수 있을 정도로, 새로운 이론적 출발점이 되는 듯하다. 그러나 결국 핵심은 동일한 것으로 밝혀진다. 그것은 인간을 자기 자신(Selbst)으로, 즉 자기 자신이 되어야 하는 과제에 직면해 있는 자기(Selbst)로 이해하는 것이다. 그 때문에 실존에 대한 분석과 불안의 분석을 함께 읽어야 할 충분한 근거가 있는 것이다.

불안과 "실존-내면성" 사이를 연결시키고 있기는 하다.(『비학문적 후서』 I, 264)

2장
실존

인간이란 무엇인가

"하지만 논의를 시작하기 위해 이제 대담한 전제를 세우기로 하자. 우리가 인간이 무엇인지를 알고 있다고 가정하기로 하자." (『철학적 조각들』, 35) 이 제안을 하는 사람은 『철학적 조각들』에서 익명의 저자로 등장하는 요한네스 클리마쿠스이다. 이 책은 1844년 6월 13일, 그러니까 『불안의 개념』이 출간되기 4일 전에 출간되었다. 『철학적 조각들』의 경우에도 익명의 저자 이름은 책이 다 완성된 후에 삽입되었으며, 그래서 키에르케고어의 이름도 책 제목 페이지에 남아 있다. 제목 페이지에는 "『요한네스 클리마쿠스의 철학적 조각들 혹은 조각들의 철학』"이라 되어 있고, 이어 "편집자 S. 키에르케고어"의 이름이 적혀 있다.

클리마쿠스의 제안은 이중적인 토대를 갖고 있다. 그것은 우리가 인간이 무엇인지를 알고 있다는 것을 지시하고 있을 뿐 아니라, 우리가 이러한 알고 있음을 마땅히 가정해야 한다는 것을 제안하고 있다. 따라서 그의 제안은 하나의 질문을 동시에 던지고 있는 셈이다. 과연 우리는 이를 진정으로 알고 있는 것인가?

여기서 두 가지를 구별해야 한다. 우리가 인간이 무엇인지를 알고 있다고 믿고 주장하는 것과 이를 알고 있다고 가정할 것을 제안하는 것은 서로 다른 일이다. 놀라운 것은 이 가정의 내용이 ──인간이 무엇인지를 안다는 것── 아니라, 우리가 반드시 전제해야 하는 가정에 대해 얘기하고 있다는 점이다. 그리하여 가정의 요점은 오히려 정반대의 지점을 향해 있다고 보인다. 바로 우리가 인간이 무엇인지를 알지 못한다는 것이다. 어떤 경우에도 우리가 이를 쉽게 알고 있다고 할 수는 없다. 우리는 이를 알고 있다고 가정해야만 한다. 클리마쿠스의 말대로, 심지어 이것은 대담한 가정인 것이다.

그런데 클리마쿠스가 대담한 제안을 하는 곳은 『철학적 조각들』의 도입부가 아니다. 제안은 3장에 들어와서야 언급되는데, 클리마쿠스는 3장 또한 1장과 마찬가지로 소크라테스로 논의를 시작하고 있다. 『철학적 조각들』 1장의 첫 번째 문장은 하나의 질문이다. '진리란 얼마만큼 배울 수 있는 것인가?' 클리마쿠스는 이를 소크라테스적 질문이라 부른다.[1] 그리고 이 질문에 대한 소크

---

1. [역주] 좀 더 정확히 말해서 이것은 대화편 『메논』에서 집중적으로

라테스적인 답변을 이렇게 제시한다. "내가 그 안에 머물고 있는 진리는 내 자신 안에 있었으며, 나 자신으로부터 밖으로 드러난 것이다."(『철학적 조각들』, 10) 개별자는 자기 자신 안에 진리를 간직하고 있다. 물론 인간의 삶은 진리를 상실하거나 망각하는 데서 시작될 것이다. 하지만 진리는 다시금 '그 자신으로부터' 드러나는 것이다. 아마 여기서 너무 노골적으로 '진리 일반(die Wahrheit)'에 대해 얘기하는 것이 독자들에게는 다소 이상하게 들릴 것이다. 그러나 여기서 말하는 진리가 가리키는 것은 개별자가 그 안에 "머물고", 또 그것을 바탕으로 자신의 삶을 세울 수 있는, 그러한 진리이다. 따라서 진리를 과연 전달하고 배울 수 있는가가 문제로 대두되어 있다면, 이에 대한 답은, 한 사람이 다른 사람에게 진리를 줄 수는 없고, 기껏해야 다른 사람이 스스로 진리를 찾아갈 때 도와줄 수 있을 뿐이라는 말이 될 것이다. 왜냐하면 개별자는 진리를 스스로 '자신으로부터' 찾아야 하기 때문이다.

그런데 『철학적 조각들』에 묘사되어 있는 소크라테스의 모습은 다의적인 뉘앙스를 보여준다. 방금 전 서술에서는, 마치 소크라테스가 개별자가 스스로 전유해야 하는 진리의 문제, 즉 개별자의 진리에 대한 실존적인 질문을 강조하고 있는 듯 보인다. 그러나 『철학적 조각들』 1장의 서술에서는, 소크라테스가 진리에 대해서

논의되는 문제이다.(Platon, *Menon*, 70a-71d, 『메논』, 이상인 역, 이제이북스, 2009)

좀 다른 관점을 주장하고 있다. 여기서 소크라테스는 진리란 영원함 속으로 되돌려질 수 있는 것이라고 말하는데, 이로써 역사적 순간이 거의 아무런 의미가 없는 것이 되어버린다. 이 관점은 플라톤이 대화편 『파이돈』에서 설파한 상기설을 가리킨다고 보이는데, 이 상기설에 따르면 인식이란, 예전에 이미 보았다가 망각하게 된 이데아의 세계를 다시금 상기하는 일에 다름 아니다.[2]

『철학적 조각들』의 3장 또한 진리에 대한 질문으로 시작한나. 하지만 이제 질문은 자기인식을 향한 문제의 형태로 분명하게 표현된다. 이 문제가 내세우는 요청이 바로 저 "너 자신을 알라!"이다. 그리고 클리마쿠스는 소크라테스를 인간에 대해 정통한 자로 소개하고 있다. 그런데 기이한 것은, 인간에 정통한 소크라테스가 정작 자기 자신에 대해서는 매우 주저하는 모습을 보인다는 점이다. 소크라테스는 자신이 "티폰(Typhon)보다 더 괴상망측하게 결

---

2. [역주] 여기서 '영원함'이란 진리(이데아)에 대한 소크라테스-플라톤의 관점, 즉 진리(이데아)는 변화하지 않는 본질적 형상으로 영원히 동일하게 존재한다는 관점을 가리키는 말이다. 플라톤은 '감각적 지각의 대상'과 '지성(nous)으로 인식하는 대상들'을 구별하고, 후자를 다시 '수학적-기하학적 대상들'과 진정으로 '존재하는 형상들(eidos=이데아)'로 구별한다.(Platon, *Politeia*, 509c-511e, 『국가-정체』, 박종현 역, 서광사, 1997, pp. 439-445) 플라톤의 상기설에 따르면, 인간 영혼은 이 형상들에 대한 앎을 육체 속으로 들어오면서 망각하였다. 그러다가 여러 경험적 대상들을 지각하고 배울 때, 이 본질적 형상들을 다시 상기하게 된다. 상기설에 대해선, 특히 대화편 『메논』(이상인 역, 이제이북스, 2013)과 『파이돈』(전헌상 역, 이제이북스, 2013)을 보라.

합되어 있는 괴물이 아닌지, 혹은 자신의 본질 속에 어떤 더 부드럽고 신적인 부분을 포함하고 있는 존재인지"에 대해서 결론을 내리지 못한 채 주저하고 있다.(『철학적 조각들』, 37) 클리마쿠스가 우리에게 인간이 무엇인지 알고 있다고 가정하자는 대담한 제안을 할 때, 이는 소크라테스의 바로 이 당황하는 모습을 배경으로 하고 있다. 이것은 또한 인간이 무엇인지를 알고 있다고 주장하는 동시대인들에 대한 공격이기도 하다.

따라서 클리마쿠스의 제안은 이렇게 이해되어야 할 것이다. 즉 우리는 우리 자신의 무지를 논의의 출발점으로 삼아야 한다. 우리의 무지를 인정하면서 논의를 시작해야 하는 것이다. 논의를 시작하기 위해 인간이 무엇인지를 안다고 가정해야 한다는 것은, 사실은 우리가 이를 알지 못하고 있음을 가리킨다고 할 수 있다. 무지를 인정함으로써, 이전과는 다른 출발점이 마련된다. 무지를 인정함으로써 비로소 우리가 인간이란 무엇인가에 대한 질문을 온전히 제기할 수 있게 되는 것이다. 게다가 이렇게 질문을 제기하는 일은 인본성(Menschheit)을 지키기 위해서도 결정적으로 중요하다.

인간은 참으로 실존하는 상태에 있다

『철학적 조각들』의 익명의 필자인 요한네스 클리마쿠스는 자신의 글쓰기를 『철학적 조각들에 대한 결론적인 비학문적 후서』로 이어간다. 키에르케고어는 이 『비학문적 후서』로 자신의 저술 활동을 마무리 지으려 했다.[3] 『비학문적 후서』는 1846년 출간되면서 다시금 "편집자 S. 키에르케고어"라는 이름을 달고 있다. 두 권으로 된 이 책은 약 100쪽 정도의 『철학적 조각들』에 대한 일종의 보론으로서 각각 500 내지 600여 쪽의 방대한 분량을 갖고 있다. 『비학문적 후서』는 인간이란 무엇인가라는 질문을 반복한다. 하지만 이 책에서 클리마쿠스는 질문을 반복하는 와중에 끊임없이 이 질문에 답변하려 노력한다. 게다가 그가 내놓은 답변은 거의 단조롭게 반복되는 듯 보인다. 그것은 '한 인간은 실존하고 있다(Ein Mensch ist existierend.)'[4]는 것이다.

『비학문적 후서』에서 클리마쿠스가 지속적으로 공격하는 것은 현존재를 하나의 체계로서, 다시 말해 어떤 완결된 전체로 파악하려는 시도이다. 신에게는 현존재가 어떤 체계일 수도 있을 것이다.

---

3. 『기록 노트들 Papirer X 6 B』(= 덴마크어판 전집 가운데 일기와 저널들), p. 410 참조하라.
4. [역주] 키에르케고어 실존적 인간학의 요체를 담고 있는 이 문장에서 적어도 두 가지 지점을 반드시 기억해야 한다. 첫째로 문장의 주어인 '한 인간'은 종이나 집합으로서가 아니라, 유일무이한 개별자로서의 인간을 가리키는 말이다. 둘째로 문장의 술어인 '실존하는'은 그냥 존재한다는 성질을 가리키는 말이 아니라, 현재분사형으로서 계속 진행되고 있는 과정, 즉 개별자의 실존하는 과정, 다시 말해 개별자가 매 순간 자기 자신과 관계를 맺는 과정을 나타내는 말로 이해해야 한다.

그러나 만약 한 인간이 현존재를 사변적으로 하나의 체계로서 파악하고자 한다면, 이는 웃기는 일이다. 왜냐하면 한 인간이란 대체 어떤 존재인가? 한 인간은 바로 인간으로서 "참으로 실존하고 있는 상태"에(『비학문적 후서』 I, 113) 있는 존재이다. 그리고 실존하고 있는 존재로서 개별자는 스스로 어떤 과정 중에 있다. 클리마쿠스가 말하듯이, 개별자는 "생성 중에" 있는 것이다.

클리마쿠스가 인간은 참으로 실존하는 상태에 있다고 말할 때, 이는 우리에게 너무나 당연한 사실을 상기시키는 것 같다. 모든 개별자는 그 자체로 문제없이 실존한다고 할 수 있다. 그러나 여기서 실존이라는 개념은 특별한 강조점을 지니고 있다. 확실히 인간은 상이한 방식으로 실존할 수 있다. 따라서 중요한 문제는 어떻게 인간이 진정으로 실존할 수 있는가이다.

이렇게 볼 때, 뭔가 이 과정에 개입하게 되는 어떤 것, 인간이 실존한다는 당연한 일을 복잡하게 만드는 어떤 것이 있음에 틀림없다. 이 어떤 것이란 바로 우리가 실존하고 있음을 망각할 가능성이 있다는 사실이다. 클리마쿠스는 개별자가 인간으로서 —— 개별자는 체계를 고안해내야 한다고도 여겨졌는데 —— 참으로 실존하고 있다고 말한 후에 곧바로 이렇게 덧붙인다. "그런데 이제 실존하는 개별자에게는 전체적으로 두 가지 길이 놓여 있다. 한편으로 개별자는 자신이 실존하고 있다는 것을 망각하기 위해 모든 노력을 기울일 수 있다. 그가 이를 통해 도달하는 것은 스스로가 우스꽝스럽게 되는 것이다(이것은 인간이 자신이 아닌 것이 되고자 할 때의 우스꽝스러운 모순이다. 예를 들어, 인간이 자신이 아닌 것이 되길 원하는 것은 인간이 새가 되기를 원하는 것만큼이나 웃기는 일이다. 마치 경우에 따라(in casu) 실존하는 것인 양 말이다. 이것은 일상적인 언어 사용에 있어서, 어떤 사람이 자신이 누구인가를 잊었을 때 그를 우습게 여기는 것과 마찬가지다. 이때 그가 잊은 것은 자신의 이름이라기보다는 자신의 고유한 본질일 것이다). 왜냐하면 실존이란 특이한 본성을 갖고 있는바, 실존하는 자는 스스로 원하건 원하지 않건 실존할 수밖에 없기 때문이다. 다른 한편으로 개별자는 자신의 모든 주의력을 자신이 실존하고 있는 상태에 있다는 사실 자체에 집중할 수 있다."(『비학문적 후서』 I, 113)

인간이 스스로 원하건 원하지 않건 실존하고 있다는 것. 비록 이것이 사실이라 할지라도, 인간이 그것을 생각하는가, 생각하지 않는가는 결정적으로 중요한 것처럼 보인다. 클리마쿠스가 열정적으로 공격하는 것은 이러한 망각이다. 즉 인간이 자신이 실존하고 있다는 사실을 망각한다는 것이다. 우리가 주목해야 할 것은, 이것이 단지 기발한 생각에 빠져 있는 일부 철학자들만의 문제점이 아니라는 것이다. 망각이 현대만의 고유한 특징은 아니라 할지라도, 적어도 현대가 이러한 망각에 젖어 있다는 점은 부인하기 어렵다. 클리마쿠스는 자신의 비판적 진단에 대한 공식적인 표현을 끊임없이 반복한다. '현대는 실존한다는 것이 무얼 뜻하는지를 망각했다.' "나의 중심 사상은, 우리 시대의 인간들이 자신들이 갖고 있는 풍부한 지식에 힘입어서, 실존한다는 것이 무엇을 의미하는지, 그리고 내면성(Innerlichkeit)[5]이 무엇을 뜻하는지를 망각했다는 것이다."(『비학문적 후서』 I, 242)

실존이라는 문제

일단 표면적으로 볼 때, 클리마쿠스는 인간이란 무엇인가라는 질문에 대해서 '인간은 실존하고 있는 상태에 있다'라고 답하고 있다. 그러나 질문은 재차 반복된다. 실존한다는 것은 무엇을 의미하는가? 물론 이것은 인간으로서 실존한다는 것은 무엇을 의미하는가, 또는 한 사람의 인간으로 존재한다는 것은 무엇을 의미하는가를 뜻하는 질문이다. 클리마쿠스는 분명하게 강조한다. 이 질문은 인간이란 존재가 일반적으로 무엇인가에 대한 것이 아니라, "나와 너, 그, 우리 각자가 인간이라는 것이 도대체 무엇을 의미하는가"에 대한 질문이다.(『비학문적 후서』 I, 113)[6]

클리마쿠스가 자신의 시대에 대해서 실존한다는 것이 무엇을

---

5. [역주] '실존'과 함께 키에르케고어의 철학적 인간학의 가장 중요한 개념이라 할 '내면성'에 대해선 아래 「주관성과 (비-)진리」 단락을 보라.
6. [역주] 여기서 앞의 '인간이란 존재 일반'은 종적 일반자로서의 인간을, 뒤의 '각자가 인간'에서는 유일무이한 개별자로서의 인간을 가리킨다.

의미하는지를 잊어버렸다고 비판할 때, 우리는 실존의 문제에 대한 명확한 답변이 있을 것이라 여길 것이다. 만약 현대의 시대적인 곤궁함이 실존의 의미를 망각한 것에 있다면, 인간으로 실존한다는 것이 어떤 의미인지에 대해 구체적으로 대답하는 일이 가능해야 할 것이기 때문이다. 현대가 망각한 것이 어떤 특정한 내용을 갖고 있어야 하기 때문이다. 그러나 『비학문적 후서』를 읽어 보면, 어떠한 구체적인 답변도 찾을 수 없다. 이 시대가 실존한다는 것이 무엇을 의미하는지 잊어버렸다고 클리마쿠스가 끈질기게 반복하는 것이 흡사, 문제에 대한 답변 자체를 대신하는 것처럼 보인다.

따라서 우리는 만약 어떤 답변이 있다면, 그것이 어떤 것일까에 대해 묻지 않으면 안 된다. 만약 "나와 너, 그, 우리 모두 각자가 독립적인 인간"이라는 것이 클리마쿠스의 요점이라면, 답변 또한 모든 개별자 자신이 홀로 제시할 수밖에 없는 것처럼 보인다.

그러나 문제에 대한 망각은 단지, 오늘날 사람들이 인간으로 존재한다는 것이 무엇을 의미하는지를 잊었다는 데에 한정되어 있지 않다. 위에서 인용했던 문장에 나타나 있듯이, 오늘날 사람들은 그것의 의미를 자신들의 "풍부한 지식에 힘입어서" 잊어버렸다. 그러나 다른 많은 지식을 갖고 있다는 것이 실존의 의미를 잊어버리기 위한 충분조건은 아니다. 오히려 오늘날 사람들이 다른 지식들을 각별히 중요하게 여기면서 이들에 대해 큰 의미를 부여했음에 틀림없다. 그리하여 이들에게는 실존에 관한 질문을 제기하는 일이 더 이상 필요하지 않은 듯 비쳐진 것이다. 문제의 핵심은 단지, 인간 존재의 의미에 관한 어떤 지식이 다른 지식이나 축적된 많은 지식들에 의해 뒷전으로 밀려났다는 것이 아니다. 오히려 인간으로 존재한다는 것의 의미를 망각하는 일은, 사람들이 이 의미를 알고 있다고 믿고 있는 바로 그 순간에 일어난다. 이렇게 믿고 있을 때, 사람들은 이에 대한 대담한 가정을 할 필요가 전혀 없다. 이들은 스스로 이를 알고 있다고 여기며, 따라서 실존한다는 것이 무엇을 의미하는지에 대해 질문하지 않는다. 그러므로 망각은 질문하는 일 자체를 잊어버린다는 데에 있다. 이 망각의 위험성은 인간으로 존재하는 것이 무엇을 의미하는지를 안다는 믿음 속에 있다. 그래서 이에 대해 질문할 필요가 없는 것이다. 결국 이 실존의 질문 자체가 시야에서 사라지게 된다.

클리마쿠스가 보기에 철학적 사변과 당대 시대가 안고 있는 문제점은 실존함의 어려움을 도외시한다는 데에 있다. 다시 말해 실존함에 존재하는 문제 자체를 무시하는 것이다. 일반적으로 하나의 '문제'란, 삶을 이어가기 위해 우리가 풀어야 하는 혹은 제거해야 하는 어떤 것이다. 그런데 여기서 우리가 맞닥뜨리고 있는 문제는 그렇게 사라지는 문제가 아니다. 아니 그렇게 사라져서도 안 되는 문제다. 반대로 우리가 실존함 자체 속에 놓여 있는 문제를 진정으로 이해할 때, 그때 비로소 우리는 실존함이 무엇을 의미하는지를 이해할 수 있게 된다. 따라서 실존의 문제는 주어진 과제 속에, 즉 실존함이 실존하는 개별자 자신에게 부과하는 **과제** 속에 놓여 있다. 가장 근본적인 의미에서 실존의 문제란, 인간이 자신의 삶을 스스로 어떻게 시작하느냐의[7] 문제이다.

이에 따라, 실존한다는 것이 무엇을 의미하는가에 대한 답변은 실존함 자체 안에 문제 혹은 과제가 놓여 있음을 인식하는 것에 이미 포함되어 있다. 그 때문에 클리마쿠스가 망각에 대한 대응책으로서, 구체적 내용을 가진 답변 대신 어려움과 문제[8]에 집중하는 것이다.

지금까지의 논의가 결론적으로 도달하는 지점은 우리들 한 사람 한 사람이 인간이라는 사실에 그치는 것 같다. 우리 모두는 실존함의 질문 또는 문제에 대한 답변을 각자 스스로 찾아야만 한다. 이 답변을 찾아갈 때, 우리는 각자가 자신의 삶을 이해하고 있는 개별적인 방식에 따라 찾지 않을 수 없을 것이다.

그러나 실존함의 문제는 모든 사람들에게 동일하게 부과된 과제라는 공통된 특징 또한 갖고 있다. 위에서 논의한 것을 토대로 우리는 실존이 무엇을 의미하는가에 대해 몇 가지 분명한 내용을 이야기할 수 있다. 인간의 실존함은 두 가지 근본적인 특징을 갖고 있다. 첫째로 인간은 실존하는 자로서 진행되는 과정 속에, 생성의

---

7. [역주] 이때 '시작한다'는 말은, 개별자 자신이 주어진 삶의 과정을 어떻게 '매 순간' 진정한 '자신의 삶'으로 만들어가고 있는가를 가리킨다고 하겠다. 물론 여기서 '순간'이란 객관적 시간의 최소 단위를 뜻하는 것이 아니라, 개별자가 스스로 구체적인 '자기 자신'이 되는 순간으로 이해해야 할 것이다.
8. [역주] 이는 '실존함' 자체에 내포되어 있는 어려움과 문제를 말한다.

과정 속에 있다. 둘째로 인간은 스스로 실존하는 과정 속에서 하나의 문제 혹은 과제에 직면해 있는 셈인데, 이는 인간이 늘 자기 자신에 대한 관계[맺음] 속에 놓여 있음을 말한다. 생성 중에 있으며 자기관계 속에 놓여 있다는 것. 이 두 가지 근본적인 특징이 자기 자신이 되어야 한다는 과제 속에 결합되어 나타나는 것이다.

그러므로 실존의 개념 또는 실존의 문제를 좀 더 상세하게 규정함으로써, 우리는 불안의 분석이 도달했던 것과 동일한 통찰에 도달하게 된다. 즉 개별자는 가장 근원적인 의미에서 자기관계이며, 이는 개별자 스스로 자기 자신이 되어야 하는 과제 앞에 서 있다는 뜻이다. 그러나 불안에 대한 분석에서와 달리 여기서는, 인간이란 무엇인가에 대한 질문, 그리고 이 질문과 결부된 무지함으로부터 논의를 시작하였다. 어떤 의미에서 우리는 이 질문에서 조금도 벗어나지 못했는데, 왜냐하면 이 질문 자체[9]가 인간으로 존재하는 일 자체에 속한 것으로 밝혀졌기 때문이다. 실존한다는 것이 무엇을 의미하는지에 대한 답변. 인간이 이 답변을 찾는 길은 오로지 인간 자신이 실존함에 놓여 있는 문제와 어려움을 스스로 이해하는 길뿐이다.

---

9. [역주] '인간으로서 존재한다는 것은 무엇인가 혹은 인간이란 어떤 존재인가'라는 질문 자체를 의미한다.

주관성과 (비-)진리

『철학적 조각들』에서 클리마쿠스는 진리라는 것이 어느 정도나 배울 수 있는 것인가를 질문하면서 논의를 시작한다. 여기서 너무나 당연한 듯 진리 일반(die Wahrheit)에 대해 말하고 있기 때문에, 우리는 어떤 보편적인 진리가 애초부터 존재한다는 인상을 받게 된다. 그러나 클리마쿠스가 이후 진리에 대해 말하는 내용은 정반대의 견해를 표명하는 듯 보인다. 왜냐하면 개별자가 자신 안에 진리를 갖고 있다고 말하기 때문이다. 진리를 전달하고 또 배울 수 있는 유일한 방법은, 개별자가 스스로 진리를 발견하는 길뿐이다. 실존함이 어떤 의미를 갖고 있어야 하는가는, 오직 개별자가 스스로 자신으로부터 알아낼 수밖에 없다.

이를 클리마쿠스는 『비학문적 후서』에서 이렇게 표현한다. "주관성은 진리이다."(『비학문적 후서』I, 194) 이것은 진리가 무엇인지를 개별자가 스스로 결정한다는 것처럼, 그리하여 개별자 각자가 척도가 되는 것처럼 들린다. 그러나 여기서도 첫 인상은 오래 지속되지 못한다. 클리마쿠스는 짧은 보충 문장을 덧붙인다. "주관성, 내면성이 바로 진리이다."(『비학문적 후서』I, 195) 주관성이 진리가 무엇인지를 직접 결정하는 것이 아니라, 주관성 자체가 어떤 다른 것에 의해 규정되고 있다. 진리이기도 한 주관성은 내면성이며, 전유(Aneignung) 혹은 열정(Leidenschaft)이다.[10] 이로써 클리마쿠스는 진리에 대해 우리가 관계하는 방식, 즉 진리로서 받아들여져야 하는 것에 대해 우리가 관계를 맺는 방식을 언급하고 있는 셈이다. 어떤 것이 진리가 되는 것은, 그것이 나에 대해서 진리일 때이다. 이것이 뜻하는 바는, 개별자가 진리에 대해 맺고 있는 관계 속에서 스스로 변화하게 된다는 사실이다. 여기서 얘기되고 있는 진리는, 클리마쿠스가 말하듯이, 우리가 그 안에 "머물고" 또 우리 자신이 그것과의 관계에서 판정되는 진리이다.[11] 스스로 이러한 진리를 위해 결단을 내린다는 것은, 동시에 스스로 이 진리에 의해 규정되도록 한다는 것을 의미한다.

클리마쿠스는 이 점을 짧게 덧붙인 문장뿐만 아니라, 또 다른 문장 속에서 강조하고 있다. "따라서 주관성, 내면성이 진리이다. 이제 이를 위한 좀 더 내면적인 표현이 있을까? 있다. '주관성, 내면성은 진리'라는 언명이 다음과 같은 방식으로 시작한다면 그럴 것이다. 즉 '주관성은 비(非)진리이다.'라고 시작한다면 말이다."(『비학문적 후서』 I, 198) 이로써 우리는 두 개의 문장을 갖게 되었다. "주관성은 진리이다."와 "주관성은 비진리이다." 두 번째 문장은 첫 번째 문장과 모순되는 듯 보인다. 그러나 두 번째 문장이 첫 번째 문장을 단지 지양하기만 하는 것은 아니다. 오히려 두 번째 문장은 첫 번째 문장이 어떻게 시작되어야 하는가 하는 방식

---

10. [역주] '내면성', '전유', '열정'은 '주관성'과 함께 키에르케고어의 실존적 인간학에서 대단히 중요한 개념들이다. 이에 대해선 이 장의 이어지는 서술과 아래 4장 및 10장의 서술에서 상세히 논의된다.
11. [역주] 즉 개별자 자신의 실존 방식이 드러나는 '실존적 진리'이다.

을 밝혀주고 있다. 다시 말해서 우리는 이 두 번째 문장을 통해
두 번째 시작 지점으로 되돌아가게 된다. 그럼으로써 주관성, 내면
성이 진리라는 언명에 대한 더욱 더 내면적인 표현을 얻게 된다.
이러한 논의는 도대체 무엇을 의미하는가?

두 번째 문장을 위한 초안은 이미 『철학적 조각들』에서 찾아볼
수 있다. 앞서 언급했듯이, 클리마쿠스는 이 책에서 자신이 '소크
라테스적인 질문'과 '소크라테스적인 답변'이라 부르는 것을 개략
적으로 소개하면서 논의를 시작한다. 이렇게 시작하면서 클리마
쿠스는 소크라테스적인 것의 대안적 사상을 전개하기 위한 발판
을 마련한다. 즉 개별자는 '비진리'라는 것, 개별자는 '자기 스스로
에 의해' 비진리가 된다는 것을 논증하기 위한 출발점을 마련하는
것이다. 이어서 클리마쿠스는 개별자가 비진리인 상태, 자기 자신
의 잘못으로 비진리에 놓인 상태를 "죄"라 부르자고 제안한다.
(『철학적 조각들』, 13)

이를 통해 우리는 소크라테스적인 시작점과는 다른 시작점을
갖게 된 셈이다. 개별자가 이제 자기 자신으로 선회하면서, 개별자
는 자신이 진작부터 진리를 자신 안에 갖고 있었다는 사실을 발견
하지 못한다. 그 대신 개별자는 자기 자신의 비진리를 발견한다.
클리마쿠스는 어떤 의미에서는 소크라테스적인 것이 여전히 여기
서도 유효한 상태라고 덧붙인다. "왜냐하면 내가 내 자신의 비진리
를 오로지 나 자신으로부터만 발견할 수 있기 때문이다. 오직 내가
그것을 발견할 때, 바로 이때에만 그것은 발견된 것이다. 비록

온 세계가 그것을 알고 있었다 하더라도, 그전에는 전혀 발견된 것이 아니다."(『철학적 조각들』, 12)

이제 『비학문적 후서』는 상반된 두 문장을 나란히 대비시키면서, 이들의 복잡한 연관성을 명확히 하고자 시도한다. "주관성은 진리이다.", 그리고 "주관성은 비진리이다." 주관성이 비진리라는 것은 소크라테스적인 것에 대비되는 두 번째 시작점이다. 클리마쿠스는 말한다. "그러나 이제 실존이 실존하는 개별자에게 두 번째로 스며들게[12] 된다. 실존하는 개별자는 참으로 본질적인 변화를 겪었으며, 따라서 더 이상 소크라테스적 회상을 통해 자기 자신을 영원성 속으로 다시 되돌이킬 수 없게 되었다."(『비학문적 후서』 I, 199) 개별자에게 실존이 첫 번째로 각인되는 것은, 개별자가 자기 스스로 전유해야 하는 진리와의 관계 속에 놓이게 됨을 통해서이다. 한 인간이 이렇게 실존에 의해 각인되게 되면, 그는 이전과는 다른 사람이 된다. 그에게 어떤 중요한 변화가 일어나는 것이다. 개별자가 두 번째로 각인될 때에도 마찬가지로 변화가 일어난다. 하지만 이 두 번째 각인에 의한 변화는 "본질적인" 변화가 되는데, 왜냐하면 그의 각인을 유발하는 것이 다른 어떤 것이 아니라, 바로 자기 자신이기 때문이다. 즉 개별자는 자기 자신이 비진리 속에 있다는 —— 게다가 자기 자신의 죄책으로 인해 비진리 속에 있게

---

12. [역주] 여기서 '스며든다'는 말은 '뚜렷하게 각인된다'는 뜻으로 이해하면 된다.

되었다는──사실에 의해서 재차 각인되고 규정되게 된다. 물론 이때 개별자 자신이 비진리를 인식하고 이를 스스로 전유하는 일이 반드시 필요하다. 이를 통해 첫 번째 문장의 요청이 반복되게 된다. 그것은 자신에 대한 진리를 발견하라는 요청, 다시 말해서 자기 자신의 비진리를 스스로 발견하라는 요청이다.[13] 이렇게 인간이 스스로 다른 사람이 됨으로써, 이전의 자신을 알아보지 못하게 됨으로써, 인간의 자기이해[14]가 자신의 위치를 바꾸게 된다. 인간은 자기 자신 안으로 선회하게 된다. 하지만 이 선회에 의해 인간은 이제 자기 자신의 외부에 출발점을 갖게 된다. 그 때문에 클리마쿠스는 자신의 입장을 계속 고수할 수 있다. "주체성, 내면성이 진리라는 것. 이것이 나의 테제였다."(『비학문적 후서』 I, 273)

이상의 논의에서 볼 때, 내면성과 전유가 재차 핵심 개념으로 드러난다. 특히 내면성은 난해함을 가진 개념이다. 독자들은 내면성을 쉽게 어떤 내적인 공간 또는 내적인 삶과 연결하려 할 것이다. 때때로 키에르케고어 자신이, 어떠한 표현도 불가능할 만큼 지극히 내적인 어떤 것에 대해 이 말을 쓰고 있다. 그러나 내면성은 무엇보다도 행위와, 그것도 어떤 특별한 행위와 결합되어 있다. 클리마쿠스는 아주 각별한 의미에서 '행위함'에 대해 이야기하는

13. [역주] 키에르케고어가 이로써 소크라테스의 "너 자신을 알라"를 실존 철학적으로 해석하고 재규정하고 있다고 할 수 있다.
14. [역주] 즉 요청되고 있는 자기이해가 다른 곳으로 옮겨진다는 말이다.

데, 이는 "영예로운 행동을 향한 것이 아니라, 내면성을 향해 있는" 행위함을 가리킨다.(『비학문적 후서』II, 4) 우리는 이를, 한 인간이 행위할 때 스스로 자기 자신과 더불어 행하고 있는 것을 의미한다고 해석할 수 있다. 한 인간이 외부를 향하여 어떤 행동을 할 때, 가령 누가 보아도 대단한 일을 해낼 때에도, 그는 또한 자기 자신과의 관계에 있어서도 함께 행위하는 것이라고 봐야 한다. 그렇기 때문에 내면성은 또한 이해[15]와 연관되어 있다. "이해함의 내면성"이 존재하는 것은, 개별자가 자기 자신에 의해 스스로 진리를 이해할 때이다.(『비학문적 후서』I, 69) 내면성 안에는 자기이해가 놓여 있다. 인간이 스스로 행하는 일을 통해서 자신을 이해하는 과정이 놓여 있는 것이다. 좀 더 정확히 말하자면, 내면성 안에는 어떤 요청, 즉 인간이 자신이 행하는 것을 스스로 이해하라는 요청이 들어 있다. 이렇게 이해하는 한에서, 내면성이란 언제든지 부재할 수 있는 어떤 것이다. 인간이 자신이 행하는 것을 스스로 받아들이지 않을 때, 우리는 내면성의 부재를 확인할 수 있다. 이럴 때 인간은 스스로 자기 자신으로 선회하지 않는 상태에 있는 것이다.

따라서 내면성은 자기 자신을 전유하라는 요청을 포함하고 있다. 그러나 내면성은 개별자가 자기 자신과 마주하고 있는 때에도 이미 존재한다. 개별자가 자기 자신과 마주하고 있으면서 타자들로부터 벗어나 있을 때, 그리하여 자신의 주변 세계로부터 스스로

---

15. [역주] '이해'는 자기 자신에 대한 이해를 말한다.

를 떼어놓을 수 있을 때도 이미 내면성이 존재하는 것이다. 달리 말해서 내면성은 하나의 인격(Person)으로서 존재한다는 사실 자체에 속해 있다. 이것은 사람들 사이의 관계를 이해하는 데 있어서도 의미하는 바가 크다. 사람들 사이의 관계라는 것은 굴절된 방식이든, 그냥 반영된 방식이든, 해당 개별자에게서 드러나게 된다. 즉 해당 개별자는 사람들과의 관계가 진정한 관계가 되도록 하기 위해, 자신에게 영향을 미치는 일을 스스로에게 요구하고 있는 것이다. 내면성이 뜻하는 바가 개별자가 다른 사람들과의 관계 속에서도 늘 자기 자신과 관계하고 있다는 것, 그럼으로써 자신의 행위에 대해 다른 사람들 앞에서도 책임을 질 수 있는 것을 포함하고 있기 때문에, 클리마쿠스가 "윤리적인 차원이 내면성이다."라고 말하는 것이며(『비학문적 후서』 I, 132), 나아가 "내면성은 개별자가 신 앞에서 자기 자신에 대해 맺고 있는 관계이다."라고 말할 수 있는 것이다.(『비학문적 후서』 II, 144)

이렇게 좀 더 상세한 방식으로 주체성은 내면성으로 규정되고 있다. 그런데 클리마쿠스는 전유 개념과 열정 개념과 관련, 이들이 내면성과 거의 차이가 없는 듯 사용한다. 주관성에 대한 이러한 규정들은 서로 어떤 관계에 있을까? 앞서 보았듯이, 내면성 안에는 어떤 요청이 들어 있으며, 이는 전유에 대한 요청이다. 이 때문에 클리마쿠스가 "내면성의 전유"라는 말을 할 수 있는 것이다. 그렇다면 열정은 어떠할까? 얼핏 보았을 때, 열정은 내면성과는 반대되는 방향으로 움직이는 것 같다. 내면성이 안쪽으로 들어가는 데 반해, 열정은 자기 자신을 '넘어서는' 운동인 것 같기 때문이다. 하지만 열정에서도 자기 자신으로 되돌아오는 운동이 있다. 열정은 우리 자신과는 '다른 어떤 것'과 관련되어 있으며, 따라서 우리는 이 다른 것과의 관계 속에서 규정되어 있다고 할 수 있다. 이것은 가령, 이미 내가 처음에 언급했듯이 『철학적 조각들』 3장 도입부에서 분명하게 드러난다. 여기서 클리마쿠스는, 사유의 열정은 사유될 수 없는 것을 사유하는 데 있다고 말한다. 사랑의 열정은 자기 자신이 아닌 어떤 다른 것을 향해 있다. 하지만 열정은 동시에 '자기 자신을 넘어서는' 운동 속에서 실현되고 있다. 어쩌면 열정의 '실현'에 대해 얘기하는 것이 이상하게 들릴 수도 있다. 열정 속에서 인간이 어떤 한계에 봉착하게 되는데도 말이다. 그러나 인간은 이러한 한계 지점에서 동시에, 자기 자신에게도 도달할 수 있다.

이를 다른 말로 이렇게 표현할 수 있을 것이다. 열정은 주관성의 규정인데, 왜냐하면 열정은 어떤 자기관계를 자신 안에 내포하고 있기 때문이다. 열정이란 한 인간이 어떤 것에 관여한다는 것, 문제의 중심이 되는 어떤 중요한 차이가 있다는 것, 어떤 것이 한 인간을 사로잡는 것 등을 의미한다. 물론 열정은 매우 다양한 형태를 취할 수 있다. 그뿐만이 아니다. 열정은 어떤 순환 속에서 움직이면서 인간이 자기 자신을 구속하도록 할 수 있다. 이럴 때 열정의 운동은 자신 안에서 순환하는 상태에 있는 것이다.

이로써 우리는 다시금 『불안의 개념』으로 돌아온 셈이다. 물론 키에르케고어는 불안에 대한 분석에서, (비-)진리가 아니라 거의 전적으로 (부-)자유에 대해 말하고 있다. 하지만 그는 이 두 주제를 함께 연결시키고 있다. 폐쇄성이 뜻하는 바는 "거짓, 혹은 다른 말로 하자면 비진리이다. (……) 하지만 비진리란 바로 계시 앞에서 두려워하고 있는 부자유인 것이다."(150 주석) 이를 통해 우리는, 클리마쿠스가 『철학적 조각들』과 『비학문적 후서』에서 추상적으로 비진리라 지칭한 것을 좀 더 정확히 이해할 수 있게 된다. 비진리 안에 있다는 것은, 인간이 자기 자신을 자유롭지 못하게 만들면서 부자유한 상태로 존재한다는 것을 뜻한다. 『불안의 개념』은 또한, 인간이 진리의 도움을 통해서 부자유로부터 벗어날 수 있음을 설명해 주고 있다. 여기서 키에르케고어는 다시금 정관사를 사용하여 진리 일반(die Wahrheit)에 대해 말하고 있다. 진리는 개별자에 대해 어떤 일을 행한다. 진리가 바로, "인간을 자유롭게 해줌으로써" 개별자에 대해서 가장 결정적인 일을 해주는 것이다. 동시에 키에르케고어는 전유를 향한 요청을 강조한다. "진리가 개별자 자신에게 존재하게 되는 것은, 오로지 개별자 자신이 행위를 통해서 스스로 진리를 산출할 때이다."(162) 신약성서의 「요한복음」에서와 마찬가지로 여기서도 두 가지를 동시에 얘기하고 있다. 즉 '진리가 너희를 자유롭게 할 것이다.'(요한복음 8:32)와 '개별자가 스스로 진리를 행해야만 한다.'(요한복음 3:21)를 함께 얘기하고 있는 것이다.

키에르케고어는 여기서 "전유"라는 용어를 사용하지는 않는다.

그 대신 내면성이 핵심 개념으로 부각되는데, 내면성이 악마적인 것 혹은 선 앞에서의 불안이 갖고 있는 긍정적 의미의 대립 개념이 되고 있기 때문이다. 개별자에게 진리가 존재하는 방식이, 오로지 개별자 자신이 행위를 통해 스스로 진리를 산출하는 일에 있다는 것, 바로 이것이 내면성이다. 만약 개별자가 진리가 이러한 방식으로 자신을 위해 존재하는 것을 스스로 가로막는다면, 이때 우리는 "악마적인 것의 현상"(162)을 갖게 된다. 이러한 현상이 가진 근본적 특징이 바로 내면성의 부재이다.

내면성은 다시금 행위 및 이해와 긴밀하게 연결된다. "오직 행위를 통해서만 도달할 수 있고, 오직 행위 안에서만 존재하는 확실성과 내면성, 이 두 가지가 개별자가 악마적인 상태에 있는지 아닌지를 결정한다."(162) 좀 더 뒷부분에서 키에르케고어는 말한다. "내면성은 어떤 이해이다." 그런데 이 말은 인간이 자신이 말하는 것 안에서 스스로를 이해하고 있음을 가리킨다. 즉 인간은 자신이 말하는 내용 속에서 스스로를[16] 함께 이해하고 있는 것이다.(166) 이러한 의미에서 내면성은 진지함(Ernst)이며(171), 이 진지함은 다시 개별자의 인격 자체를 나타내는 말이다.(174)

이에 따라 선 앞에서의 불안, 즉 악마적인 것은 한낱 부자유에 그치지 않는다. 오히려 그것은 자유를 상실하는 하나의 방식이다. 키에르케고어는 스스로 말하고 있듯이 "부정적 현상들"(163)을

---

16. [역주] 즉 자신이 스스로 무엇을 행했는가를.

묘사하고 있다. 불안의 악마적인 것이 드러난 현상이라는 점이 이들의 근본 특징인 것이다. 이들은 불신/미신, 위선/분노, 오만함/비겁함 등이다. 키에르케고어가 이렇게 서로 대립되는 현상들을 함께 세워둘 수 있는 것은, 이들 모두 동일하게 한 가지를 결여하고 있기 때문이다. 바로 내면성을 결여하고 있는 것이다.

열정 안에 존재하는 것으로 발견했던 차이. 이제 이 차이가 『불안의 개념』에서도 간접적이긴 하지만 결정적으로 중요하다는 점이 밝혀진 셈이다. 아울러 우리는 선 앞에서의 불안 내지 악마적인 것을 좀 더 상세하게, 내면성에 대립되어 있는 폐쇄성으로 규정할 수 있다. 내면성 안에 존재하는 열정이란 한 인간이 타인과의 관계 속에서 자기 자신을 이해하는 방식이다. 다시 말해서, 한 인간이 타인에게 말하는 내용 속에서 자기 자신을 이해하는 것, 바로 이렇게 자기 자신을 이해하고 있는 방식이 내면성의 열정인 것이다. 정반대로 폐쇄성의 열정은 자신 안에 갇힌 상태 안에서 순환하고 있다. 그리고 이것이 자유와 부자유의 차이인 것이다.

3장
자유 - 그리고 부자유

불안과 선택

불안에 대한 논구(1장)와 실존의 개념 혹은 문제에 대한 보다 더 상세한 규정(2장)을 통해 우리는, 인간이란 자기 자신(Selbst)이며, 이는 자기 자신이 되어야 하는 과제에 직면해 있는 존재라는 인식을 얻을 수 있었다. 키에르케고어는 이러한 통찰을 자유의 개념을 활용하여 명확하게 표현하고 있다.

1장에서 밝힌 것처럼, 불안과 자유 사이에는 긴밀한 연관성이 존재한다. 이 연관성은 『불안의 개념』을 자유에 대한 논고로 이해해도 무방할 만큼 결정적이다. 『불안의 개념』은 특징적인 방식으로 불안 일반(die Angst)과 자유 일반(die Freiheit)에 대해 논의하고 있는데, 특히 이 두 가지가 서로 결합되는 곳에서 일반적인 불안과 일반적인 자유를 이야기하고 있다. 예컨대 이는 불안이 자유의 가능성이다라고 말할 때 잘 드러난다. 하지만 일반 명사로서 불안과 자유를 얘기하고 있음에도, 불안은 하나의 모호한 힘으로 밝혀진다. 아마도 이는 자유의 경우에도 마찬가지일 것인데, 아무튼 키에르케고어가 "자유"를 어떻게 이해하고 있는가를 정확히 규정하기란 결코 쉽지 않다. 키에르케고어 자신이 "진정으로 긍정적인 자유"에 대해 이야기하고 있다. 『이것이냐-저것이냐』에 나오는 이 구절은 우연스러운 표현이 아니다. 반대로 이 구절은 그가 여러 상이한 논의 맥락에서 개념적으로 명확히 규정하고자 하는 문제, 즉 진정한 자유란 무엇인가를 표현하고 있는 듯 보인다. 하지만 바로 질문이 떠오른다. 만약 우리가 그러한 진정한 자유를 구별해낼 수 있다면, 이때 이 "진정한" 자유란 어떤 것과 대비되는 의미에서 진정한 것이란 말인가? 진정하지 않은 자유, 다시 말해 우리가 통상적으로 자유라 부르는 것은 환영일 뿐인가? 아니면 현실적으로 존재하는 자유이기는 하지만, '진정한' 자유와는 다른, 그러한 자유가 있는 것일까?

키에르케고어가 "선택"을 어떻게 이해하고 있는가에서 시작하는 것이 논의를 위해 적절할 것이다. 비록 선택이 『불안의 개념』에서 직접적인 핵심 개념인 것은 아니지만, 적어도 간접적으로는 상당히 중심적인 역할을 한다고 볼 수 있다. 불안에 대한 분석은 불안이 자유의 가능성이라는 점을 보여주었다. 그런데 우리가 이 가능성과 조우하는 것은, 우리가 선택을 행할 때이다. 여러 가지 가능성을 가진 어떤 상황 속에 있을 때, 우리는 흔히 다양한 선택의 가능성을 갖고 있다고 말한다. 나아가 우리는 주어진 가능성들을 놔둔 채, 이들과 다르거나 이들보다 나은 가능성이 나타나기를 좀 더 기다릴 수도 있을 것이다. 그런데 바로 불안이 분명하게 보여주듯이, 자유의 가능성은 결코 많은 가능성들 가운데 하나가 아니다. 우리가 이미 보았듯이, 불안 속에서 '스스로 고지하고 있는' 자유의 가능성은 고유한 방식으로 우리 자신을 압박해 오는 가능성이다. 통상적으로 말하는 자유가 선택 가능한 여러 가능성을 갖고 있음을 가리키는 반면, 여기서 얘기되고 있는 것은 유일한 가능성, 유일한 자유의 가능성이다. 이 가능성을 선택함으로써 우리가 이 가능성을 붙잡는 것이다. 여기서는 우리가 선택할 수 있다는 사실도 드러나지만, 동시에 선택해야 하는 당위성도 드러난다고 할 수 있다. 따라서 불안 속에서 나타나는 자유의 가능성은 우리가 스스로 선택하고 결단을 내릴 것을 요구하고 있다. 이 가능성이 우리를 압박하는 가능성인 것은, 우리가 이 가능성의 선택을 마음대로 벗어날 수 없기 때문이다. 이러한 의미에서 우리는, 불안의 경험에 있어서 자유의 가능성과 함께, 이 가능성 안에서 드러나고 있는 것은 선택하는 일 혹은 선택함의 필연성이라 말해야 할 것이다.

키에르케고어가 '불안이 자유의 가능성이다.' 혹은 '불안이 자유의 가능성을 보여준다.'라고 말할 때, 우리는 이렇게 질문해 볼 수 있다. 혹시 불안을 불러일으키는 것이 본래 자유의 가능성인 것은 아닌가? 표면적으로 볼 때 우리는, 우리를 불안하게 하는 것이 어떤 대상이라고 말하려 할 것이다. 그러나 불안이 향해 있는 대상이 어떤 특정한 것이 아니라면, 우리를 불안하게 하는 것은 대체 무엇인가? 이에 대한 답은 자유의 가능성, 즉 내 자신의 가능성인 자유의 가능성일 것이다. 인간을 불안하게 하는 것은, 인간이 처해 있는 상황이 인간 자신과 관련되어 있다는 것, 따라서 인간이 스스로 선택하지 않으면 안 된다는 것이다.

이러한 논의를 통해 불안에 대한 분석은 선택의 개념으로 되돌아가게 된다. 그렇다면 키에르케고어는 선택한다는 것을 어떻게 이해하고 있는가? 이 개념은 특히 『이것이냐-저것이냐』(1843년 2월 출간)에서 상세하게 다뤄지고 있다. 좀 더 정확히 말해서, 책의 후반부에서 상세히 논의되고 있다. 이미 제목에서 보듯, 이 책은 두 권으로 이루어져 있는데 전반부는 익명의 필자 "A의 글들"을, 후반부는 역시 익명의 필자인 "B의 글들과 B가 A에게 보내는 편지들"을 담고 있다.

선택의 선택

그런데 후반부의 필자 B, 즉 판사 빌헬름은 A에게 글을 쓰면서, 동시에 A에 관해서도 글을 쓰고 있다. 빌헬름은 A가 어떤 결말에 봉착하게 될 것인가를 밝히고자 한다. 그는 A가 심미가로서 근본적으로 절망 속에 있다는 점을 말하고자 한다. B가 이를 위해 논의하는 방식은, 서로 다른 두 가지 "삶에 대한 관점들", 즉 심미적인 인생관과 윤리적인 인생관을 서로 대비시켜 보여주는 것이다. 물론 B 자신의 삶은 윤리적 인생관에 입각해 있다. B는 자신의 "범주"에 관해 이야기하는데, 이 범주란 다름 아닌 선택하기(『이것이냐-저것이냐』 II, 227), 다시 말해 자기 자신의 "이것이냐-저것이냐"이다.

하지만 전반부의 심미가 A도 그 나름의 "이것이냐-저것이냐"를 갖고 있기는 하다. 『이것이냐-저것이냐』의 전반부 첫 번째 텍스트에는 "이것이냐-저것이냐"라는 제목을 가진 "하나의 황홀한 연설"이 등장한다. 이 빛나는 텍스트는 이렇게 시작되고 있다. "결혼해라. 그러면 너는 후회할 것이다. 결혼하지 마라. 그래도 너는 후회할 것이다. 결혼을 하든, 하지 않든 너는 똑같이 후회하게 될 것이다. 세상의 어리석음에 비웃어도 넌 후회할 것이고, 그들에게 눈물을 흘려도 후회할 것이다. 세상의 어리석음에 비웃든, 아니면 눈물을 흘리든 똑같이 너는 후회하게 될 것이다. 여자를 믿어라. 그러면 너는 후회할 것이다. 여자를 믿지 마라. 그래도 너는 후회할 것이다. 그녀를 믿거나 믿지 않거나, 너는 어느 쪽이든 후회할 것이다. 자살을 해라. 너는 후회할 것이다. 자살을 하지 마라. 그래도 너는 후회할 것이다. 자살을 하든 하지 않든, 어느 쪽을 선택하든 후회할 것이다. 여러분, 이것이 모든 삶의 지혜를 총괄하는 개념인 것이다."(『이것이냐-저것이냐』 I, 41 이하)

여기서 충분히 이해할 수 있는 것은, B가 자신의 '이것이냐-저것이냐'가 A가 말하는 '이것이냐-저것이냐'와 완전히 다르다는 사실을 A에게 전달하려 한다는 점이다. B는, 사실은 A는 선택하는 일이 무엇을 뜻하는지에 대해 아무런 생각이 없다고 잘라 말한다. B는 A에게 큰 소리로 외친다. "이것이냐-저것이냐."(『이것이냐-저것이냐』II, 167) B는 A가 대변하는 삶의 지혜에 대해 이렇게 말한다. "당신의 인생관은 단 하나의 문장 속에 집약되어 있다. 즉 '나는 오로지 이것 아니면 저것이라고 말할 뿐이다'라는 문장 속에 집약되어 있는 것이다."(『이것이냐-저것이냐』II, 169) 하지만 A가 오로지 "이것이냐-저것이냐"라고 말할 때, 그는 선택에 대해 어떠한 의미도 부여하지 않고 있다. A는 선택에 대해 말하면서, 실은 선택을 가로막고 있는 것이다. A의 선택은 "심미적 선택이다. 그러나 심미적 선택은 어떠한 선택도 아니다."(『이것이냐-저것이냐』II, 177)

B가 선택에 대해 말할 때, 선택이란 말은 특별한 의미를 획득하게 된다. 처음 볼 때는 어떤 기이한 일이 일어난다고 할 수 있다. 즉 특정한 상황에 처했을 때 직면하는 어떤 구체적인 선택이 아니라, 그러한 구체적인 선택의 이면으로 거슬러 올라가는 것이다. 왜냐하면 일반 명사로서의 '선택(die Wahl)'은 우리가 통상적으로 받아들이거나 거부하는, 특정한 개별 선택이 아니기 때문이다. B가 선택에 대해 말할 때, 문제의 핵심은 선택 일반 혹은 선택 일반의 의미를 명확하게 인식한다는 데에 있다. 여기서 "선택"은 선택하는 행위 자체를 의미하며, 따라서 그 의미가 특정한 선택의

내용(어떤 이것 혹은 저것의 선택으로서)으로부터 분리되어 있는 듯 보인다. 이로부터 우리는 불안에 대한 분석에서 주목했던 몇 가지 특징을 상기하게 된다. 우리는 어떤 움직임을 예감할 수 있는데, 그 움직임이란 바로 우리가 구체적인 선택의 상황으로부터 일정한 거리를 두게 되는 움직임을 말한다. 만약 이렇게 거리를 두는 움직임이 없다면, 개별적인 선택 상황에 매몰되어 우리 자신을 선택해야만 한다는 사실과 마주하지 못하게 될 것이다.

이렇게 볼 때 B가 선택이란 말을 강조할 때, 일종의 중복화[이중화]가 일어난다고 할 수 있다. 즉 그가 말하는 선택은 개별적인 이것이나 저것의 선택이 아니라, '선택 자체의 선택'이다. 어쩌면 이 말은 인위적으로 복잡하게 만든 용어처럼 들릴 것이다. 하지만 이 '선택의 선택'이 가리키는 것은 상당히 분명하다. 심미가 A는 사실상 선택을 하지 않고 있다고 할 수 있는 반면, "선택하는 행위는 윤리적 차원에 대한 본래적이며 엄격한 표현인 것이다." 왜냐하면 "존재하고 있는 유일하게 절대적인 이것이냐-저것이냐는 바로 선과 악 사이의 선택이기 때문이다."(『이것이냐-저것이냐』 II, 177) 이 선택이 '절대적인' 이유는 선의 선택이 곧 악의 선택을 배제하는 일이기 때문이다. 다른 통상적인 선택에 있어서는 두 가지 가능성을 서로 결합시키려 시도할 수도 있으나, 선과 악 사이의 선택은 양자택일적이다. 선이거나 아니면 악이거나, 둘 중 하나인 것이다.

이제 B는 자신이 이해하는 선택이 무엇인지를 좀 더 명확하게 보여주고자 한다. "가장 우선적으로, 나의 이것이냐–저것이냐는 선과 악 가운데 하나를 선택하는 것이 아니다. 오히려 그것은 선과 악을 선택하는 것 혹은 선과 악을 경시하는 것이다."(『이것이냐–저것이냐』 II, 180) B에 따르면, 심미가는 선택으로부터 모든 의미를 제거하고 있다. 따라서 심미적 차원은 그 자체로 볼 때 악이 아니라 "무차별성(Indifferenz)"이다. 이러한 무차별성의 반대는 "선택하려는 의지를 선택하는 것이다."(『이것이냐 저것이냐』 II, 180) 달리 표현하자면, 최초의 가장 근본적인 선택은, 선택에 대해 결정적인 중요성을 부여하는 일이다. 이런 견지에서 문제의 핵심은 선택의 선택에 있다. 그러나 선택되어야 하고, 그럼으로써 결정적인 중요성을 획득하게 되는 선택이란 바로 '선과 악 사이의 선택'이다.

겉으로 볼 때, B는 두 가지 선택에 대해 말하고 있다. 첫 번째 선택에서 인간은 선택하려는 의지를 선택하며, 두 번째 선택에서는 선과 악 사이를 선택한다. 그는 이것을 이렇게 표현한다. "이에 따라 나의 이것이냐–저것이냐에서 출현하게 되는 것은 윤리적 차원이다. 따라서 인간이 어떤 것(Etwas)을 선택한다거나 인간이 선택한 대상의 실재성에 대해선 아직 얘기할 필요가 없는 것이다. 반대로 선택하는 행위 자체의 현실성만을 얘기할 뿐이다."(『이것이냐–저것이냐』 II, 188) 바로 이것이 내가 위에서 말한 중복화의 의미이다. 내용적으로 특정한 선택, 즉 "인간이 선택한 대상의 실재성"은 뒤로 밀려나고 있으며, 이렇게 되는 것은 선택하는 행위의 중요성, 즉 "선택하는 행위 자체의 실재성"을 부각시키고자 하기 때문이다. 하지만 B는 나중에 이 실재성 또한 철회한다. 본래적인 의미에서는 오로지 하나의 선택만을 이야기해야 하기 때문이다. 우리가 의미를 부여해야 하는 선택은 이미 어떤 특정한 선택이며, 그것은 바로 선과 악 사이의 절대적인 선택이다. 이렇게 볼 때 첫 번째 선택에 의해(선과 악 사이의 선택) 두 번째 선택(선과 악 가운데 하나를 선택) 또한 정립되었다고 할 수 있다. 결론적으로 B는 다시 한 번 자신의 입장을 좀 더 명확히 밝힌다. 문제의 핵심은 오직 한 가지 선택에 있다. "이 선택을 통해서 나는 근본적으로 선과 악 사이를 선택하는 것이 아니다. 오히려 나는 선을 선택하는 것이다. 그런데 내가 이렇게 선을 선택하면서, 나는 동시에 선과 악 사이의 선택 또한 선택하고 있는 것이다."(『이것이냐-저것이냐』 II, 232 이하) 최초의 결정적인 선택이란 선과 악 사이의 차이가 결정적인 중요성을 갖도록 하는 선택이다. 하지만 인간이 이렇게 선택할 수 있는 것은, 인간이 사실상 선을 선택하고 있기 때문이다.

B가 이렇게 표면적인 중복화[이중화]를—선택의 선택, 그리고 선택하려는 의지의 선택—내세우게 되는 것은, 이를 통해서 A가 내적으로 무차별성의 가능성에 마주하고 있음을 보여주려 하기 때문이다. 무차별성의 가능성 속에서 윤리적 차원을 규정하고 있는 선과 악의 차이는 이제 모든 의미를 상실한다. 그 때문에 윤리적인 관점 자체를 선택하는 일이 결정적으로 중요한 것이다.

그런데 선을 선택하는 일에 근거하지 않는다면, 도대체 어떻게 인간이 윤리적 관점을 선택할 수 있겠는가?

따라서 B는 윤리적 차원의 의미를 명확히 드러내기 위해 심미가를 이용하고 있는 셈이다. 문제의 핵심은 심미적으로 살 것인가, 아니면 윤리적으로 살 것인가, 이 둘 가운데 하나를 선택하는 데에 있다. B는 스스로 묻는다. "하지만 심미적으로 산다는 것의 의미는 무엇이며, 또 윤리적으로 산다는 것의 의미는 무엇인가?"(『이것이냐-저것이냐』 II, 189) 우리는 위에서 후자의 질문에 대한 잠정적인 대답을 들었다. 하지만 "심미적"이라는 말은 구체적으로 무엇을 의미하는가?

심미적 차원과 윤리적 차원

B는 이 질문에 대해 이렇게 답한다. "인간 안에 있는 심미적 차원이란, 인간이 그 차원을 통해서 직접적으로 지금 있는 대로의 그 자신이 되는 것을 말한다. 반면 윤리적 차원이란, 인간이 그 차원을 통해서 앞으로 자신이 되어야 할 상태의 자신이 되는 것을 가리킨다."(『이것이냐-저것이냐』 II, 190) 아마도 독자들은 이 답을 통해 문제가 분명해졌다고 생각하기 어려울 것이다. 이 답은 좀 더 자세한 설명을 필요로 한다. 우선 "직접적으로"라는 표현부터 주목해야 한다. 한 인간이 직접적으로 현재의 그 자신이라는

것은, 그가 이 현재의 자신에 대해 스스로 어떤 입장을 취하기 전에 존재하고 있는 자신의 상태를 뜻한다.

그러나 이것은 단지 심미적 차원의 첫 번째 의미에 지나지 않는다. B에 의하면 심미적 차원은 하나의 인생관이기도 하다. 인간이 자신의 삶에 대해 어떤 입장을 취하는 방식이기도 한 것이다. 만약 우리가 계속해서 이 첫 번째 의미를 기준으로 삼고자 한다면, 심미적 인생관 또한 "직접적으로"라는 말과 연관되어 있어야 할 것이다. 이때 우리는 "직접적으로"를 순간 속에서 존재하는 것 혹은 우리가 순간 속에서 찾고 있는 것으로 이해해야 할 것이다. 개별자는 스스로 여러 가지 목표를 설정할 수 있다. 그런데 만약 그가 추구하고 찾는 일이 순간에 의해서 규정되어 있다고 한다면, 이 순간 자체도 그가 그때그때 이 순간으로부터 얻어낼 수 있는 것에 의해 규정되어 있게 된다. 그리고 이것은 바로 감성적으로 규정된 욕망의 만족 혹은 감각적인 향유이다('심미적인 것' 혹은 '감성적인 것'을 뜻하는 'the aesthetic'은 '감각적 지각'을 뜻하는 희랍어[1]로 거슬러 올라간다). 하지만 우리는 이 감성적 만족 내지 감각적 향유를 결코 지나치게 좁게 이해해서는 안 된다. 명성, 명예, 부를 추구하는 것 등도 마찬가지로 삶을 순간 속에 매몰되도록 하는 삶의 형식들이라 할 수 있다.

---

1. [역주] 감각적인 지각과 이를 통한 직접적인 경험을 뜻하는 희랍어 명사 'aísthēsis'에서 연유한다.

그렇지만 이것으로 심미적 차원의 의미가 충분히 밝혀진 것은 아니다. 심미적인 것이란 말은 다의적일 뿐 아니라, 대단히 복합적인 뜻을 가진 개념이다. B가 스스로 말하고 있듯이, 심미적 인생관 안에서도 서로 다른 몇 가지 "단계들"을 구별할 수 있다. A가 처해 있는 단계는 마지막 단계의 심미적 차원인데, 왜냐하면 어떤 의미에서 A의 모습은 우리가 지금까지 묘사한 심미적 차원에 거의 부합하지 않기 때문이다. A는 직접적이지 않고 반성적인 상태에 있다. 즉 그는 직접적으로 순간 속에 몰입해 있지 않으며, 오히려 공허함을 충분히 꿰뚫어보고 있는 것이다. 그는 순간을 채워주는 대상을 찾는 일이 얼마나 공허한가를 잘 알고 있다. A에게 이것이냐-저것이냐의 양자택일은 '이것을 하든-저것을 하든'의 양비론(兩比論)이 되고 있다. 네가 이것을 선택하든 저것을 선택하든, 너는 어쨌든 후회하게 될 것이다.

B는 심미적 인생관 안에 있는 여러 단계들을 하나의 표현으로 요약한다. 이것은 이들에 대한 전체적인 진단과 다름없다. "어떠한 심미적 인생관이든 그것은 절망이다.", "심미적인 삶을 살고 있는 사람은, 자신이 알고 있든, 알지 못하든, 절망하고 있다."(『이것이냐-저것이냐』 II, 205) 이것이 절망이다. 즉 자신의 삶을 순간적인 것 안에 전적으로 몰입하도록 하는 것이 절망인 것이다. 순간적인 것이란 지금은 있지만, 바로 다음 순간에는 더 이상 존재하지 않을지도 모르는 것이다. 왜냐하면 인간은 과거에 대한 기억과 미래에 대한 질문을 가지고, 순간을 넘어서서 존재하는 것에 의존하고

있기 때문이다. 앞서 언급했듯이, 심미적 차원에 있는 최종적인 단계가 심미가 A의 단계인데, "이제 이 최종적인 인생관은 절망 그 자체이다."(『이것이냐-저것이냐』 II, 206) A가 순간 속에서 오락거리[2]를 찾고 있는 한, A는 직접성에 구속되어 있다. 하지만 A는 동시에, 이렇게 찾고 있는 일에 내포된 공허함도 잘 알고 있다. 이 측면에서 그는 자신의 바깥에 위치해 있는 셈인데, 이런 상태가 바로 절망 속에 있는 것이다. 심미적 인생관 안에서 A가

---

2. [역주] 여기서 오락거리(Zerstreuung)는 '정신분산'으로 번역할 수도 있다. 여기서 자세히 다룰 수 없지만, 후에 크라카우어는 키에르케고어 와 달리, 에세이 「산만함의 제의」(S. Kracauer, *Das Ornament der Masse*, Frankfurt a. M. 1977, pp. 311-317)에서 이 개념에 긍정적인 의미를 부여한다. 크라카우어는 대중사회의 불가피성을 받아들이면서 대도시 대중들이 오락거리를 찾는 일이 문명사적으로 정당하다고 보는 것이다. 또한 벤야민에게서 '정신분산'은 지각이론적 내지 매체미학적 으로 대단히 중요한 의미를 갖게 된다.(W. Benjamin, 「기술복제시대의 예술작품」, 『발터 벤야민 선집 2』, 최성만 역, 도서출판 길, 2007, pp. 89-92) 벤야민의 이 개념과 관련하여, 한 가지 꼭 지적하고 싶은 것은 ──이 점을 거의 모든 벤야민 연구자들이 놓치고 있다고 보이므로── 정신집중(Sammlung), 미적 관조(Kontemplation), 침잠(Versenkung) 등 은 분명 정신분산과 대비되는, 전통적인 내면적-정신적 예술과 연결된 개념들이지만, '정신의 현존(Geistesgegenwart)'이란 개념은 결코 그렇 지 않다는 점이다. 즉 벤야민이 말하는 '정신의 현존'은 정신분산적으 로 수용하는 대중매체들, 특히 영화에서 늘 가능하고 또 실제로 일어나 고 있는 수용방식의 한 특징이다. 이 점을 분명히 해야만 벤야민이 왜 영화에서 비평적 태도와 향유하는 태도가 긴밀하게 결합되어 있다 고 쓰고 있는가를 제대로 이해할 수 있다.

특별한 위상을 차지하는 것은, 그가 상당한 정도로 "그러한 인생관의 공허함"을 의식하고 있다는 점에 있다.(『이것이냐-저것이냐』 II, 207) 어느 정도까지는 B가 사실상 A에게 의존하고 있다고 할 수 있는데, 왜냐하면 B가 심미적 인생관이 절망이라는 점을 서술하기 위해 A를 필요로 하기 때문이다.

그러나 B는 또 다른 측면에서도 A를 필요로 한다. 윤리적 차원이 어떤 것인가를 표현하기 위해서 A가 필요한 것이다. 이것은 단지 간접적인 방식으로, 즉 윤리적 차원의 의미가 심미적 차원을 반대하는 데서 비롯된다는 사실에 국한된 것이 아니다. B는 직접적으로든 간접적으로든, A를 통해 표현되고 있는 공허함의 위협을 가리키지 않을 수 없다. 심미적 차원 안에서 A보다 좀 더 앞선 단계는 이러한 인생관이다. 즉 "건강이 가장 소중한 것이며, 모든 것은 건강에 달려 있다고 가르치는" 인생관이다. B는 여기에다 덧붙인다. 만약 누군가 "아름다움이 최고다"라고 한다면, 동일한 심미적 인생관이 조금 더 시적으로 표현된 것일 뿐이다.(『이것이냐-저것이냐』 II, 193) 이 두 경우를 합쳐서, 우리는 심미적 인간이 추구하는 삶의 준칙을 건강하고 아름다워지는 것이라 요약할 수 있을 것이다. 혹은 이 준칙을 좀 더 정확히 말한다면, 타인이 보기에 건강하고 아름다운 사람이 되는 것이라 요약할 수도 있을 것이다. 그러나 실존하는 인간은 이러한 준칙 이상이다. 이것은 예를 들어, 우리가 더 이상 건강하고 아름답지 않거나 혹은 타인의 눈에 그렇게 보이지 않을 때 분명하게 드러난다. B가 강조하려는 것은,

인간이 직접적으로 규정되어 있는 것 이상의 존재라는 의식, 즉 건강, 아름다움, 부 혹은 이와 반대되는 병약함, 추함, 가난함 이상의 존재라는 의식이다. 심미적 인생관에서 인간은, 자신이 성공했다고 생각하면서 (혹은 성공한 사람으로 보인다고 생각하면서) 스스로 안도하는 상태에 있을 수 있다. 그럼으로써 인간은 자신이 절망한 상태에 있다는 점을 깨닫지 못한다. 하지만 어떤 의미에서 A는 심미적 차원 바깥으로 빠져나왔다고 할 수 있는데, 왜냐하면 A가 자신을 위협하고 있는 공허함과 무를 인식하면서, 그러한 안도하는 의식을 스스로 붕괴시키고 있기 때문이다.

비록 A가 절망 속에 있지만, A가 진정으로 절망하고 있는 것은 아니다. 우리는 A에 대해서 어떤 공허함이나 부유하는 상태를 이야기할 수 있다. 하지만 이 상태가 인간이 자신이 딛고 있는 토대를 상실하게 되는, 저 불안의 현기증인 것은 아니다. 반대로 A는 부유하는 상태에서 그 자신을 계속 유지하고 있다. 그 때문에 A에게 있어 절망은 실제로 관철되지 못하고 있다. B는 A에게 "너는 계속해서 너 자신 위에 떠돌고 있다."라고 쓴다.(『이것이냐-저것이냐』II, 211) A는 절망 속에서[3] 자기 자신에게로 되돌아가지 못하고 있는 것이다.

---

3. [역주] 방금 보았듯이, A의 절망은 스스로 자신의 절망을 충분히 의식하고 있는 절망이 아니라, 피상적이며 단편적인 의미의 절망이라 할 수 있다.

하지만 불안 속에서 인간은 자기 자신에게로 되돌려진다. 불안이 드러내주어야 하는 것은, 개별적인 인간 자신이 직접적으로 규정되거나 혹은 직접적으로 타인에게 보이는 것 이상의 존재라는 점이다. 불안에서 개별자는, 만약 그렇지 않은 경우라면 그 자신이 전적으로 몰입하고 있는 연관성으로부터 떨어져 나오게 된다. 인간이 직접적으로 규정된 것과는 다른, 그 이상의 존재라는 의식은 다름 아니라, 인간이 하나의 인격적 존재라는 것에 대한 의식이다. 이것이 의미하는 바는, 인간이 단지 타인에 의해 보이는 존재인 데 그치지 않고, 스스로 행동하고, 스스로를 알고 있는 존재가 된다는 것이다. 따라서 B가 윤리적 차원을 규정하는 데 있어 인격이란 말이 핵심적 개념이 되고 있다.

그렇다면 윤리적 차원의 의미는 무엇일까? B는 A에게 "너는 순간을 계산할 줄은 안다. 상황이 어떠한가에 따라 네 감수성은 예민하기도 하고, 냉담하기도 한다. 하지만 너는 어떤 경우든 오직 순간 속에만 살고 있다. 따라서 너의 삶은 순간 속으로 해체되고 있다. 네가 스스로에게 너 자신의 삶을 설명하기란 불가능하다."라고 쓰고 있다.(『이것이냐-저것이냐』 II, 191) B는 계속해서 A에게, 너에게 부재한 것은 "너 자신의 삶에 대한 기억"이라고 말한다. (『이것이냐-저것이냐』 II, 210) 이와 반대로 윤리적인 차원은 인간이 삶 속에서 자신의 연관성 내지 연속성을 추구하는 일에 있다. 이는 인간이 자기 자신에 대해서 명료해지고자 하기 때문이다. 만약 연관성이나 연속성을 찾는 노력이 없다면, 인간의 삶은 이러저러한 순간들 속으로 흩어져 사라지게 될 것이다. B는 이것을 다시금 선택이라는 말로 표현한다. 즉 윤리적 차원을 인간이 영원히 타당한 것으로서 자기 자신을 선택하는 일이라고 표현한다. 이것은 자유롭게 되는 것을 의미한다. 심지어 우리는, 개별자가 오로지 선택을 통해서만 자유로워질 수 있다고 말할 수 있을 것이다.

선택과 자유

선택이란 말이 키에르케고어에게 이토록 결정적인 의미를 갖는 것은, 바로 다음 사실 때문이다. 즉 선택이 없다면 자유 또한 존재하지 않을 것처럼 보이기 때문이다. 개별자가 선택할 수 있고, 또 선택해야만 한다는 것은 그가 자유로운 존재임을 보여주는 표현이기도 하다. 개별자는 오직 선택을 통해서만 (선택이란 말이 지닌 강한 의미에서) 자유롭게 될 수 있다.

그런데 이상한 것은, 키에르케고어가 동시에 개별자에게 선택할 자유가 있다는 것을 부정하고 있는 듯하다는 점이다. 『이것이냐-저것이냐』뿐만 아니라 『불안의 개념』에서 그는, 자의적인 선택의 자유(liberum arbitrium)라는 개념을 아예 거부하고 있다. 이 라틴어 개념은 "자유로운 선택" 혹은 "자유로운 결정"을 뜻한다. 『이것이냐-저것이냐』에서는 이렇게 말한다. "나는 결코 자의적인 선택의 자유와 참된 긍정적인 자유를 서로 혼동하지 않는다."
(『이것이냐-저것이냐』 II, 184) 독자들은 여기서 B가 혼동하지
않는 것이 무엇인지 궁금증을 갖게 된다. B 자신은 이 두 가지
어느 것에 대해서도 더 이상 자세히 얘기하지 않는다. 하지만 B의
요점은 다음에 있다고 보인다. 자의적인 선택의 자유란 선뿐만
아니라 악도 선택할 수 있는 능력을 의미한다. 선택할 때 인간은
이것 '아니면' 저것 가운데 하나를 선택한 것이다. 그러나 이것
아니면 저것이라는 양자택일이 결정적으로 중요하지 않을 수도
있다. 왜냐하면 인간은 실제로 선택한 것과 반대되는 것 또한 똑같
은 방식으로 선택할 수 있기 때문이다. 자유로이 선택할 수 있는
능력은 선택되는 것에 의해 규정되는 능력이 아니다. 따라서 자의
적인 선택의 자유는 규정되어 있지 않은[4] 자유인 것이다. 이와
반대로 진정한 자유란 B가 말하는 것처럼, 악을 "무기력한 가능
성"으로서 바로 자기 자신의 외부에 갖고 있는 것, 이 사실에 의해
서 규정되어 있는 자유이다. 자유는 악의 가능성을 스스로 배제하
면서 진정한 자유가 된다. 그것은 한낱 선택의 자유가 아니다.
반대로 그것은 선택을 함으로써, 다시 말해 선을 선택함으로써
비로소 출현하게 되는 자유인 것이다.

이로써 이야기된 것은 다만, 자의적인 선택의 자유가 진정한
의미의 적극적인 자유가 아니라는 사실이다. 하지만 『불안의 개

---

4. [역주] 즉 구체적인 내용이 없는 추상적인 자유란 말이다.

념』에서 분명하게 나타나 있는 것은, 키에르케고어가 이러한 선택의 자유를 생각할 수 있는 가능성 자체를 부인하고 있다는 점이다. 왜냐하면 이러한 선택의 자유라는 것은 한낱 하나의 관념 혹은 추상에 지나지 않기 때문이다. 아니 그것은 하나의 관념적 대상일 뿐만 아니라 무의미한 "관념적 망상(Gedanken-Unding)"이다. 키에르케고어는 『불안의 개념』의 두 군데에서 선택의 자유를 분명하게 부정하고 있다. 그가 어떻게 이를 부정하고 있는지를 주의 깊게 살펴보는 일은 상당히 의미가 있다. 첫 번째 자리에서 키에르케고어는 이렇게 말한다. "만일 그것이[=세상에 존재하지 않았던 죄] 추상적인 자의적 선택의 행위에(이러한 행위는 관념적 망상이기 때문에 세상의 처음에도, 그리고 나중에도 결코 존재할 수가 없다.) 의해 세상에 들어온 것이라면, 어떠한 불안도 존재하지 않을 것이다."(59) 두 번째 자리에서는 이렇게 적고 있다. "자유가 자의적인 선택의 자유로서 시작되도록 하는 것(이 선택의 자유는 그 어디에도 없다. 라이프니츠와 비교하라), 즉 자유의 시작을 선한 것과 악한 것을 똑같이 선택할 수 있는 그러한 선택의 자유로 생각하는 것은 모든 설명[5]을 원천적으로 불가능하게 만드는 것을 말한다."(131)

우리가 볼 수 있듯이, 인용된 두 대목은 서로 상응하고 있다. 두 대목 모두 자의적 선택의 자유라는 관념을 거부하고 있다. 이러

---

5. [역주] 여기서 '설명'은 물론, 자유에 대한 설명을 말한다.

한 자유는 "관념적인 망상", 즉 "어디에도 존재할 수 없는" 어떤 것이다. 하지만 관념적인 망상으로서 거부되고 있는 이 자의적 선택의 자유는 도대체 무엇을 의미하는가? 이에 대해서 두 번째 대목은 첫 번째보다 조금 더 많은 것을 말해주고 있다. 자의적 선택의 자유는 "선한 것뿐만 아니라 악한 것도 선택할" 수 있다는 것이다.

이 대목은 『불안의 개념』 4장 도입부에 등장한다. 우리가 이미 이전에 보았듯이, 이와 관련하여 키에르케고어는 불안의 대상에 관하여 말하고 있다. "불안의 대상은 이제 어떤 규정된 것이며, 불안의 무(Nichts)는 현실적인 어떤 것이다. 왜냐하면 선과 악 사이의 구별이 구체적으로(in concreto) 정립되어 있기 때문이다."(130) 키에르케고어는 이 말이 뜻하는 바를, 자유와 선과 악의 구별을 연관시키려 하는, 다소 긴 주석에서 설명하고 있다. 만약 우리가 선과 악의 구별을 추상적인 방식으로 이해한다면, 우리는 자유를 자유가 아닌 다른 것, 즉 "관념적인 대상"으로 만들게 된다. 주석은 이를 이렇게 설명한다. "그러나 자유는 결코 추상적인 방식으로 존재하지 않는다. 만약 인간이 선과 악 사이에서 선택할 수 있는 자유를 단 한 순간이라도 허용하려 한다면, 바로 이 순간 자유는 더 이상 자유가 아니다. 그 순간 자유는 어떤 무의미한 반성이 되어버리는 것이다."(130 이하) 선과 악의 구별을 어떤 추상적인 것으로 파악한다는 것은, 인간이 이 구별을 자기 자신의 바깥에 가지고 있음을 의미한다. 그러나 자신의 바깥에 선과 악의 구별을 갖고 있는 것, 이것 자체가 바로 인간이 규정되지 않은 선택의 자유 안에 있다는 것을 가리킨다.

이에 따라 키에르케고어가 거부하는 것은, 자유를 선한 것뿐만 아니라 악한 것을 선택할 수 있는 능력으로 여기는 자유에 대한 관념이다. 이러한 자유의 관념은, 이 둘 가운데 어느 하나에 관여하지 않으면서 스스로 선과 악 사이에서 선택한다는 것을 뜻한다. 만약 우리가 선함과 악함, 두 가지를 동등하게 선택할 수 있다고 한다면, 우리는 사실상 두 가능성의 외부에 서 있는 셈이다. 우리는 두 가지 가능성을 우리 앞에 두고 있으며, 자유롭고 자의적으로 우리의 선택을 저울대의 한쪽 또는 다른 쪽으로 던져 넣을 수 있는 상태에 있는 것이다.

앞서 보았듯이, B는 『이것이냐-저것이냐』에서 선과 악 사이의 결정적인 선택에 대해서 말하고 있다. 내가 방금 인용했던 주석에서도 이에 부합하는 방식으로, 선과 악 사이의 구별은 자유에 "대해서", 자유 "안에서" 비로소 존재하는 것이라고 말하고 있다. 따라서 키에르케고어가, 개별자가 선과 악 사이에서 선택해야만 하는 상황에 놓이게 된다는 점을 부정하는 것은 아니다. 오히려 선과 악 사이의 구별이야말로 결정적으로 중요하다. 그러나 본래적인 의미에서 이 선택에서 선택해야 할 것은 오직 하나다. 오직 하나, 즉 악을 배제하면서 선을 선택해야 하는 것이다. 인간은 마주하고 있는 여러 가능성 가운데 하나를 선택하는 것이 아니다. 키에르케고어가 얘기하는 자유는 애초부터 선함과의 관계 속에서 규정되어 있다. 그 때문에 『불안의 개념』의 한 주석에서 그는 "선함이 자유이다"라고 밝히고 있는 것이다.

　선과 악의 구별이 결정적인 중요성을 갖고 있다면, 이것은 인간 스스로가 이 구별과의 관계에 있어서 규정되어 있다는 것을 의미한다. 규정되는 방식은 두 가지다. 한편으로 인간은 선택함에 있어서 아무것도 없는 일종의 제로베이스에서 시작하는 것이 아니다. 인간은 자신을 형성한 개이적인 역사를 갖고 있다. 인간은 이미 자신의 역사를 시작하였다. 이것은 인간이 이전에 자신을 선택하였고, 또 실패했으며, 자신에게 죄책의 짐을 지우고 있는 역사 속에 놓여 있음을 의미한다. 다른 한편으로 인간은 선의 가능성과의 관계에 있어 이미 규정되어 있는 상태에 있다. 앞서 말한 것처럼, 이 선의 가능성은 여러 가지 가능성들 가운데 하나가 아니다. 오히려 이것은 인간이 자기 자신(Selbst)이 되는 가능성, 그럼으로써 스스로 자유롭게 되는 가능성이다. 따라서 키에르케고어가 주석에서 선함이 곧 자유라고 말할 때, 우리는 이를 이렇게 이해해야 할 것이다. 즉 선함이란 바로, 인간이 그것을 통해서 자유로워지는 것, 스스로 자기 자신이 되는 것이다.

진정한 자유

　선택에 대한 키에르케고어의 개념은 —— 이에 상응하는 실존 개념과 함께——그의 철학 가운데 후대에 가장 큰 영향을 끼친 개념일 것이다. 선택과 실존에 관한 논의에서, 그는 우리가 일상적으로 사용하는 말에서 두 용어를 취하고, 이들에게 각별한 의미를 부여하였다. 키에르케고어가 이런 방식으로 선택을 강조하거나 다른 것들로부터 구별할 때, 우리는 이를 자연스럽게 이렇게 이해하게 된다. 즉 이러한 선택에 있어서 결정적인 것은 선택되는 대상이 아니라 선택함의 행위 자체라고 이해하게 되는 것이다. 앞서 언급한 대로, 키에르케고어 자신이 선택의 선택을 말하고 있기 때문이다. 이와 관련하여, 독자들은 선택을 자주 주관적인 선택으로 이해해 왔다. 개별자 자신이, 선택되어야 하는 것을 전적으로 독립적으로 결정한다는 의미로 이해해 온 것이다. 모든 것은 개별자 자신의 선택에 달려 있는 것으로 말이다.

그러나 선택 자체와 관련하여, 어떤 특정한 선택이[6] 논의되고 있다는 사실이 밝혀졌다. 또한 선택을 해야 하는 인간이 이러한 선택 속에서 전적으로 독자적인 것도 아니다. 개별자는 규정하는 사람이기도 하지만 또한 그 자신, 선택 속에서 규정되는 자이기도 하다. 우리는 이제 앞으로 이 점을 좀 더 자세히 추적해 볼 것이다. 우리는 이미 선과 악 사이의 선택으로서의 선택에서, 개별자 자신이 규정되어 있다는 점을 보았다. 즉 개별자가 선과 악 사이의

---

6. [역주] 방금 보았듯이, 선택되는 것들로부터 객관적으로 거리를 두는 무차별적인 방식이 아니라는 말이다.

구별과의 관계에 있어서 이미 규정된 상태에 있는 것이다. 첫째로 인간은 이미 자신이 스스로 짊어지고 있는 과거를 갖고 있다. 둘째로 인간은 이미 선의 가능성에 의해 규정되어 있는 상태이다. 우리는 앞으로, 이 두 가지 국면이 가장 근본적인 선택에서 서로 결합되게 된다는 것을 보게 될 것이다. 이 근본적인 선택이란 인간이 자기 자신을 선택하는 일을 말한다.

이것이 『이것이냐-저것이냐』에서 윤리가 B 자신이 도달히고 있는 해결책이다. B는 개별자가 스스로 알고 모르고와는 상관없이, 모든 심미적 인생관은 절망일 뿐이라고 주장하였다. A의 경우 특이한 점은 그가 자신이 절망 속에 있다는 것을 알고 있다는 점이다. 그럼에도 불구하고 A는 절망이 실질적으로 관철되는 것을 허용하지 않는다. 그 때문에 B가 A를 격려하면서 보내는 충고가 "절망하라!"인 것이다. 이것은 다소 이상하게 들릴 수 있다. 절망 속에 있다고 주장할 수 있는 사람에게 이러한 충고를 한다는 것이 이상한 것이다. 하지만 B가 말하고 싶은 것은 A가 절망을 진지하게 받아들이지 않는다는 것이다. B가 "절망하라!"고 말할 때, 그는 A에게 A 자신이 스스로 절망을 선택할 것을 요구하는 것이다. 그런데 절망을 선택한다는 것은 인간이 자신을 그 속으로 내던지거나 혹은 그것을 추구하라는 것을 의미하지 않는다. 오히려 그것은 이미 스스로 그 안에 들어 있는 절망을 자신의 것으로 받아들이라는 것을 의미한다.

B는 또한 이것을, 『불안의 개념』에 다시금 등장하고 있는 다른

개념을 가지고 표현한다. 그런데 B는 이 개념에 대해 각별한 특징을 부여하고 있다. B가 최종적으로 던지는 권유 혹은 요구는 인간이라면 뉘우쳐야 한다는 것이다. 단지 이런저런 일을 한 것을 뉘우치는 것이 아니라, '자기 자신을 뉘우쳐야' 한다는 것이다. 이것은 인간이 자신이 자라온 과거와 자기 종족[7]의 역사를 스스로 뉘우쳐야 함을 말한다.(『이것이냐-저것이냐』 II, 230) 그런데 이것은, 그 의미가 무엇인가를 되묻지 않을 수 없을 만큼 한 인간에게 요구하기가 불가능한 것처럼 보인다. 이런 경우에 뉘우쳐야 한다는 것은 도대체 무엇을 의미하는가? 그것은 인간이 자신의 삶을 전유한다는 의미에서, 자신의 삶을 자신의 것으로 다시 떠맡는다는 것을 의미한다. 이미 자신의 것이긴 하지만, 이제 진정으로 자신의 삶을 자신의 것이 되도록 해야 하는 것이다. 왜냐하면 설사 그것이 이미 자신의 삶이라 해도, 인간이 이를 명확하게 인식하지 못한 상태에 있을 수 있기 때문이다.

　이로써 우리는 자기 자신을 선택한다는 것이 어떤 것인지에 대한 정의를 획득한 셈이다. B에 따르면, 인간은 오직 자기 자신을 뉘우침으로써만 자기 자신을 선택할 수 있다. 그리고 인간이 "스스로를 뉘우치고" 난 후에, 비로소 인간은 "구체적"인 상태가 된다.(『이것이냐-저것이냐』 II, 264) 처음 볼 때 이렇게 표현하는 일은

---

7. [역주] 여기서 '종족'은 좁은 의미의 가족은 물론, 더 넓은 의미에서 친족, 민족, 심지어 인류 전체까지도 포괄하는 말로 이해해야 한다.

기이하게 보인다. 그러나 B의 또 다른 표현을 사용해 말하자면, 자기 자신을 뉘우친다는 것은 인간이 자신을 얻는 것, 자기 자신을 되찾게 되는 것을 의미한다. 이것은 어떤 의미에서 혹은 또 다른 의미에서, 인간이 자신에 대해서 자기 자신을 상실하고 있음을 전제하고 있는 표현이다. 심미적 인생관과 심미적 삶의 방식이란 직접성 속에서, 순간 속에서 자기 자신을 상실했다는 것을 뜻한다. 즉 정신분산이 상태 속에서 살아가고 있는 것이다. 그리므로 윤리적인 차원이란 이제 자기 자신에 대해 집중하라는 요구, 자기 자신을 명확히 인식하라는 요구가 된다. 이에 따라 인간이 자기 자신을 선택한다는 것은 자기 자신으로 되돌아오는 것을 의미한다.

그러므로 자기 자신을 선택하는 것이 자기 자신을 창조한다는 것을 뜻하지는 않는다. B는 명확하게 말한다. "그러나 나는 나 자신을 창조하지 않는다. 나는 나를 선택한다."(『이것이냐-저것이냐』 II, 229) B는 이렇게 말하기 훨씬 전에 이미 이를 좀 더 명확히 표현한 바 있다. "자아는 자기 자신을 선택한다. 혹은 좀 더 정확히 말해서 자아는 자기 자신을 받아들인다."(『이것이냐-저것이냐』 II, 188) 인간이 자기 자신에게 되돌아온다는 의미에서 자신을 선택하는 것은, 인간이 자기 자신을 받아들이는 것이다.

그러나 자신을 받아들이는 일 또한, 인간이 행하는 것 또는 행해야만 하는 것이다. 물론 여기서 인간이 자기 자신을 선택해야 하는 한, 선택 자체는 하나의 특정한 선택이다. 이것은 인간이, 이미 이러저러한 상태가 되어 있는 자기 자신이 되는 일을 의미한다. 그러나 선택은 동시에 하나의 결정적인 차이를 정립하게 된다. 이 차이가 뜻하는 것은, 이미 자신의 것인 자신의 삶이 연관성을 획득하게 되는 것, 그리하여 자기 자신에 대한 명확한 이해에 도달하게 되는 것이다. 따라서 정립된 차이란 선택함으로써 이루어지는 전유에 다름 아니다. 물론 B가 자기 자신을 '받아들이는 것'에 대해 말할 때, 또 하나의 강조점이 덧붙여지고 있기는 하다. 인간은 어떤 특정한 일을 행해야만 한다. 다시 말해서 스스로 자신이 누구인가를 고백하는 일, "자기 자신과의 동일성"(『이것이냐-저것이냐』Ⅱ, 229)을 고백하는 일을 해야 하는 것이다. 이로써 한 가지 사실이 암시된 셈인데, 그것은 문제의 핵심이 자기 자신을 인정하는 일에 있다는 점이다.

이미 1장에서 우리는 한 인간이 정신으로서 규정되어 있음을 살펴보았다. 이것은 개별자가 자신에 대한 명확한 이해에 도달해야 한다는 것, 자기 자신을 명확하게 의식해야 한다는 것을 의미한다. 혹은 B가 이를 표현하고 있듯이, 개별자가 "자신의 의식 속에서 자기 자신을 전유해야만 한다" 는 것을 의미한다.(『이것이냐-저것이냐』Ⅱ, 199) 이런 한에서 B는 또한, 인간이 자기 자신의 선택을 통해 비로소 출현한다고, 이 선택에서 비로소 현실적인 존재가 된다고 말할 수 있는 것이다. B는 이를테면 선택의 변증법을 명확하게 경계 짓고 있는 셈이다. 즉 선택이 결정적인 차이를 정립한다는 뜻으로, 이에 따라 선택되는 것이 선택함 속에서 비로소 출현하게 되는 것이다. 하지만 동시에 내가 선택하는 것은 이미

'정립되어' 있지 않으면 안 된다. 내가 선택해야만 하는 것이 바로 나 자신이기 때문이다. 선택해야 하는 개별자는 이미 특정한 자기 자신(Selbst)으로 존재하고 있다. 개별자는 이러한 특정한 자기 자신을 선택하지 않을 수 없다. 달리 말해서, 개별자가 이제 자기 자신을 '넘겨-받아야(über-nehmen)' 하는 것이다. 따라서 자기 자신을 선택한다는 것은, 이미 그렇게 존재하고 있는, 특정하게 규정된 자기 자신이 되는 것을 뜻한다. 그런데 이미 말했듯이 이것은, 인간이 자기 자신에 대해서 '상실된 상태'에 있었다는 것을 함축한다. 그러므로 자기 자신을 선택한다는 것은 자기 자신을 되찾는 것 또는 규정성[8]을 발견하는 일을 의미한다. 그리고 이것은 인간이 자기 자신과의 연관성과 동일성을 획득함으로써 이루어진다.

바로 이것이 키에르케고어가 '진정한 자유'라는 말로 주장하는 바이다. 자유는 자유롭게 존재한다는 것을 뜻하지만, 이것은 인간이 스스로 자유로운 존재가 되어야만 함을 의미한다. 그리고 인간이 자유롭게 되는 것은, 인간이 자기 자신이 될 때이다. 여기서 자유는 자기 자신과의 합치를 의미한다. 자유는 자기 마음에 드는 대로, 아무거나 완전히 독자적으로 선택하는 일을 뜻하지 않는다. 반대로 자유는 어떤 자기에 대한 규정, 즉 주관적 자의성과는 분명

---

8. [역주] 이는 자신의 실존 상태가 이러저러하게 명확하게 규정되어 있음을 가리킨다.

하게 대립되어 있는 자기규정을 의미한다. 개별자 각자가 스스로 자신을 규정해야 하며, 이것은 다음과 같은 이중적 의미로 이해되어야 한다. 즉 개별자는 스스로 결정하고 결단을 내린다는 직접적인 의미에서 자기 자신을 규정해야 한다. 또한 개별자는 스스로 결단을 내릴 때, '자기 자신을 모으고 집중시키는' 방식으로 결단해야 한다. 그럼으로써 개별자 자신이 규정하는 것이, 바로 그 자신의 것이 되는 것이다. 개별자는 보다 간접적인 의미로 말해서, 자기 자신을 규정해야만 하는 것인데, 이것은 자신이 누구인가를 스스로 규정한다는 것을 뜻한다. 이미 언급한 바와 같이, 개별자가 스스로 자신을 규정해야 하는 존재란 다름 아닌, 이미 그러저러한 상태로 존재하고 있는 자기 자신이다. 자유는 자기 자신을 창조하는 데 있는 것이 아니라, 이미 여러 차례 말한 바와 같이 자기 자신을 발견하는 데에 있다.

이러한 자기 선택은 『이것이냐-저것이냐』에서 이중적인 운동으로 서술되어 있다. B는 선택이 두 가지 운동을 포함하고 있다고 분명하게 말한다. 첫 번째 운동은, 인간이 자신의 세계로부터 자기 자신을 분리시키는 "고립화"에 있다.(『이것이냐-저것이냐』 II, 255) 두 번째 운동은 어떤 동일화, 어떤 되돌아옴[9]에 있다. 첫 번째 운동의 결과는 추상적인 자기(Selbst)이다. 반면 두 번째 운동은 개별자가 근본적으로 자신의 세계와 연관되어 있다는 점을

---

9. [역주] 즉 자기 자신에게로 되돌아옴을 말한다.

보여준다. B가 말하는 것처럼, 인간은 비로소 여기에서 "구체적" 인 존재가 되는 것이다.(『이것이냐-저것이냐』II, 264)

인간이 자신을 다시 가져오는 한에서, 혹은 좀 더 정확히 말해서 인간이 자기 자신을 다시 얻고 새롭게 되찾는 한에서, 이러한 이중 적인 운동은 반복의 한 형태이다. 키에르케고어는 반복이란 개념 을 동일한 이름의 책『반복』에서 상세히 해명하고 있다.『반복』은 1843년 10월 16일, 그러니까『두려움과 전율』과 같은 날에 출판되 었다. 키에르케고어는 이 책에서 끊임없이 반복 개념의 주위를 맴돌고 있는데, 이렇게 하면서 그는 반복을 자주 자유와 연결시키 고 있다. 이것은『불안의 개념』에서도 마찬가지인데(22 이하 주 석), 특히 이곳『불안의 개념』에서는 반복이라는 범주가『이것이 냐-저것이냐』에서 B의 사유를 포괄하고 있는 틀을 붕괴시킨다는 점이 분명하게 드러난다. 이것은 이미『불안의 개념』의 서문에서 개략적으로 설명되고 있는 제1윤리와 제2윤리의 구별에서 드러나 고 있다.(우리는 나중에 이 구별을 다시 살펴볼 것이다.) 이 서문에 서 강조하고 있는 대로, 반복은 종교적인 범주이다. 인간적 실존 전체는 제1의 윤리학이 제기하는 윤리적 요청에서 끝나거나, 혹은 인간적 실존은 어떤 "초월성"에 의해 처음부터 다시 시작된다. 이 초월성은 "어떤 간극을 통해 반복을 최초의 실존으로부터 분리 시킨다."(22 주석) 초월성이라는 말의 뜻은 '삶과 실존 전체'를 새롭게 갱신시키는 것이다. 그것은 구원 혹은 자유, 좀 더 정확히는 외부로부터 오는 가능성으로서의 구원 혹은 자유를 가리킨다.『불안의 개념』은 좀 더 뒤에 가서 이러한 구원 혹은 자유에 대해 논의한다.

나는 지금까지『이것이냐-저것이냐』에서 B가 얘기하는 것을 바탕으로 자유의 개념을 논의하였다. 이것은 키에르케고어가 후기 저작들에서 전개하는 내용의 배경을 이룬다. 그러나 내가 방금 지적했던 것처럼, 몇 가지 결정적으로 중요한 변화가 일어난다. 무엇보다도『불안의 개념』이 이에 해당되는데, 이 책은 어떤 의미에서 하나의 새로운 시작점이 된다고 할 수 있다. 이후 저작들에서 나타나는 변화는 특히, 부자유에 대한 이해가 심화된다는 데에 있다. 자기 상실은 이제 더 이상, 윤리가 자신으로부터 멀리 떼어놓을 수 있는 특정한 삶의 형식인 데에 그치지 않는다. 더 이상 외부로부터 취할 수 있는 특정한 삶의 방식이 아닌 것이다. 이미『이것이냐-저것이냐』에서 언급되었던 자기 인정의 문제가 자기 스스로가 되어야 한다는 요청을 이해하는 데 있어서 결정적인 중요성을 획득하게 된다. 특히 이 지점에서 불안의 고유한 의미가 드러난다. 왜냐하면 인간이 스스로 자기 자신을 부자유하게 만들 수 있는 한, 불안 속에서의 자기관계가 하나의 중요한 문제로서 밝혀지기 때문이다. 나는 곧 이 지점으로 다시 돌아올 것이다. 하지만 그 전에 우리는 우선, 자유가 늘, 전적으로 진정한 자유인지 아닌지에 대해 물어봐야 한다. 만약 우리가 진정한 자유가 무엇인지 안다면, 자유에 대해 말해야 할 것은 이제 더 이상 없는 것일까?

자유, 그리고 자유

자유는 진정한 자유 안에서 완전하게 실현되는 것인가? 비록 키에르케고어가 이를 직접 진술하지는 않았다 할지라도, 그가 진정한 자유에 대해 말할 때, 자유에 대한 또 하나의 개념을 전제하고 있음에 틀림없다. 왜냐하면 진정한 자유란 이제 비로소 실현되어야만 하는[10] 자유이기 때문이다. 개별자는 자기 자신이 되어야 하는 과제 앞에 서 있다. 이것은 개별자가 이 과제 혹은 요청에 대해 스스로 관계를 맺어야 함을 의미한다. 여기에는 그가 이 과제에서 실패할 가능성도 포함되어 있다. 키에르케고어가 말한 대로, 개별자는 '자신을 상실함'으로써 이 과제에서 실패할 수 있다. 개별자가 스스로 행하는 바에 의해서 자신의 자유를 상실할 수 있는 것이다. 따라서 키에르케고어가 진정한 자유에 대해 말할 때, 이것은 한 인간이 자기 자신이 되어야 하는 과제에 대해서 여러 가지 방식으로 관계할 수 있음을 전제하고 있는 말이다. 그런데 여기서 질문이 떠오른다. 이렇게 여러 가지 방식으로 관계를 맺을 수 있다는 것 자체가 이미 자유인 것은 아닌가?

『불안의 개념』을 보면, 키에르케고어가 "자유"라는 말을 진정한 자유가 아닌 다른 의미를 가진 것으로 사용하고 있음이 분명하게 드러난다. 이미 얘기한 바와 같이, 『불안의 개념』은 불안의

---

10. [역주] 개별자에게 그냥 저절로 주어지지 않는다는 말이다.

의미를 서술하는 곳에서 자유를 함께 언급하고 있다. 내가 앞서 인용했던 대목을 다시 한 번 상기한다면, 불안은 가능성 속에서, 자유가 스스로 자신 앞에서 드러나는 과정이다. 단지 자유의 가능성만 그냥 드러나는 것이 아니라, 자유 자신에 대해서도 자유의 가능성이 드러나고 있는 것이다. 어떤 의미에서는, 이미 현존하고 있는 이 자유가 바로 『불안의 개념』이 논의하고 있는 주체(Subjekt)이다. 다른 곳에서 키에르케고어는 책 전체의 중심이 "죄에 대해서 자유가 취하고 있는 심리학적인 입장들"에 있다고 쓰고 있다.(138) 여기서 그는 다시금 자유에 대해 얘기하고 있지만, 이때 이 자유는 어떤 입장을 취할 수 있는 주체로서의 자유이다. 두 대목에서 자유는 인간의 자리에 서 있다. 자유의 가능성이 인간에게, 스스로 관계를 맺을 수 있는 자기(Selbst)로서의 인간에게 드러나고 있는 것이다. 그러므로 이미 존재하는 자유는, 인간이 이미, 스스로 자기 자신과 관계를 맺고 있다는 사태 속에 있다.

키에르케고어는 『죽음에 이르는 병』에서 이러한 상황을 상술하고 있다. 이 책에서 그는 인간이 하나의 종합 혹은 관계맺음이라는 점을 강조한다. 즉 인간이란 존재는 자신이 자기(Selbst)라는 사실에 대해 스스로 관계하고 있는, 그러한 중층적인 방식의 관계맺음 자체라는 것이다.[11] 인간은 "하나의 관계이다. 비록 이 관계가 파생

---

11. [역주] 이 부분은 난해한 『죽음에 이르는 병』의 도입부를 좀 더 명확히 표현하기 위해, 풀어서 의역했음을 밝힌다.(『죽음에 이르는 병』, 임규

적인 것이긴 하지만, 이 관계는 스스로 자신에 대해 관계를 맺는 것이며, 자유이다. 자기 자신(Selbst)은 자유이다.''(『죽음에 이르는 병』, 25) 여기서 독자에게 제시된 것은 자유에 대한 정의이다. 키에르케고어는 우선적으로는 자기 자신이 무엇인가에 대해 (''자기는 자유이다.'') 이야기하고 있다. 하지만 동시에 어떤 동일시가 이루어지고 있다. 즉 자기 자신은 자기관계를 위한 것, 자신에 대한 자기관계를 위한 것이며, 바로 이러한 "자기관계가 자유"인 것이다.

그러므로 자유는 단지, 자기 자신과 합치되어 있음에 그치지 않는다. '진정한' 의미에서 자유, 자기-합치로서의 자유는 개별자에게 하나의 과제 내지 문제로서 나타난다. 이미 자신에 대해 어떤 관계를 맺고 있는 개별자에게 과제 내지 문제로서 드러나는 것이다. 우리는 한 인간이 근본적으로 이미 자기관계라는 주장을 이렇게 이해해야 한다. 인간이 무언가를 행할 때, 그는 언제나 자기 자신과 함께 이를 행하고 있는 것으로 이해해야 하는 것이다. 인간이 어떤 것에 대해 관계할 때, 그는 동시에 자기 자신에 대해서도 관계를 맺고 있다. 다른 말로 표현하자면, 자유는 인간이 스스로 관계를 맺고 있다는 것 안에, 스스로 자기 자신에 대해 관계를 맺고 있다는 사실 안에 이미 포함되어 있는 것이다.

어떤 의미에서 여기서 자유를 이야기하는 것일까? 이것이 '진정

정 역, pp. 55-58 참조)

178

한' 자유가 아니라는 점은 명백하다. 진정한 자유는 규범적 의미의 자유로서, 인간이 맞닥뜨리고 있는 과제 내지 목표를 뜻하는 반면, 여기서 말하는 자유는 인간이 벗어나려 한다 해도 결코 벗어날 수 없는 의미의 자유이기 때문이다. 그것은 자기 자신이 되는 일에 함께 속해 있는 자유이다. 그러나 이것은 또한 불확정적인 선택의 자유도 아니다. 여러 가지 가능성들 가운데 자유롭게 혹은 임의로 아무것이나 선택할 수 있는 자유가 아닌 것이다. 인간은 물론, 어떤 가능성 앞에 서 있다. 하지만 이 가능성은 결정적으로 중요한 가능성, 이 가능성과의 관계 속에서 인간 자신이 규정되어 있는 가능성이다. 즉 그것은 선함으로서의 가능성, 인간이 그것을 통해 자기 자신이 되는 가능성인 것이다. 이런 의미에서 선택할 수 있는 것은 오직 하나, 바로 선함뿐이다. 통상적으로 어떤 선택을 이야기 할 때는 선함을 선택하지 않을 수 있는 가능성도 함께 말하고 있다. 하지만 여기서의 요점은, 바로 이 가능성이 동등한 비중을 가진 양자택일이 전혀 아니라는 점이다. 오히려 인간이 스스로를 부자유하게 만드는 것이다.[12]

진정한 자유와는 다른, 이러한 두 번째 의미에서의 자유는 인간이 자기 자신을 선택하는 데에 있다. 물론 이러한 선택에서 인간이 자신을 둘러싼 환경으로부터 영향을 받고 있음이 배제되는 것은

---

12. [역주] 즉 스스로 선함을 선택하지 않으면서, 스스로를 부자유하게 만드는 것이다.

결코 아니다. 하지만 인간이 주위 환경에 대해서 스스로 어떤 관계를 맺고 있는 한, 인간은 스스로 무언가를 하고 있는 셈이다. 인간이 어떤 것에 대해서 스스로 관계할 때, 인간은 언제나 그것과 다른 방식으로 관계를 맺을 수 있기 때문이다. 예를 들어, 만약 우리가 어떤 일을 하기로 스스로 약속했다면, 우리는 이를 지키지 않을 수도 있다. 인간은 이미, 스스로 약속한 바에 대해서 어떠한 관계 속에 놓여 있으며, 때문에 이전과는 다른 입장을 취할 수 있는 것이다. 인간은 스스로를 구속할 수도 있고 아니면 뒤로 물러설 수도 있다. 인간은 자신이 스스로 행하는 것에 대해서 혹은 다른 사람들이 자신에게 기대하는 것에 대해서 어떤 관계를 맺을 수 있다. 이 경우에 자유란, 인간이 행했던 것 내지 다른 사람들이 기대하는 것과는 다른 방식으로 스스로 관계를 맺을 수 있는 가능성이다.

자유의 한 현상으로서의 부자유

자유에 대한 좀 더 넓은 개념, 진정한 자유를 넘어서는 자유의 개념이 필요하다는 사실은 부자유에 대한 키에르케고어의 서술로부터 분명하게 드러난다. 이제 '뒤에서부터' 『죽음에 이르는 병』과 함께 시작해보자. 이 제목이 말하는 병은 절망이다. 그것은 인간이 자기 자신이 아니라는 의미에서의 절망이다. 키에르케고어가 이를 병이라 칭했을 때, 그것은 이 병이 각별한 본성을 갖고 있음을 가리킨다. 절망은 단지 인간이 '처하게' 되는 어떤 상태일 뿐만 아니라, 인간이 스스로 자신에게 "초래하는" 어떤 것이다.(『죽음에 이르는 병』, 12) 우리는 한 인간이 가령, 부주의에 의해 스스로 병을 자초했다고 말할 수 있다. 키에르케고어가 이 '초래하는'이란 단어를 각별히 강조했을 때, 그것은 어떤 차이점을 두드러지게 하려는 의도이다. 절망은 스스로 자초한 것이다. 처음 발병했을 때에만 그것을 자초한 것이 아니라, 인간은 절망하고 있는 매 순간마다 이 병을 자초하고 있는 것이다. 이런 의미에서 인간은 '자기 자신에 의해서' 절망 속에 있다. 인간은 절망 속에서 부자유한 상태인데, 이것은 바로 인간이 자신을 스스로 부자유하게 만들고 있기 때문이다.

  매우 간략한 방식이긴 하지만, 이미 『철학적 조각들』에서도 부자유에 대한 이러한 이해가 기술된 바 있다. 내가 이미 언급한 대로, 『철학적 조각들』은 인간의 죄에 대해, 자신의 과오로 인해 비진리 속에 존재하는 것이라고 말하고 있다. 키에르케고어는 이 것을 "인간이 자기 자신에 의해서 구속되어 있다"는 말로 설명하고 있다.(『철학적 조각들』, 14) 인간은 "스스로를 포획하여 자신을 정립하였는데, (……) 어느 누구도 이처럼 끔찍하게 포획된 사람은 없으며, 그 어떤 감금 상태도 개별자 스스로가 자신을 가둬둔 상태만큼 깨뜨리고 나오기가 어려운 것은 없다."(『철학적 조각들』, 15)

이것은 『불안의 개념』에서 좀 더 심화되어 논의되고 있다. 악 앞에서의 불안과 선 앞에서의 불안, 이들은 둘 다 부자유의 유형이다. 나는 이미 1장에서 이에 대해 논의하였다. 그러므로 여기서는 단지 악마적인 것에 대한 정의만을 인용하고자 한다. 악마적인 것은 "스스로 자신을 폐쇄시키고자 하는 부자유이다."(144) 악마적인 것은 "스스로 자신을 가둔다. 현존재의 심층적인 요소는 바로 부자유가 자기 자신을 감금시키고 있다는 점에 있다."(145) 독자들은 여기서는 자유가 아니라 부자유에 대해서 논의되고 있는 것이 아닌가라고 반문할지 모른다. 그러나 바로 이러한 부자유의 저변에 자유가 놓여 있다. 『불안의 개념』은 분명하게 "부자유의 근저에 놓여 있는 자유"에 대해 얘기하고 있다.(144) 또한 "부자유속에 침몰된 자유"(161)에 대해서도 말하고 있다. 나아가 키에르케고어는 "부자유는 자유의 한 현상이다."라고 명확히 지적하고 있다.(158 주석)

부자유가 자유의 한 현상이라는 것. 이 사실은 자유가 어떻게든 부자유 속에서 모습을 드러낸다는 것을 의미한다. 여기서 말하고자 하는 자유는, 인간이 이미 스스로 자기 자신에 대해 관계를 맺고 있다는 의미에서의 자유이다. 『철학적 조각들』에서 키에르케고어가 개별자가 자기 자신에 의해서 비진리 혹은 부자유 속에 존재한다고 말할 때, 이 말은 개별자가 자신이 행하는 바에 의해 부자유 속에 있게 된다는 것을 의미한다. 개별자는 "자유의 힘을 부자유에 도움이 되는 방식으로 사용하고 있다. 왜냐하면 그는 부자유 속에서 자유롭기 때문이다."(『철학적 조각들』, 15) 인간은 부자유 속에서 "자유롭게" 존재하는 셈이데, 이것은 인간이 자기 자신을 부자유 속에 계속 붙잡아 두기 때문이다. "자유의 힘"은 인간이 스스로 자신과 관계를 맺는 과정 속에 존재하는 것이다.

이로써 키에르케고어가 여기서 관심을 기울이고 있는 부자유가 어떤 종류의 부자유인지가 상당 부분 알려진 셈이다. 바로 인간이 부자유 속에 있는 자신을 계속 고수한다는 의미에서의 부자유이다. 인간은 스스로 자유롭지 않게 관계하면서, 즉 스스로 자신과 자유롭지 못한 방식으로 관계를 맺으면서 부자유한 존재가 되는 것이다.

우리가 스스로 자신과 관계한다는 의미에서 자유에 대해 말할 때, 이러한 자유의 현상들은 불안에 내재된 모호하고 이중적인 가능성을 그 특징으로 삼고 있다. 그런데 악마적인 폐쇄성 속에서 이러한 모호성이 상당한 정도로 고정된 상태가 되면서 두 가지 의지에 묶여버리게 된다. 악마적인 것을 규정하는 것은, 어떤 것에 저항하면서 스스로를 폐쇄시키는 일이다. 키에르케고어에 따르면, 악마적인 것이 저항하는 것은 바로 구원 또는 해방을 뜻하는 선함이다. 그러나 특히 이 지점에서 부자유에 관한 인식이 중요하다. 인간이 이러한 부자유 속에 존재하고 있을 뿐 아니라, 스스로를 부자유 안에 붙들어 두고 있다는 인식이 중요한 것이다. 인간은 부자유 속에서 모호한 상태에 있다. 왜냐하면 인간은 부자유함을 원하고 있으면서도, 동시에 자유의 가능성에 의해 영향을 받고 있기 때문이다. 악마적인 폐쇄성은 자신이 맞서 저항하고 있는 바로 그 가능성을, 즉 자기 자신을 드러낼 수 있는 가능성을 늘 함께 곁에 지니고 있다. 이러한 가능성은 일종의 내적인 충동으로, 거의 자발적인 삶의 표현으로 자신을 드러내게 된다. 왜냐하면 악마적인 폐쇄성 속에는 또 하나의 의지가 여전히 존재하고 있기 때문이다. 이것은 인간이 억누르고 있는 또 다른 의지이다. 당사자인 개별자는 "두 개의 의지를 갖고 있다. 하나는 계시되기를 원하지만 무기력한, 예속된 의지이고, 다른 하나는 폐쇄성을 원하는 보다 강력한 의지이다."(151) "부자유함의 저변에 놓여 있는 자유가 바깥에 있는 자유와 내통하면서", 자유는 부자유를 고발하고 있다. 그리고 이것은 "자신의 의지에 반하여 불안 속에서 자기 자신을 고발하고 있는 자가 바로 개별자 자신인 것"과 마찬가지다.(144)

부자유의 저변에 놓여 있는 자유란 자기 자신과의 관계맺음을 의미한다. 그러나 이 자유는 근본적으로 스스로를 밖으로 드러내는 가능성을 향해 있는 자유이다. 악마적인 폐쇄성 속에서 자기관계가 자유롭지 못하게 되는 것은 이런 방식이다. 즉 인간이 스스로 자기 자신과 관계를 맺을 수 있는 가능성에 반대하여, 다시 말해서 스스로 자기 자신을 드러내는 가능성에 대해서 저항하는 방식으로 자유롭지 못하게 되는 것이다. 그러나 그럼에도 불구하고 이러한 자기관계는 끝내 관철될 수밖에 없다. 왜냐하면 인간은 결국, 자유의 가능성에 의해 영향을 받으면서 ("바깥에 있는 자유와 내통하면서"), 자신의 의지에 반하여 자기 자신을 밖으로 공포하게 되기 때문이다.

만약 부자유가 자유의 한 현상이라면, 자유는 부자유 안에서, 그리고 부자유를 통해서 자신을 드러내지 않을 수 없다. 지금까지 다룬 문제는 이러한 관계를 어떻게 이해해야 하는가였다. 우리는 이제 다음과 같은 답변을 얻었다. 첫째로, 인간이 자기 자신을 부자유 속에 붙들고 있는 한, 우리는 부자유함 속에서 "자유로운" 인간에 대해서, 이런 의미의 부자유에 대해서 얘기해야 할 것이다. 둘째로 이 부자유함은 자유 자체인 선함, 혹은 자유를 선사하는 선함과의 관계에서 부정적으로 규정되어 있다. 이것이 가장 분명하게 드러나는 경우가 악마적인 폐쇄성인데, 왜냐하면 이 폐쇄성이 바로 선함의 가능성에 대해 적대적이기 때문이다. 악마적으로 폐쇄된 상태의 인간은 선 앞에서의 불안 속에서 이러한 가능성에 대해 저항하고 있다. 그러나 그는 부정적으로[13] 선과 결부되어 있다. 아울러 동시에 부정적인 방식으로 자기 자신과 결부되어 있는 것이다.

그러므로 자유는 부자유 속에서 부정적으로 모습을 드러낸다. 이제 문제는 이것이다. 부자유에 대한 경험과 자유에 대한 이해 사이에는 어떤 또 다른 긍정적인 연관성이 존재하지 않는가? 먼저 부자유의 부정적인 현상들에 대해서 키에르케고어가 서술하고

---

13. [역주] 즉 바로 이러한 저항 속에서.

있는 내용을 좀 더 자세히 들여다보자. 이미 살펴본 것처럼, 키에르케고어가 부자유에 대해 이야기할 때, 그는 우선적으로 불안이나 절망과 연결되어 있는 부자유를 염두에 두고 있다.

4장
불안과 절망

죽음에 이르는 병

불안에 대한 분석만이(1장) 아니라 인간 실존에 대한 상세한
설명에서도(2장) 한 인간이 자기 자신이라는 사실, 자기 자신이
되어야 하는 과제 앞에 서 있는 존재라는 사실이 분명하게 부각되
었다. 아울러 『이것이냐-저것이냐』에 나타난 윤리적 차원에 대한
규정 또한 이미 이러한 실존의 과제를 겨냥하고 있다는 점도 밝혀
졌다. 근본적인 선택[1]은 자기 자신을 선택하는 데에 있다. 다시
말해 자기 자신이 되는 일에 있는 것이다.(3장)

『불안의 개념』에서 각별히 눈길을 끄는 것은, 이 책에서 우리가
인간을 자기(Selbst)로서 이해하는 시도, 다시 말해 불안으로부터

---

1. [역주] 이는 윤리적 차원에서 실행되는 선택을 말한다.

그 의미가 밝혀지고 있는 자기로서 이해하려는 시도를 보게 된다는 점이다. 불안은 일종의 실존적인 상태인데, 불안에서 인간은 자신의 외부에 위치해 있게 되며, 그럼으로써 자기 자신을 마치 낯선 사람처럼 바라볼 수 있게 된다. 앞서 얘기했듯이, 불안이 지닌 모호한 의미는 이러했다. 즉 불안은 인간이 자기 자신을 발견할 수 있는 가능성을 제공하지만, 동시에 인간은 불안 속에서 자유롭지 못하게 될 수 있다. 다시 말해 인간은 불안 속에서 자기 자신으로 존재하지 못할 수 있는 것이다.

『불안의 개념』은 이렇게 인간을 자기로서 이해하는 독특한 시도를 직접적이라기보다는 간접적으로 전개하고 있다. 1849년에 출간된 『죽음에 이르는 병』은 이를 훨씬 더 상세하고 직접적으로 논의한다. 독자들은 이 저작을 다름 아닌, 자기로서의 인간에 대한 논고로 읽을 수 있다. 『죽음에 이르는 병』은 짧고 날카로운 리듬을 가진 주장들로 시작한다. "인간은 정신이다. 그런데 정신이란 무엇인가?" 문장은 이렇게 이어진다. "정신은 자기(Selbst)이다. 그러나 자기는 무엇인가?" 이 질문이 바로 이 저작이 답하고자 하는 것이다. 좀 더 정확히 말해서, 우리는 책에 명확히 표현되어 있지는 않지만, 이미 첫 번째 문장 속에 함축되어 있는 질문으로 되돌아올 수 있다. 그것은 "인간이란 무엇인가?"라는 질문이다. 『죽음에 이르는 병』이 명시적으로 던질 필요가 없는 이 질문이 바로 책 전체를 위한 질문이다. 그리고 책 속에서 상세히 설명되고 있는 이에 대한 답변은 바로 인간이 하나의 자기 자신이라는 것이다.

『죽음에 이르는 병』은 불안의 분석을 통해서 얻은 통찰을 계속 견지한다. 그것은 인간이 하나의 종합 혹은 이질적 요소들 간의 관계라는 것이다. 이질적 요소들 간의 관계이기에 이들 사이의 연관성은 깨지기 쉽고 항상 위험에 처해 있다. 제3의 항으로서의 자기가 의미하는 것은, 스스로 이렇게 통일되지 않은 것으로서 자기 자신에 대해서 관계를 맺는다는 것이다. 즉 영혼과 육체로서 의 자기 자신에 대해서, 유한하면서 무한한 자기 자신에 대해서, 시간적이면서 영원한 자기 자신에 대해서 관계를 맺는 것이다. 이질적 요소들 간의 연관성이 이와 같은 자기관계 속에 놓여 있거 나 혹은 그러한 연관성이 자기관계 자체이다. 따라서 자기 자신이 란 두 가지를 뜻한다. 자기 자신과 관계를 맺는 것이자, (자기 자신으로 존재하려는) 자기 자신과의 연관성이기도 한 것이다.

여기서 『죽음에 이르는 병』은 특별히 실존 개념을 규정하면서 표현되었던 통찰을 반복하고 있다. 이 통찰은 자기로서의 인간이 어떤 과정 속에 있다는 것, 즉 "생성 중에" 있다는 것, 특히 자기 자신이 되는 과정 중에 있다는 것이다. 하나의 자기 자신으로 존재 한다는 것은 자기 자신이 되어야 한다는 과제를 포함하고 있다.

인간이 스스로 자기 자신과 관계하는 종합으로서 존재한다는 것, 그럼으로써 인간은 자기 자신이 되어야 하는 과제를 안고 있다 는 것, 이 두 가지 결과를 『죽음에 이르는 병』은 다음의 짧은 문장 속에서 하나의 공식처럼 요약하고 있다. "자기 자신이란 스스 로 자신과 관계하고 있는 종합, 무한성과 유한성의 의식적인 종합

이며, 이 종합의 과제는 이러한 의식적인 종합 자체가 되는 것이다."(『죽음에 이르는 병』, 25)

『죽음에 이르는 병』은 자기 자신이 된다는 것의 의미 역시 계속해서 하나의 공식처럼 설명한다. "그러나 자기 자신이 된다는 것은 구체적인 존재가 되는 것이다. 그런데 구체적이 된다는 것은 유한해지는 것도, 무한하게 되는 것도 아니다. 왜냐하면 구체적인 존재가 된다는 것은 다름 아닌, 하나의 종합을 수행하는 일이기 때문이다. 따라서 생성의 발전 과정은 자기 자신이 무한해지면서 자신으로부터 무한히 멀어지게 되는 것이자, 동시에 자기 자신이 유한해지는 가운데 자신에게로 무한히 되돌아오는 것이다."(『죽음에 이르는 병』, 26) 이미 앞서 언급한 바와 같이, 키에르케고어는 여기서 '구체적'이라는 말의 어의를 충분히 활용하고 있다. 구체적으로 된다는 것은 자기 자신과 결합하여 함께 성장한다는 것, 그리하여 '전적으로 치유되는' 것을 뜻한다. 이러한 치유됨은 이질적 요소들 간의 연관성을 산출하는 일이다. 왜냐하면 함께 자라나야 할 것은, 어떤 분명한 의미에서 이미 서로 함께 속해 있기 때문이다. 영혼과 육체, 유한함과 무한함 등, 두 가지 요소들은 이미 상호 간의 관계 속에 있다. 하나의 요소는 다른 요소 없이 존재할 수 없다. 한 인간은 자신의 유한성 속에서도, 또 자신의 무한성 속에서도 자기 자신으로부터 자유로워질 수 없다. 그가 그럼에도 이를 시도한다면, 이때 그의 실존적 관계맺음은 실패로 끝날 것이다. 그러나 이러한 실패는 그가 무한해지거나 유한해지는 것을 의미하지 않는다. 오히려 두 요소 가운데 한쪽이 그때그때 효력을 발휘하고 있는데, 일방적으로 강조된 다른 쪽 요소가 왜곡되게 됨으로써 이 남은 요소가 이를테면 보복을 하고 있는 셈이라고 할 수 있다.

이제 나는 거의 의도하지 않은 방식으로 부정적 가능성에 대해 이야기하게 되었다. 즉 실존적 관계가 실패하게 되는 가능성에 대해서 말이다. 그러나 주목해야 할 중요한 사실은 인용된 『죽음에 이르는 병』의 텍스트가 성공적인 실존적 관계에 대해 말하고 있다는 점이다. 인용된 텍스트는 구체적으로 된다는 것의 내용에 대해 개략적으로 설명한다. "자기 자신이 무한해지면서 자신으로부터 무한히 멀어지게 되는 것이자, 동시에 자기 자신이 유한해지는 가운데 자신에게로 무한히 되돌아오는 것이다." 그러므로 『이것이냐-저것이냐』가 다른 표현 방식으로 반복하고 있는 것처럼 ──우리는 앞서 이를 살펴보았는데──, 생성의 발전 과정은 이중의 운동으로 구성되어 있다. 자기 자신이 된다는 것은 자신으로부터 분리됨을 요구하는 일인 동시에, 자기를 발견하고 찾는다는 의미에서 자기에로의 복귀 혹은 자기에게로 되돌아오는 것을 의미한다.

그러므로 인용된 문장들은 인간이 자기 자신이 된다는 것이 무얼 의미하는지를 긍정적인 견지에서 소개하고자 시도하고 있는 것이다. 그런데 이어지는 대목은 이렇게 계속된다. "반면에 만약 자기가 자기 자신이 되지 못한다면, 이 사실을 알든 모르든 자기는 절망하고 있는 것이다."(『죽음에 이르는 병』, 26) 이것은 결코 가볍게 넘길 수 있는 주장이 아니다. 오히려 이 문장을 통해 실로 『죽음에 이르는 병』의 전체 내용이 될 문제가 표현되고 있는 것이다. 책의 도입부에서 제기한 질문처럼, 『죽음에 이르는 병』이 자기로서의 인간에 대한 논고가 되고자 했을지라도, 『죽음에 이르는 병』은 실제로는 절망에 대한 논고가 되고 있다. 책의 제목이 명시적으로 가리키는 것도 바로 이것이다. "죽음에 이르는 병"은—— 책의 1장 제목과 책의 전반부에서 밝혀지는 것처럼—— 곧 절망이다. 그리고 방금 인용된 일련의 문장들이 표현하고 있듯이, 절망은 인간이 자기 자신이 되지 못하는 것 혹은 자기 자신으로서 존재하지 못하는 것이다. 이로써 우리는 다시금 부자유의 문제에 도달한 셈인데, 여기서 불안에 대한 분석과의 연관성이 훨씬 더 첨예하게 부각되고 있다.

의식과 의지

앞서 말한 대로, 절망은 인간이 자기 자신으로 존재하지 못하는 데에 있다. 키에르케고어는 절망의 세 가지 기본적인 유형을 구분하고 있다. 첫 번째는 자신이 절망하고 있음을 알지 못하는 무지 상태의 절망이다. 두 번째는 절망하고 있으면서, 자기 자신이 되려고 하지 않는 방식의 절망이다. 그리고 세 번째는 절망하고 있으면서, 자기 자신이 되려고 하는 방식의 절망이다. 이 세 가지 유형에 대한 규정을 살펴보면, **알고 있음(의식)**뿐만 아니라 **의지** 또한 결정적으로 중요한 관계라는 점, 아울러 이 두 가지가 문제가 될 수 있는 관계라는 점을[2] 알 수 있다.

먼저 마지막에 말한 세 번째 유형의 절망을 살펴보자! 절망은 분명 인간이 자기 자신으로 존재하지 못하는 데에 있다. 그러나 이는 확실히 의지의 문제이기도 하다. 이때 의지는 인간이 자기 자신으로 존재하는 일을 마음대로 조정할 수 있다는 것을 의미하지 않는다. 키에르케고어는 의지를 자기 자신에 대한 권력이나 자신이 원하는 일에 대한 지배력으로 이해하지 않는다. 그에게 인간의 고유한 의지란 간단하게 말해서 인간이 원하는 바이다. 인간이 자기 자신으로 존재하려 하지 않는 것은 언제든 가능하다. 그런데 우리가 이 점을 받아들인다고 할 때, 세 번째 유형의 절망에 대해 의아함을 느끼게 될 것이다. 절망하면서 자기 자신이 되기를 원한다는 것. 도대체 이 말은 무슨 뜻인가? 누군가가 자기 자신이 되고자 한다는 것은 좋은 일이 아닌가? 맞다. 그러나 여기서 곧바로 의지의 의미가 어떤 복잡한 관계라는 사실이 드러난다. 더 정확히 말해서, 의지가 자기관계의 일종이란 사실이 밝혀지는 것이다. 왜냐하면 인간은 누구나, 자기 자신이 아닌 어떤 다른 사람이 되고자 할 수 있기 때문이다. 가령 인간은 자신에 대한 지배력을 갖게

---

2. [역주] 여기서 말하는 관계는 물론, 개별자의 실존 과정, 즉 어떤 방식으로든 늘 자기 자신과 관계를 맺고 있다는 것을 가리킨다.

되기를, 그럼으로써 스스로 자신을 마음대로 할 수 있기를 바랄 수 있다. 그러나 바로 이것이 절망이다. 이때 인간은 자기 자신으로 존재하는 것이 아니기 때문이다. 인간은 자기 자신을 있는 그대로 받아들이지 않을 수 있으며, 이 경우 스스로를 있는 그대로 받아들이기 전에, 자신을 어떤 다른 사람으로 만들어야 하는 것이다.

나는 나중에 절망의 두 번째 유형과 세 번째 유형, 즉 자기 자신이 되기를 원치 않는 '나약함의 절망'과 자기 자신이 되고자 하는 '반항의 절망'을 다시 논의할 것이다. 우선 첫 번째 유형의 절망을 고찰해 보자. 이 절망은 인간이 "자기 자신(Selbst)을 가지고 있음을 의식하지 못하고 있다는"(『죽음에 이르는 병』, 8) 데에 있다. 그런데 우리는 '이것이 과연 절망인가'라고 자문하게 될 것이다. 방금 인용한 구절에 덧붙인 삽입구에서 키에르케고어는 이 첫 번째 절망을 "비본래적인 의미의 절망"이라 부르고 있다. 절망이란 그 자체로, 당사자가 자신의 절망에 대해 알고 있음을 함축하고 있는 듯 보인다. 그런데 여기서는 이를 알지 못하고 있으므로, 이러한 절망은 "비본래적"이라는 것이다. 그럼에도 키에르케고어가 계속 절망을 이야기할 수 있다면, 여기서 그는 뭔가 다른 의미의 절망을 염두에 두고 있음에 틀림없다. 이 다른 의미란 바로, 절망이 근본적으로 자기관계의 실패, 즉 실패한 자기관계(Mißver-hältnis)[3]라는 것이다. 절망은 자기관계가 실패한 것, 달리 말해서

---

3. [역주] 좀 더 엄밀하게 한다면, 이 '실패한 관계'는 '실패한 자기관계'로

인간이 자기 자신으로 존재하지 못하게 된 것에 달려 있다. 키에르케고어가 당사자가 절망에 대해 알지 못하고 있다 해도, 절망이 존재하는 것이라고 주장할 수 있다면, 그 이유는 여기서도 또한 어떤 실패한 관계가 존재한다는 데에 있다. 인간은 이미 **자기 자신이다**. 하지만 비본래적인 절망 속에서 인간은 자신이 자기 자신을 갖고 있음을 의식하지 못하고 있다.

그러나 좀 더 상세히 들여다보면, 사태가 훨씬 더 복잡한 것으로 드러난다. 지금까지 우리가 얘기한 바에 따르면, 키에르케고어가 말하는 절망에서, 실제로 절망을 느끼는지 않는지는 별 문제가 아닌 것처럼 보인다. 절망은 인간이 자기 자신으로 존재하지 않는 것을 의미한다. 그러나 이로부터 다음과 같은 반문이 등장할 것이다. 이러한 방식의 실패한 관계가 다름 아닌 자기관계 속에 있는 것이라면, 어떻게 인간이 이것을 스스로 알지 못할 수 있단 말인가? 실패한 관계란 사실상, 스스로 절망을 느끼는 것과 같은 말이 아닌가?

문제의 상황이 훨씬 더 복잡해지는 것은, 자기 자신에 대한 분명한 의식 속에서도 실패한 관계가 존속할 수 있다는 데에 있다.

번역해야 할 것이다. 또한 이 말은 '잘못된 관계' 혹은 '적절하지 못한 관계'라 번역할 수도 있다. 중요한 것은 자기관계 자체가 없어지거나 모든 효력을 상실하는 것이 아니라, 자기관계를 이루고 있는 두 요소들, 두 차원들 사이의 관계 양상이 적절하지 않은 상태, 왜곡되거나 혹은 전도된 상태에 빠져드는 것으로 이해해야 한다는 점이다.

특히 자신을 표현하고 있는 자기의식 안에서도 존속할 수 있는 것이다. 키에르케고어의 급진적인 주장은, 절망이 보편적인 상태라는 것이다. 이와 관련하여 『죽음에 이르는 병』의 중심적인 단락은 "이 병(절망)의 보편성"이란 제목을 달고 있다.(『죽음에 이르는 병』, 18) 이것은 내가 1장을 마치면서 제기했던 질문 '어떤 견지에서 불안이 인간 삶의 한 부분을 이루는가?'와 맞닿아 있다. 처음 볼 때는 여기서 좀 더 명백하게 부자유의 여러 형태를 다루고 있다는 것이 1장과 구별되는 지점인 것처럼 보인다. 그러나 키에르케고어는 이미 『불안의 개념』에서 "악마적인 것이 일반적으로 추정되는 것보다 훨씬 더 광범위한 영역을 아우르고 있다"(143)고 주장하였으며, 심지어 악마적인 것의 흔적은 모든 인간에게서 발견된다고 말한 바 있다.(143) 이어서 그는 『죽음에 이르는 병』의 앞서 말한 장 「절망의 보편성」에서 "자기 자신 앞에서의 불안"이 될 수 있는 불안에 대해 언급하고 있다.

"의사들이 흔히 살아 있는 사람 가운데 완벽하게 건강한 이는 단 한 명도 없을 것이라고 말하는 것처럼, 인간을 제대로 아는 사람이라면 누구든, 살아 있는 사람 가운데 조금이나마 절망하고 있지 않은 사람은 아무도 없으며, 내면 저 깊은 곳에 알려지지 않은 어떤 것 혹은 자신이 감히 알려고 하지 않는 어떤 것에 대한 불안, 불만, 불화, 불안정함을 품고 있지 않는 사람은 아무도 없다고 말할 수 있다. 이 불안은 어떤 실존의 가능성에 대한 불안 또는 자기 자신에 대한 불안인데, 이런 까닭에 인간은 (의사가 어떤 사람이 몸 안에 병을 지니고 돌아다닌다고 이야기하는 것처럼), 병을 지닌 채 이리저리 돌아다닌다고, 정신의 병을 안고 돌아다닌다고 말할 수 있다. 이 정신의 병은 그 자신이 설명할 수 없는 불안 속에서, 그리고 이러한 불안을 통해서 때때로 급작스럽게 그 모습을 드러내는데, 이를 통해 이 병이 저 깊은 내면에 자리 잡고 있음을 알게 된다."(『죽음에 이르는 병』, 18)

나는 「절망의 보편성」 장의 시작 부분을 인용하였다. 이 장을 좀 더 찬찬히 들여다보면, 키에르케고어가 하나가 아닌 두 개의 주장을 펼치고 있음을 인식할 수 있다. 첫 번째 주장은, 엄밀하게 이해했을 때 절망이란 너무나 보편적인 것이어서 '조금이라도' 절망하지 않는 사람은 단 한 사람도 없다는 것이다. 두 번째 주장은 이 첫 번째 주장을 뒷받침하는 것으로서, 자기 자신의 절망에 대한 무지가 다름 아닌 절망의 한 유형이라는 것이다. 이에 따르자면, "수천, 수만, 수백만의 사람들"을 절망의 개념 아래에 포함시켜야 한다.(『죽음에 이르는 병』, 19) 이렇게 볼 때, 두 번째 주장은 "비본래적인" 형태의 절망, 즉 자신이 절망하고 있음을 의식하지 못하고 있는 절망을 가리키고 있다. 이로써 절망의 "보편성"이란 언명은 일종의 시대 비판적 뉘앙스를 갖게 된다. 여기서 문제는 단지, 모든 인간이 이러저러한 견지에서 조금이나마 절망하고 있다는 것 내지 어떤 악마적인 것의 흔적을 지니고 있다는 것이 아니다. 오히려 절망의 보편성이란 말은, 절망 자신이 스스로를 눈에 띄지 않게 만든다는 것, 즉 스스로를 일상적인 것으로 만든다는 의미를 갖고 있다.

키에르케고어는 여기서 어떤 결정적으로 중요한 단계로 나아가는데, 그것은 그가 우리가 일상적으로 자기 자신에 대해 이야기하는 내용을 정확하게 관찰한다는 점이다. 아마 거의 모든 독자들은, 절망이 그토록 보편적인 상태라는 것, 어떤 인간도 온전히 절망에서 자유로울 수 없다는 주장을 들을 때, 이미 머리카락이 곧추서는 충격을 느낄 것이다. 키에르케고어가 출발점으로 삼는 것은, 인간이 절망을 부인하고 피하기에 바쁘다는 것이다.[4] 따라서 그가 묻는 것은 단지 어떤 인간이 스스로 절망을 느끼는가, 느끼지 않는가가 아니다. 오히려 그는 인간이 절망 속에 있는가, 없는가와 상관없이, 인간이 자신에 대해 어떻게 **말하고 있는가**에 주목하고 있다. 개별자가 자신에 대해 말하는 것은, 단지 그가 다른 사람에게 그 자신에 대해 이야기하는 것일 뿐 아니라, 그가 이미 자기 자신에게 말하고 있는 것이기도 하다. 때때로 사람들은 어떤 명백한 일에 대해서 비유적으로 "너는 이것을 내 자신에게 스스로 설명할 수 있어."라고 표현한다. 그런데 이 비유적인 표현에는 "만약 네가 스스로 그것을 생각하기만 한다면"이라는 단서가 함축되어 있다. 실제로 어떤 인간이 다른 사람들에게 무언가를 이야기할 때, 그는 자기 자신에게도 말을 하고 있다. 이를 키에르케고어의 함축적이며 명

---

4. [역주] 즉 인간이 늘 자신이 절망하고 있다는 사실을 의도적으로든, 암묵적으로든 회피하고 억압하고자 노력하고 있다는 점이다.

확한 표현을 따라서 말한다면 이럴 것이다. 즉 인간이 "자신에게 스스로 말하는 것이 바로 그 자신"이라는 것, 바로 이것이 문제인 것이다.(『죽음에 이르는 병』, 18)

자기관계의 병 내지 정신의 병으로서 절망은 "변증법적인" 특징을 지니고 있다. 통상적인 시각이 "전제하는 것은, 자신이 절망 속에 있느냐 아니냐에 대해서는, 개별자 자신이 가장 잘 알고 있을 수밖에 없다."(『죽음에 이르는 병』, 18)는 사정이다. 그러나 "자기 자신에 대한" 이와 같은 앎은 결코 단순하거나 별 문제점이 없는 앎이 아니다. 인간이 자신이 누구인가를 스스로 안다는 것. 이것은 자신을 알기 위해 스스로 자기 자신을 인정하는 일을 의미한다. 또한 이러한 앎 속에는 자기 자신에 대해 알기를 원하는가, 원하지 않는가라는 의지의 문제도 놓여 있다. 게다가 이 앎의 상황은, 한편에 우리가 개별자가 무엇인가를 갖고[=알고] 있으며, 다른 한편에 이 개별자가 자신에 대해 말하는 것을 갖고[=알고] 있는, 그러한 분리된 상황이 전혀 아니다. 반대로 개별자가 말하는 바가 그가 존재하는 방식 속에 함께 속해 있는 복잡한 상황인 것이다.[5] 이에 따라 만약 어떤 인간이 자신이 절망으로부터 자유롭다고 말한다면, 바로 이러한 말이 그의 절망을 의심해 봐야 하는 단서가 될 수 있다. 어떤 이가 스스로 절망으로부터 자유롭다고 함으로써,

---

5. [역주] 하이데거는 후에 이것을 불가피한 '해석학적 순환'이라 부른다. (『존재와 시간』, 소광희 역, 경문사, 1998, pp. 9-15)

그는 사실상 자신 자신과 무언가를 하고 있다고 봐야 한다. 즉 그는 스스로에 대해서 안심하고 확신하고 있는 것인데, 이를 통해 그가 불안과 동요를 자기 자신으로부터 멀리 떼어놓을 수 있는 것이다.

이상의 논의를 통해 키에르케고어가 주장하는 절망의 "보편성"에 어떤 변화가 초래된다고 할 수 있다. 이제 문제는 단지 모든 인간이 조금이나마 절망하고 있다는 사실에 그치지 않는다. 개별자 누구에게나 자신의 저 깊은 곳에, 알려지지 않은 어떤 것에 대한 불안이 놓여 있으며, 그럼으로써 어떤 악마적인 것의 흔적을 지니고 있다는 사실에 그치지 않는 것이다. 키에르케고어가 서술하고 있는 것은 개별자가 취하는 어떤 삶의 방식이다. 즉 불안을 은폐하고자 시도하는 삶의 방식이다. 이러한 삶의 방식을 통해 도달하는 자기 안정과 확신이 실존의 지배적인 특징이 되어 버린다면, 이러한 삶의 방식은 오히려 그만큼 더더욱 강력하게 불안에 의해 규정되어 있게 되는 것이다. 이 불안은 일종의 평안함 속에 몸을 감추고 있다. "그런데 이 점에 관해서는 인간 심리에 관한 전문가라도 나에게 동의할 것이다. 즉 일반적으로 거의 모든 사람들은 자신이 정신으로서 규정되어 있음을 의식하지 못한 채 살아가고 있다. 이러한 이유에서 이른바 삶의 안전이나 삶에 대한 만족과 같은 것들이 실상은 절망인 것이다."(『죽음에 이르는 병』, 23) 여기서 문제가 되는 것은 스스로를 일반적이며 평범한 것으로 만들고 있는 삶의 방식이다. 키에르케고어는 당대에 대한 비판적 진단에서, 스스로 평범하다고 주장하는 이러한 삶의 방식을 "속물적 시민성(Spießbürgertum)"이라 부르고 있다. 『죽음에 이르는 병』의 좀 더 뒷부분에서 그는 "속물적 시민성은 정신의 상실(Geistlosigkeit)이다."[6]라고 주장하며, 이어 "정신의 상실에 대한 불안은 다름 아닌, 정신이 부재한 자기 안정성에서 명확히 확인된다."(『죽음에 이르는 병』, 38, 41)고 강조한다.

정신의 상실 속에서도 마찬가지로 불안이 존재한다. 왜냐하면 여기서 관건이 되는 것은 일종의 회피의 형식이기 때문이다. 인간은 스스로를 안정시키면서, 불안 속에서 무언가를 회피하고 있다. 회피하는 것은 불안, 즉 저 내면 깊숙이 자리하고 있는 동요이다. 따라서 무정신성의 불안은 곧 '불안 앞에서의 불안'이라 할 것이다.

이상의 논의로 볼 때, 키에르케고어가 절망의 보편성에 대해서 이야기할 때, 두 가지 측면을 명확히 구별해야 한다. 즉 한편으로

---

6. [역주] 앞으로 이 '정신의 상실'을 '무정신성'으로도 옮길 것이다. 키에르케고어는 이 개념과 '정신의 부재(Geistesabwesenheit)'를 엄밀하게 구별한다. 무정신성은 인간이 실존 과정에서 언제나, 매 순간 빠질 수 있는 상태를 의미한다. 반면 정신의 부재는 근본적으로 역사철학적 개념으로서, 정신으로서의 개별자라는 명확한 개념에 아직 도달하지 못한 모든 시대에 적용될 수 있는 개념이다. 가령 키에르케고어에게 그리스시대는 아직 정신으로서의 인간에 대한 이해, 즉 자신 안에 이질적 요소(차원)들이 대립하고 있으며, 매 순간 이를 종합해야 하는 과제를 안고 있다는 인간에 대한 이해가 아직 명확하게 형성되지 못한 시기이다. 이와 관련해서는 10장 "우리 시대"의 논의도 참조하라.

모든 개별자의 깊은 내면에 알려지지 않은 어떤 것에 대한 불안이 자리 잡고 있다는 것과 다른 한편으로 개별자가 스스로를 일반적이며 평범하게 만듦으로써 이러한 불안으로부터 자기 자신을 지키고자 시도하고 있다는 것이다. 누구에게나 악마적 폐쇄성의 흔적이 있다는 첫 번째 측면과 속물적 시민성과 정신의 상실을 얘기하는 두 번째 측면 사이의 차이는 개별자가 자신의 불안에—— 이 불안은 급작스럽고 충격적으로 개별자를 엄습할 수 있는데—— 대해서 어떤 태도를 취하는가에 있다. 왜냐하면 이 불안 내지 농요가 자유의 가능성을 보여주기 때문이다. 정신의 상실에서 개별자는 바로 이 가능성을, 즉 자기 자신이 되어야 하는 어려운 과제를 회피하고자 시도한다. 개별자는 자신이 절망 속에 있음을 의식하지 않음으로써 이를 회피하고 있는 것이다.

그리하여 자신의 절망에 대한 의식이 부재한다는 것이 이미 일종의 문제적인 자기관계가 되어 있는 셈이다. 하지만 이어지는 분석, 즉 본래적 의미의 절망의 유형들을 분석하는 부분에서는 의식이 있는 상태에서 나타나는 차이가 결정적으로 중요해진다. 의식과 연관된 이 차이를 통해서 키에르케고어는 절망이 취할 수 있는 여러 다양한 형태들의 연속적인 진행을 설득력 있게 제시할 수 있게 된다.

무한성의 절망과 유한성의 절망

하지만 그러한 진행을 상세하게 제시하기에 앞서, 키에르케고어는 우선 절망의 유형들에 대한 구조적인 서술을 시도한다. 절망이 근본적으로 실패한 [자기]관계이기 때문에, 절망을 서술하는 일은 실패한 관계 속에서 어떤 것들이 서로 연관되어 있는가에서부터 시작할 수 있다. 여기서 간접적 혹은 부정적인 방식으로 종합의 규정들[7]이 전개되고 있다. 이를 통해 종합의 규정들이 내포적으로 혹은 부정적으로 드러나게 된다. 일종의 절망의 알파벳[8]이라 부를 수 있는 것이 논의의 중심에 서 있는데, 절망이 구체적인 형태를 띠고 등장할 때 이 알파벳이 사용되고 있는 것이다. 키에르케고어는 위에서 살펴보았던 '구체적'이란 표현, 즉 자기 자신과 함께 결합하여 성장한다는 것으로 되돌아간다. 다시 말해 '자기 자신이 무한해지면서 자신으로부터 무한히 멀어지게 되는 것이자, 동시에 자기 자신이 유한해지는 가운데 자신에게로 무한히 되돌아오는 것'이라는 표현으로 되돌아가고 있다. 이제 이러한

---

7. [역주] 곧 나오지만 '종합의 규정들'은 실존 과정으로서의 종합이 부정적인 방식, 적절하지 못한 방식으로 이루어진 형태들을 말한다.
8. [역주] 직역하면 '절망의 건반'인데, 여기서 건반이란 절망을 구성하는 기초적인 요소를 뜻하므로 절망의 알파벳으로 번역하였다. 영역본은 이를 직역하여 'keyboard'로 옮기고 있다.(The Concept of Anxiety in Søren Kierkegaard, trans. J. B. L. Knox, p. 95)

전개 과정, 이러한 이중적인 운동이 성공적으로 이루어지지 못한다면, 이는 무한성 혹은 유한성이 일방적으로 두드러지게 되는 상태를 의미한다.

키에르케고어가 무한성의 절망과 유한성의 절망을 묘사하는 두 절의 제목은 각각 "무한성의 절망은 유한성을 결여하고 있는 것이다.", 그리고 "유한성의 절망은 무한성을 결여하고 있는 것이다"이다. 이들 제목에서 엿볼 수 있는 것은 [자기]관계 속에 존재하는 연관성[9]이 부정적인 상태 안에서도 자신을 드러내고 있다는 사실이다. 인간은 이미 유한함과 무한함 사이에 **존재하는** 관계이다. 만약 이 두 이질적 요소들에게 연관성을 부여하는 일이 실패한다면, 이들의 연관성은 이제 부정적인 방식으로 효력을 발휘하게 된다.

그렇다면 무한성의 절망은 어떤 것일까? 논의의 중심에 서 있는 것은 두 가지 개념인데, 바로 환상(Phanstasie)[10]과 가능성이다. 키에르케고어에 따르면, 환상은 한낱 여러 가지 능력 가운데 하나가 아니다. 반대로 환상은 대단히 근본적인 의미를 갖고 있는 능력이다. 왜냐하면 환상은 "무한하게 만들어 주는 매개체"이기 때문이

---

9. [역주] '연관성'은 물론, 무한성과 유한성이란 두 대립된 항의 연관성을 말한다.
10. [역주] '환상'은 '공상'으로 번역할 수도 있다. 하지만 키에르케고어의 말대로, 근본적인 의미를 가진 마음의 능력을 나타내므로 환상으로 옮기는 것이 더 적절하다.

다.(『죽음에 이르는 병』, 27) 환상은 많은 가능성을 바라볼 수 있는 능력이다. 또한 환상과 불안 사이에는 일정한 연관성이 존재한다. 왜냐하면 불안도 가능성과 관계하고 있으며, 게다가 불안이 ── 앞으로 보게 될 것처럼 ── 비록 실패의 가능성처럼 가능성의 부정적 형태이겠지만, 가능성을 선취하거나 환기시킬 수 있기 때문이다. 이미 말한 바와 같이, 두 번째 핵심 개념은 가능성 개념이다. 무한성의 절망은 가능성의 절망에 상응하는데, 이 가능성의 절망에 대해선 나중에 서술하게 될 것이다. 물론 환상 혹은 가능성들을 바라보는 능력이 곧바로 절망을 산출하지는 않는다. 그러나 환상 속에서 자기 자신을 상실할 위험, 키에르케고어의 표현에 따르자면 스스로 "환상적이 될" 위험은 늘 존재한다. "환상적인 차원은 일반적으로, 한 인간을 무한한 차원으로 이끌고 나가는 것, 다시 말해 인간을 자기 자신으로부터 멀리 떨어지도록 함으로써 자기 자신으로 되돌아오지 못하도록 저지하는 것이다."(『죽음에 이르는 병』, 27) 달리 말하자면, 만약 인간이 가능성 속에서 자기 자신을 상실하게 된다면, 이는 자기 자신으로부터 벗어나고 또 동시에 자신에게 복귀하는 이중적 운동이 실패하게 됨을 뜻한다.

그러나 가능성이 인간 삶에서 필수 불가결한 부분이라는 점 또한 명백하다. 오직 많은 가능성을 바탕으로 해서만, 개별자는 숨을 쉴 수 있으며, 자신의 삶이 자리할 수 있는 공간을 발견할 수 있다. 이 세상의 삶은 반드시 열린 가능성의 지평을 갖고 있어야 한다. 나이가 좀 더 어릴 때에는, 이러한 삶의 가능성이 자신에게 열려 있는 무한한 지평처럼 보일 수 있다. 물론 이럴 때 이 지평은 아무것도 할 수 없게 만드는 것이 될 수도 있다. 나이가 좀 더 들게 되면, 가능성의 지평은 대부분 훨씬 더 협소한 형태를 띠게 된다. 그러나 가능성들이 그냥 가능성으로만 머물게 될 때, 다시 말해 어떤 인간이 가능성들과 관계하면서 자신의 태도를 확정하지 못하고, 또 실현하겠다고 결정한 가능성들을 실제로 달성하는 데 실패한다면, 이 가능성들은 그에게 어떤 운명적인 것이 될 수 있다. 이루어지지 못한 가능성들이 자기 삶을 이루는 결정적인 부분이 되어버리는 것이다.

비록 키에르케고어에게 관건이 되고 있는 사태가, 인간이 무한성의 절망 속에서 자기 자신을 상실하여 자신을 위한 어떠한 명확한 규정성도 찾기 못하게 되는 것이라 할지라도(또는 앞서의 표현을 빌리자면, 인간이 자기 자신에게로 되돌아오지 못하게 되는 것이라 할지라도), 그럼에도 어떤 운명적인 것이 이러한 방식으로 절망 속으로 진입해 들어올 수 있다. 이럴 경우 인간은 이를테면, 자신이 되지 못한 것[=가능성] 속에서 살아가는 상태가 되어버리는 것이다.

유한성의 절망은 무한성이 결여되어 있을 때 출현한다. 또는 이에 상응하는 다른 표현으로 말하자면, 필연성의 절망[11]은 가능성

---

11. [역주] 키에르케고어는 무한성의 절망이 무한한 가능성과 본질적으로

의 부재이다. 이것은 인간이 이러한 부재를 스스로 아무런 길이 없는 상태로 감지한다는 것을 의미하지 않는다. 반대로 이러한 유한성의 절망은 스스로를 은폐시킬 수 있는데, 이는 인간이 주어진 환경에 잘 적응할 때이다. 여기서 절망은 "자기 자신을 상실하게 된 데에 있다. 그러나 이 상실은 자기 자신이 무한한 차원 속으로 사라져버렸기 때문이 아니라, 반대로 철두철미하게 유한하게 되어버렸기 때문이다. 다시 말해 이때 인간은 자기 자신 (Selbst)이 되는 일 대신에 하나의 숫자, 수많은 사람 가운데 하나, 똑같은 것의 영원한 반복 가운데 또 하나의 반복이 됨으로써 자기 자신을 상실하고 있는 것이다."(『죽음에 이르는 병』, 29) 이러한 절망에서 인간은 "이를테면 '타인들'의 교묘한 속임수에 넘어가 자기 자신을 빼앗기고" 마는 것이다. 그러나 분명히 기억해야 할 것은, 이러한 일이 사실은 인간이 스스로 자기 자신을 포기함으로써 일어나게 된다는 점이다. 자신을 포기함으로써 인간은 "진정으로 자신의 행복을 성취하기 위해, 사회적 행위와 변화를 그토록 멋지게 수행하게 된다. (……) 마치 구르는 돌처럼 매끄럽게, 순환되는 동전처럼 민첩하게 말이다."(『죽음에 이르는 병』, 30)

여기서 키에르케고어가 신랄하게 비판하고자 하는 것은 이른바 "속물적 시민성"이다. 그는 유한성의 절망에 상응하는 필연성의

연결되어 있는 것처럼, 유한성의 절망에는 필연성의 절망이 엄밀하게 상응한다고 말한다(『죽음에 이르는 병』, 임규정 역, pp. 92-103 참조).

절망을 서술할 때, 이 속물적 시민성에 관해 말하고 있다. 이 절망의 독특한 특징은 결코 절망처럼 보이지 않는다는 것이다. 키에르케고어에게 이러한 상태는 곧 정신의 상실이다. 속물적 시민이 결여하고 있는 것은, 자신의 실패한 관계를 스스로 볼 수 있는 환상의 능력이다. 속물적 시민은 "일이 어떻게 돌아간다든지, 무엇이 여기서 가능한 것인지, 그리고 이런 일이 혼히 일어난다든지 히는 소소하기 짝이 없는 경험의 일람표 속에서" 살아가고 있다. 그의 직업이 "술집 주인이든지 아니면 정치가이든지는 아무 상관 없다. 이런 방식으로 속물적 시민은 자기 자신과 신(Gott)을 상실해 버린 것이다."(『죽음에 이르는 병』, 38)

나약함의 절망과 반항의 절망

절망의 여러 가능한 유형들, 즉 유한성의 절망과 무한성의 절망, 그리고 필연성의 절망과 가능성의 절망에 대한 구조적인 기술은 이제 절망이 취할 수 있는 구체적인 형태들을 분석하기 위한 [이론적] 배경이 된다. 키에르케고어는 일종의 상승선을 그려 보이는데, 이는 자신의 절망 상태에 대해 알지 못하는 "비본래적인" 절망에서 시작하여, 반항적으로 자기 자신을 주장하는 절망에 도달하게 되는 상승의 궤적이다. 이와 유사한 상승 과정이 『불안의 개념』에서도 그려지고 있는데, 두 책 모두에서 [상승]운동은 악마적인 것, 즉 폐쇄성에서 정점에 도달한다. 반항하는 절망은 다름 아닌, 선 앞에서의 불안이 가진 형식인 것처럼 보인다.

나는 이미, 인간이 절망하고 있음을 의식하지 못하고 있는 상태의 절망에 대해서 논의하였다. 우리가 우리 자신이 절망하고 있음에 대해서 전혀 알지 못하는 상태라면, 이는 아마도 우리가 절망하고 있음을 알고자 하지 않기 때문이거나, 아니면 우리가 절망이 우리 자신에 관한 일이라는 것을 알고자 하지 않기 때문일 것이다.

이어서 등장하는 절망의 두 가지 기본 유형은 다음과 같다. 즉 그것은 나약함의 절망(절망한 상태에서 자기 자신이 되고자 하지 않는)과 반항의 절망(절망한 상태에서 자기 자신이 되고자 하는)이다. 그런데 여기서 나약함과 반항이란 현상은 결코 그 의미가 명확한 것이 아니다. 절망 상태에 있으려면, 나약함 안에서도 저항이나 반항이 존재해야 하고, 반항 안에서도 나약함이 존재해야 한다. 가령 어떤 인간이 나약한 인간으로 밝혀진다 하더라도, 이 인간은 그럼에도 나약한 상태에서 반항하거나 집요하게 고집을 부릴 수 있다. 또 반항하고 있는 인간이라도, 자신이 반항하고 있는 바로 그 대상에 대해선 나약하고 종속된 상태에 있다는 사실이 드러날 수 있다.

그럼에도 불구하고 여기에는 나약함의 절망에서 반항의 절망으로 나아가는 상승 운동이 존재한다. 즉 절망 상태에 있음에 관한 의식이 점점 더 강화되어 가는 경향이 존재하는 것이다. 그리고 상승은 단지 나약함에서 반항으로 진행되는 데에만 해당되는 것이 아니라, 이 두 가지 절망의 기본 유형들 안에서도 강화의 경향이 존재한다.

키에르케고어는 나약함의 절망 안에서 두 가지 절망, 즉 한편으로 현세적 차원 혹은 어떤 현세적인 대상에 관한 절망과 다른 한편으로 영원한 것에 대한 절망을 구별한다. 우선적으로 우리는, 누군가에게 어떤 일이 닥치거나 일어날 때, 그가 이 일에 대해서 절망한다고 말한다. 특히 누군가가 어떤 것을 잃어버리게 될 때 그러하다. 이때 어떤 것은 특정한 대상, 예컨대 일자리나 부, 우정, 어쩌면 타인일 수도 있다. 그러나 키에르케고어의 주장에 따르면, 이러한 상실은 절망이 아니다. 만약 문제가 부의 상실과 같은 것이라면, 키에르케고어가 절망을 제한하는 것을 충분히 인정할 수 있을 것이다. 이런 것들이야 어찌 되었든, 고유한 의미의 삶에 대해서는 외적인 것이기 때문이다. 그러나 누군가 사랑하는 사람을 상실했다고 할 때, 왜 이 사람이 절망해서는 안 되는 것일까? 여기서 키에르케고어는 절망과 애도를 구별한다. 사랑하는 어떤 사람을 잃게 되었을 때, 우리는 이를 애도해야 하겠지만, 절망해야 하는 것은 아니다. 왜냐하면 절망은 본질적으로 우리 자신을 향해 있는 것이기 때문이다. 절망은 자기 자신을 포기하는 것 또는 자신의 주위를 맴도는 것을 의미한다.

단지 "어떤 세속적인 대상"에만 관련된 것이 아니라 "세속적 차원" 전체와 관련된 절망은 누군가에게 어떤 일이 닥치는 것에 국한되어 있지 않은 절망이다. 이러한 절망은 개별자의 "내적인 반성(Reflexion in sich)"으로부터 출현할 수 있다.(『죽음에 이르는 병』, 53) 이는 다음을 의미한다. 즉 문제의 관건은 인간이 여기서 보다 더 강력한 정도[12]로 자기 자신에게서 어떤 것과——가령 자신의 재능이 부족하다는 것—— 마주친다는 것, 이를테면 자기 자신을 되돌아보게 만드는 것과 마주친다는 데에 있다. 우리는 인간이 자신의 삶에 대해서 절망한다고 말할 수 있다. 그러나 이러한 자신의 삶이란 바로 이러한 결핍에—— 재능의 결핍—— 의해 형성되어 있는 삶이지, 어떤 다른 삶이 아니다. 만약 이러한 결핍 내지 상실이 절망의 계기가 된다면, 이는 이 결핍 내지 상실에 대해 무한한 중요성을 부여한다는 말이다.

다음으로 영원한 것에 대한 절망으로 나아가게 되는 것은, 단순히 나약함의 절망이 문제되는 데에 그치지 않고, 자기 자신의 나약함에 대한 절망을 얘기하게 될 때이다.(『죽음에 이르는 병』, 61) 영원한 것에 대한 절망은 자기 자신에 대한 절망이며, 자기 자신을 절망하는 것이다. 키에르케고어는 이러한 의미의 차이를 보여주기 위해 절망에 관한 두 전치사를 구별하고 있다. "인간은 자기 자신을 절망 안에 묶어두는 것에 **대해서**(über), 예를 들어 자신의 불행과 세속적 차원, 재산 손실 등등에 **대해서** 절망한다. 그러나 좀 더 정확히 이해한다면, 인간은 자신을 절망으로부터 해방시켜

---

12. [역주] 즉, 세속적 대상에 대한 절망에서보다 더 강력한 정도임을 의미한다.

주는 것에서(an), 예를 들어 영원한 것과 자신의 구원에서, 자기 자신의 능력 등등에서 절망하고 있다."(『죽음에 이르는 병』, 60 주석) 인간은 절망을 야기하는 것에 대해서 절망한다. 하지만 동시에 인간은 희망이나 용기를 포기하는 경우처럼, 절망이 향해 있는 것 자체를 절망하기도 하는 것이다.

영원한 것에 대한 절망에 이르러서야, 한 인간의 절망이 도대체 어떤 존재인지가 분명하게 드러난다. 즉 절망하고 있는 인간이 "영원한 것과 자기 자신을 상실한" 자란 사실이 명확해지는 것이다. (『죽음에 이르는 병』, 61) 절망이 무엇인지에 대한 의식이 증가한다는 것은 다름 아니라, 자기 자신에 대한 의식이 증가한다는 것을 가리킨다.(여기서 의식은 자기 자신의 나약함에 관한 의식이다.)

나약함의 절망 안에서의 운동은 수동적으로 겪는 절망(인간에게 어떤 일이 일어나는 절망)으로부터 보다 더 능동적으로 행위하는 절망(여기서 인간은 자신의 나약함에 대해서 반응하는 상태에 있다.)으로 옮겨간다. 하지만 이 둘 모두 여전히 나약함의 절망 안에 있다. 반면 반항적인 혹은 오만한 절망은 이들과 비교했을 때, 능동적으로 행위하고 있다는 성격이 강하다. 반항적인 저항이라 부를 수 있는 것은 인간이 "자기 자신을 마음대로 지배하고자 시도하는 것, 혹은 자기 자신을 창조하고자 시도하는 것, 자기 자신을 자신이 원하는 자기 자신으로 만들고자 하는 것"이다.(『죽음에 이르는 병』, 68) 문제는 어떤 상실이나 어떤 것의 결여라기보다는, 인간이 자신이 갖고자 하는 자신의 모습을 원하는 것이다.

하지만 반항적인 절망 또한 수동적인 절망이기도 하다. 왜냐하면 인간이 실제 모습 그대로의 자기가 아닌 다른 모습의 존재가 되고자 할 때, 이것은 자신에게 자신이 원치 않는 어떤 것, 스스로 고통 받는 어떤 것이 존재하기 때문이다. 이럴 경우 인간은 자신의 모습을 재창조하고 난 후에야, 비로소 자기 자신으로 존재한다고 여길 것이다. 그러나 인간은 이미 구체적인 모습을 가진 존재, 즉 "이러한 능력들과 자질들 등등을 갖고 있으며, 이러저러한 구체적인 관계들 속에 놓여 있는 존재"이다.(『죽음에 이르는 병』, 68)

그러므로 인간은 이러한 반항적인 절망 안에서도 결국 자기 자신과 마주하게 된다. 인간은 자기에게 있는 어떤 특정한 어려움, 상관하고 싶지 않은 어떤 근본적인 결함에 직면하게 된다. 인간은 이 근본적인 결함에 고착되어 버릴 수 있고, 이 결함을 통해서 현존재에 대해 반항하는 방식으로 자기 자신을 주장할 수 있다. 이런 의미에서도 인간은 절망한 상태에서 자기 자신이 되고자 하는 것이다. 이것은 인간이 이 근본적인 결함으로부터 자유로워지기를 원치 않는다는 것을 의미한다. 인간은 자신으로부터 고통을 받고 있지만, 동시에 이를 또한 원하고 있는 셈이다. 이러한 방식으로 자기 자신에 대한 의식이 강화되는데, 이렇게 의식이 강화될수록 절망의 잠재력 또한 더욱 강력해져서 마침내 "악마적인 차원"에까지 도달하게 된다.(『죽음에 이르는 병』, 72) 언급해야 할 것은, 이때 악마적 차원이 『불안의 개념』에서보다 더욱 강력한 의미를 획득하고 있다는 점이다. 이제 악마적 폐쇄성은 그것이야기하는 고통을 계속 고수하고자 한다. 『불안의 개념』에서는 악마적 차원의 흔적이 모든 개별자 안에 존재한다고 말했지만, 키에르케고어는 이제 악마적인 절망을 이 세계에서 찾아보기가 대단히 힘들다고 말하고 있다.(『죽음에 이르는 병』, 73)

절망에 대한 서술은 자신의 절망에 대해 알지 못하는 절망으로부터 절망하면서 자기 자신으로 존재하려고 하지 않는 절망을 거쳐 반항적인 절망에까지 이르고 있다. 반항적인 절망은 절망하면서 자기 자신으로 존재하고자 하는 절망, 이 절망의 극단적 형태를 좀 더 정확히 말한다면, 악마적인 절망이다. 이러한 상승선은 본래적 의미에서 내면성이 결여된 절망으로부터 점차 폐쇄성이 강화되어가는 절망으로의 운동, 종국에는 내면성이 완벽하게 스스로를 폐쇄하게 되는 절망으로의 운동이다. 『불안의 개념』에서와 마찬가지로, 우리가 만나는 것은 내면성이 사라지거나(167) 또는 내면성이 왜곡되어 버리는 상태, 나아가 폐쇄성에 도달하게 되는 운동이다. 폐쇄성과 내면성 사이를 이렇게 구분하는 일은, 만약 내면성이 내면성으로 유지되고자 한다면 자기 자신을 드러낼 수밖에 없음을 말해주는 것처럼 보인다. 선 앞에서의 불안과 마찬가지로, 악마적인 절망은 선함의 가능성에 대한 반항으로 변화하고 있다. "그것[=악마적인 절망]은 현존을 증오하면서 자기 자신으로서 존재하고자 한다. 악마적인 절망은 스스로 자신의 비참함과 일치하면서 자기 자신이 되고자 하는 것이다."(『죽음에 이르는 병』, 74)

모호성과 균열

나는 이 책을 시작할 때부터 키에르케고어가 불안에 대해 이야기하면서 질문을 던지는 독특한 방식을 지적한 바 있다. 즉 불안이 인간으로 존재한다는 사태에 대해 무엇을 알려주는가를 질문하고 있음에 주목한 것이다. 불안은 한 인간이 어떤 기이하게 복합되어 있는 존재인가를, 동물과 천사 사이에 있는 '중간적 존재'라는 사실을 잘 보여준다. 인간은 모호한 가능성, 즉 자유의 가능성을 가진 존재다. 또한 불안 자체도 모호한 힘이다. 불안은 인간에게 낯선 힘이면서, 인간 자신이기도 하다. 아울러 불안은 인간이 자신에 대해 모호하게 관계를 맺는 데에 있다. 이러한 모호한 방식의 자기관계는 악마적인 차원에 이르러 두 의지 사이의 균열로, 일종의 자기모순 상태로 나타난다.

우리는 모호성에 대한 서술을 좀 더 확장시켜 볼 수 있다. 단도직입적으로 말해서, 자신과 모호하게 관계를 맺는다는 것은, 인간이 자신이 행하는 일을 스스로 취소하는 것, 또는 어떤 일을 원하기는 하지만, 온전히 원하지는 않음을 의미한다. 키에르케고어는 이미 『이것이냐-저것이냐』에서 우울함을 "마음 깊이, 내면적으로 원하지 않는 죄로서" 묘사하였으며, 이러한 우울함이 "모든 죄의 근원"이라고 서술한 바 있다.(『이것이냐-저것이냐』 II, 201) 이보다 앞서서 윤리가 B는 문제가 되는 것이 일종의 중단된 운동이라고 설명하였다. "직접적인 정신으로서 인간은 현세의 삶 전체와 연관되어 있다. 그리고 이제 정신은, 이를테면 이러한 정신 분산으로부터 빠져나와 자기 자신 안으로 집중하고자 한다." "이러한 정신 분산으로부터 빠져나와 스스로에 집중하는 운동, 정신이 자신 안에서 스스로를 천명하려는 운동"이 저지될 때, 이때 우울함이 출현하게 된다.(『이것이냐-저것이냐』 II, 201) 나중에 『죽음에 이르는 병』에서와 마찬가지로, 키에르케고어는 여기서 실패한 운동, 즉 자기 자신과의 연속성을 획득하는 데 실패한 운동을 서술하고 있다. 인간 실존의 과제는 시간이 부분들로 쪼개놓은 인간의 삶 안에서 연관성을 찾아내는 데에 있다. 『이것이냐-저것이냐』에 나오는 우울함에 대한 묘사는 절망에 관한 묘사이기도 하다. 그러나 『이것이냐-저것이냐』에서 절망의 의미는 인간이 자신의 삶을 완전히 변화하는 대상 속으로 해소되게 하거나, 또는 전적으로 변화하는 대상에만 근거하도록 하는 데에 있다. 이에 따라 문제가 되는 것은 우리를 위협하는 허무를 일정한 정도로 은폐하고 있는 절망이다. 여기서 우울함은 절망의 기본 유형이라 할 수 있다. 그리고 우울함 속에는 불안이 자리 잡고 있는데, 이는 우울함이 밖으로 나오려고 하는 어떤 것을 뒤로 밀치면서 억압하고 있기 때문이다. 이 어떤 것[13]이 바로 정신, 즉 자기 자신에 대한 명료함, 다시 말해 인간이 "자신에 대한 의식 속에서 자기 자신을 전유하는" 명료함으로서의 정신인 것이다.(『이것이냐-저것이냐』 II,

13. [역주] 즉 우울함이 나오지 못하도록 억압하고 있는 것을 말한다.

199)

우리는 우울함을 간접적으로 마음의 균열된 상태[14]라 묘사할
수 있다. 그것은 인간이 무언가를 원하기는 하지만, 동시에 전적으
로 "마음 깊이 내면적으로" 원하지는 않는 것이다. 키에르케고어
는 이렇게 균열된 상태에 대해서 다른 저작들, 특히 1847년 3월에
출판된 『종교적 강화』의 첫 번째 부분에서 좀 더 상세하게 기술하
고 있다. 이 첫 번째 부분의 표제는 "어떤 계기를 위한 연설"이다.
이것은 누군가의 신앙 고백을 계기로 한 하나의 연설이다. 이에
상응하여 이 연설은 정신을 내적으로 집중하는 일을 목표로 하고
있다. 연설의 중심 주제가 전적으로 하나를 원하는 일인 것이다.
하지만 연설은 이 주제를 부정적인 방식으로 전개하고 있다. 키에
르케고어는 균열, 즉 전적으로 하나를 원하지 않는 것, 서로 모순되
는 의향을 지니고 있는 것이 취하는 다양한 형태들을 서술하면서
논의를 전개한다. 그런데 우선적으로 키에르케고어는 오로지 한
가지를 원하는 일이 선함을 원하는 것과 동일하다는 점을 확언하
고 있다. 물론 여기서 선함은 다시금 연관성을 산출하는 일로,
그럼으로써 인간이 자기 자신을 받아들일 수 있게 되는 일로 이해
되고 있다. 독자들은 이와 관련, 인간이 악함 또한 한 가지로서
원할 수 있지 않느냐고 반박할는지 모른다. 하지만 악마적 차원에

---

14. [역주] 앞으로 '균열'로 번역되는 말은 이렇게 마음이 균열되어 있는
    상태 혹은 모호하게 균열된 의지를 뜻하는 것으로 이해해야 한다.

대한 서술을 바탕으로 이에 대해 이렇게 대답할 수 있을 것이다. 즉 악함이란 저항과 분란, 다시 말해 균열되어 있는 의지로 규정되어 있다고 말이다.

다시 균열에 대한 서술로 돌아가 보자! 여기서 문제의 관건은 인간이 악을 원한다는 것이 아니다. 반대로 그것은 선을 원하는 것, 하지만 어느 정도까지만, 즉 일정한 정도까지만 선을 원하는 것이다. 인간은 선을 원하고 있다. 하지만 전적으로가 아니라 유보적으로 원하고 있다. 키에르케고어는 마음의 균열된 상태가 취하게 되는 여러 가지 유형을 구분한다. 첫째로 인간은 자신에게 결과로 나타나게 될 것을 위해서 선을 원할 수 있다. 가령 어떤 보상을 위해서 원할 수 있는 것이다. 둘째로 인간은 어떤 처벌의 두려움으로 인해 선을 원할 수 있다. 셋째로 인간은 자기 자신을 통해서 선이 승리하게 되는 것을 염두에 두고 선을 원할 수 있다. 이 경우 선은 인간이 자기 자신을 유지하고 내세우는 데 사용되는 것이다. 인간은 아마도 이러한 세 가지 유형으로 선을 원할 것이다. 그러나 인간은 또 다른 방식으로도 선을 원하고 있다. 키에르케고어는 선을 원하는 네 번째 유형에 대해서 이야기하는데, 이것이 바로 일정 정도까지만 선을 원하는 것이다. 이 네 번째 유형은 균열의 한 가지 독자적인 형태라기보다는 균열 자체의 근본형식이라 할 수 있다. 이미 언급한 바와 같이, 마음의 균열된 상태는 선을 전적으로 원하지 않고 일정 정도까지만 원하는 것이다. 선을 전적으로 원할 수 있음에도 말이다. 이러한 균열 상태는, 예컨대 세속적인 분주함 속에서 드러날 수 있다. 세속적 분주함 속에서 인간은 자기 자신을 집중하기 위한 시간과 평온함을 가질 수 없다. 인간은 아마도 자기 자신이 이러한 분주함의 희생물이라고 느낄 것이다. 그러나 인간은 그럼에도 스스로 이러한 분주함을 찾고 있다. 이런 의미에서 세속적 분주함이란 바로, 인간이 자기 실존의 과제를 삶으로부터 멀리 떼어놓은 한 가지 형식이 될 수 있다. 또 다른 예로, 균열 상태는 선에 대한 감정을 통해서도 드러날 수 있다. 물론 이 선에 대한 감정은 감정적 느낌의 수준을 넘지는 않은 상태이다.

1847년 3월의 『종교적 강화』에서 키에르케고어는 균열 상태 내지 변덕스러움을 절망과 동일시하고 있다. "혹은 어쩌면 절망은 바로 변덕스런 마음이 아닐까. 어쩌면 절망한다는 것은 다름 아닌 두 개의 의지를 갖고 있다는 것이 아닌가!"(『종교적 강화』, 36) 거꾸로 말해서, 이것은 인간이 균열 상태 속에서 자기 자신을 자유롭지 못하게 만든다는 것을 의미한다. 인간이 자기 자신으로 존재하지 못한다는 것을 뜻하는 것이다.

우리는 균열 상태에 대한 묘사를 확장해 볼 수 있다. 왜냐하면 마음의 균열 상태는 —— 인간이 다른 사람들에 대해 선을 행해야 하는 것이어서 —— 다른 사람들과의 관계 속에서 자신을 드러내기 때문이다. 1847년 9월에 출간된 책 『사랑의 역사(役事)』에서 키에르케고어는 다시금 부정적인 현상에 초점을 맞추고 논의를 이어간다. 좀 더 정확히 말해서, 그는 어떻게 사랑이 변화될 수 있는가에, 어떻게 사랑이 다른 것이 될 수 있는가에 초점을 맞춘다. 키에르케고어는 다시 한 번 불안에 대한 이야기로 시작한다. 왜냐하면 직접적인 사랑 속에 어떤 불안이 도사리고 있기 때문이다. 이것은 기이하게 들린다. 왜냐하면 키에르케고어 자신도 말하고 있듯이, 직접적인 사랑은 행복에 넘치고 말로 형언할 수 없는 신뢰를 주는 것이어서, 우리가 이러한 사랑을 불안과 연결시키는 일이 거의 없기 때문이다.(『사랑의 역사』, 34) 그러나 직접적인 사랑에도 변화의 가능성에 대한 어떤 불안이 도사리고 있다. 그것은 사랑이 중단될 수도 있다는, 부정적인 가능성에 대한 불안이다.(『사랑의 역사』, 38) 직접적인 사랑 속에서 —— 사랑은 인간이 그에 대해 명료하지 않은 만큼 직접적이라 할 터인데 —— 인간은 어느 정도 은폐된 방식으로 이 부정적 가능성과 관계를 맺고 있다. 이러한 불안과 동요는 사랑하는 사람들의 갈망 속에서, 즉 지금보다 더 강력하게 서로 결합되고픈 갈망을 느끼는 상태 속에서 자신을 드러낼 수 있는 것이다.

이제 키에르케고어는 사랑이 변화되는 가능성에 관해서 좀 더 상세하게 이야기한다. 사랑이 그 자신 **안에서** 변모되면서, 사랑은 증오가 된다. 증오 안에서도 사랑의 열정이 그대로 유지되고 있기는 하다. 불안에 가득 찬 상태에서, 증오에서처럼 사랑이 내적으로 변화하게 되면, 사랑은 질투가 된다. 반면에 사랑이 익숙한 습관이 되면, 사랑은 변화하면서 이를테면 자기 자신**으로부터** 빠져나오게 된다. 습관이 되면서, 사랑의 열정은 사라진다. 아울러 키에르케고어는 항존하는 가능성으로서 자신을 타인과 비교하는 시선에 대해 서술한다. 타인이 받아들거나 행한 일에 의해 타인을 평가할 때, 인간은 언제나 타인을 자기 자신과 비교하고 있다. 이렇게 비교하는 일은 어떤 병, 즉 시기가 될 수 있는데, 이는 인간 상호 간의 관계가 비교와 평가로 환원되어 버리기 때문이다. 다시금 키에르케고어는 인간이 자기 자신을 자유롭지 못하게 만드는 것에 대해 이야기한다. 시기 속에서 인간은 스스로를 타인에 대한 판정 속에 고착시키고 있으며, 종국에는 시기 자체가 스스로의 원인이 되는 상태가 된다.

그렇다면 이런 현상들에서 어떤 방식으로 균열이 문제가 되고 있는 것일까? 이들 현상이 보여주는 것은, 인간이 다른 사람과 관계할 수 있는 근본적인 가능성들이다. 이들은 인간이 다른 사람과의 관계 속에 있으면서 동시에 자신을 이 관계 바깥에 위치시킬 수 있는 가능성, 그럼으로써 관계 자체를 모호하게 만들 수 있는 가능성들이다. 그러나 이렇게 자기 자신을 유보하는 일이 질투에서는 나타나지 않는 것처럼 보인다. 왜냐하면 질투에서는 인간이 거의 완전하게 점령되어 버리는 듯 보이기 때문이다. 하지만 그럼에도 불구하고 질투에서도 균열 상태가 분명하게 존재한다. 왜냐하면 질투에서 사랑이 불타고 있는 것은 맞지만, 이중적인 방식으로 불타고 있기 때문이다. 다시 말해 질투에서는 사랑이 스스로 점화되고, 또 스스로를 불태워버리고 있는 것이다. 습관[15]과 관련해서 우리는 사랑이 여전히 존재하는 것인가를 물어볼 수 있다.

여기서는 자기 자신을 유보시키는 일, 즉 일정 정도까지만 원한다는 일이 자기 자신과 관계하는 방식 자체가 되어버렸다. 하지만 그럼에도 습관은 사랑이 아직도 계속되고 있다는 인상을 만들어낼 수 있다. 비교를 통해서 우리는 선을 원하고 있는 듯한 인상을 탁월하게 만들어낼 수 있는 것이다. 이러한 비교는 자기 자신의 유보가 효력을 발휘하는 방식일 수 있다. 반면에 증오에서는 선을 행하는 것에 관련된 균열적인 유보가 아니라 오히려 어떤 저항이 문제의 중심이 되고 있다. 이 저항에 의해 마음의 균열 상태는 서로 대립된 두 가지 의지로 나타나게 된다.

자기 안에 갇혀 맴도는 현상들

불안, 절망, 균열 상태가 취하고 있는 여러 다양한 형태들. 여기에 서술된 이러한 현상들은 어떤 결여를 통해 알아볼 수 있다는 의미에서 부정적인 현상들이다. 좀 더 정확히 말해서, 각각 독특한 형식의 부자유라 할 결여를 통한 부정적 현상들인 것이다. 이들의 특징은 개별자가 자기 자신을 자유롭지 못하게 만들고 있다는 것, 자기 자신을 가둬두고 있다는 데에 있다. 다른 개념을 사용하여

___

15. [역주] 여기서 '습관'은 앞서 언급한 습관으로 생기를 잃고 굳어버린 사랑의 상태로 이해된다.

표현한다면, 우리는 이 현상들에 대해서 인간이 자기 자신 안에 갇혀서 맴돌고 있는 현상들이라고 묘사할 수 있다. 이 점은 예를 들어, 질투나 시기를 통해 분명하게 확인할 수 있다. 질투와 시기는 직접적으로 '자기점화와 자기소진'이라는 말로써 그 특징을 잘 포착할 수 있다. 이들은 스스로 자신에게 힘과 영양분을 제공해주는 현상들이다. 자기 안에 갇혀서 맴도는 현상이 이들보다 더 분명하게 나타나는 경우는 악마적 폐쇄성이다. 여기서 의지는 직접적으로 자기 자신 안에서 맴도는 상태에 있기 때문이다. 눈에 잘 띄지 않는 경우는 아마도 균열된 상태로 행위하는 것, 즉 인간이 자신의 행위 안에서 자기 자신을 유보하고 있는 상태일 것이다. 그러나 키에르케고어는 절망 자체를 다름 아닌 마음의 균열 상태, 다시 말해 어떤 것을 원하지만 온전히 전적으로 원하지 않는 상태로 소급하였던 것이다. 균열 상태 속에서 인간은 자기 자신과 일치를 이루지 못하고 있으며, 이런 의미에서 절망하고 있는 것이다.

이제 저절로 질문 하나가 떠오른다. 이렇게 자기 자신 안에 갇혀서 맴도는 현상들에 반대되는 현상은 무엇일까? 우선 우리는 키에르케고어 자신이 밝히고 있는 내용에 충실하게 따라갈 수 있을 것이다. 인간을 폐쇄성으로부터 해방시켜 주는 것은 말 또는 언어이다. 그것은 인간이 어떤 공동체에 참여하게 되는 의사소통이다. 이어 마음의 균열된 상태에 대립된 것으로 나타나는 것은 마음의 단순한 상태(Einfalt)이다. 이 단순한 상태란 직접성의 의미가 아니라, 자기가 하는 일에 대해 하나의 분명한 의향을 갖고 있는 것, 한 가지만을 원하는 것을 의미한다. 다른 사람과의 관계에 있어서 균열된 상태를 제거해 주는 것은 사랑인데, 이때 사랑은 의지의 행위라기보다는 인간 존재 자체에 이미 주어져 있는 것으로서, 인간이 스스로 재발견해야 하는 어떤 추동력(Antrieb)을 뜻한다. 최종적으로 불안과 절망에 직접적으로 대립되어 있는 것으로 규정되는 것은 믿음이다. 나는 나중에 믿음의 문제로 되돌아올 것이다.

한 걸음 더 나아가서 나는 이 점을 주장하고자 한다. 즉 내가 지금까지 개략적으로 살펴본 부정적 현상들에 대한 키에르케고어의 서술, 다시 말해 그의 '부정적 현상학'은 이들 현상에 반대되는 긍정적인 상태를 그 현상들 자체로부터 전개해서 보여주는 강점을 갖고 있다는 것이다. 우리는 부자유가 무엇인지에 대한 묘사를 통해서 자유가 어떤 것인지를 이해하게 된다. 부정적인 현상들은 윤리적으로[16] 규정되어 있다. 이 사실은 단지 악 앞에서의 불안이나 선 앞에서의 불안을 서술하는 대목에서만 명백한 것이 아니다. 그것은 또한 절망을 자기 자신이 되고자 하지 않는 것으로 이해하

---

16. [역주] 늦어도 여기서 키에르케고어의 철학에서 '윤리적'이라는 개념이 뜻하는 바가 어느 정도 분명해진다. 그것은 칸트적인 보편적 의무와 당위의 의미가 아니라, 철저하게 개별자의 실존의 과제란 관점에서 이해되어야 하는 '실존의 윤리'를 뜻한다. 이와 관련해서는 『불안의 개념』 서론에 등장하는 제1의 윤리와 제2의 윤리의 구별을 상기할 필요가 있다.

는 대목에서도 분명하게 드러난다. 키에르케고어는 마음의 균열된 상태를 어떤 원함으로, 즉 분열되어 있는 의향 속에서 선을 원하는 것으로 서술하고 있는 것이다. 우리는 또 다른 관점에서 균열된 상태가 갖고 있는 유보를, 인간이 선함으로 알고 있는 것을 자신의 의무로 삼지 않는 상태로 서술할 수 있을 것이다.

지금까지의 논의로부터 불안의 의미를 묻는 질문에 대해 좀 더 분명하게 답하는 일이 가능해진 걸까? 왜 인간은 스스로 불안해하기를 배워야만 하는가?

5장

자기 자신을 상실하는 것과
자기 자신을 획득하는 것

불안과 절망: 자유의 가능성?

지금까지 명확해진 것처럼, 키에르케고어에게 핵심은 불안의 의미, 즉 불안이 인간 존재에 대해 무엇을 얘기해 주는가에 있다. 제일 먼저 우리가 얻은 답은 인간이 기이하게 복합되어 있는 존재라는 것, 하나의 '종합'이라는 것이다. 키에르케고어는 이를 좀 더 면밀하게 고찰하여, 인간이란 자기 자신(Selbst)이며, 자기 자신이 되어야 하는 과제에 직면한 존재라는 점을 밝힌다. 이를 통해 불안 자체가 이중적이며 모호한 의미를 갖고 있음이 분명해진다. 개별자로서 인간은 불안으로부터 자유로워져야 하지만, 동시에 인간은 또한 스스로 불안해하는 일을 배워야 한다. 왜 이렇게 불안의 이중적인 의미를 얘기하는 것일까?

바로 앞의 4장에서 나는 불안에 대한 분석을 키에르케고어가 서술하는 다른 부정적 현상들, 특히 절망의 여러 현상들과 연관시켜 살펴보았다. 나는 불안에 대한 서술과 절망에 대한 서술, 둘 다에서 상승하는 운동을 확인할 수 있었다. 그리고 두 경우 모두, 상승의 운동이 최종적으로 끝나는 지점은 악마적 폐쇄성이었다. 나아가 악 앞에서의 불안은 나약함의 절망에 상응하고(이것은 절망하면서 악으로부터 자유로워지지 못하는 절망이다), 선 앞에서의 불안은 반항의 절망에(이것은 절망하면서 선으로부터 자유로워지지 못하는 절망이다) 상응하는 것처럼 보인다.(『종교적 강화』, 36) 그러나 여기에 어떤 차이점이 존재하는 것은 아닐까?

문제가 되는 것은 단지, 서로 상응하고 있는 두 종류의 발전경로가 아니다. 왜냐하면 절망에 대한 분석 자체가 불안을 지시하고 있기 때문이다. 이 점은 자신의 절망에 대해 모르고 있는 절망을 서술하는 대목에서 분명하게 드러나고 있다. 이러한 절망에서 불안은 바로 절망이 존재하고 있음을 알려주는 역할을 한다. 그런데 이와 상반된 방식으로, 『불안의 개념』은 최종적으로는 절망으로서의 불안을 서술하는 쪽으로 나아가는 것처럼 보인다. 특히 악마적 폐쇄성의 경우가 그렇다. 이를 좀 더 분명한 방식으로 이렇게 표현할 수 있을 것이다. 즉 절망의 분석이 시작되는 지점에 불안이 함께 등장하고 있다면, 불안의 분석이 최종적으로 도달하는 지점이 바로 절망인 것이다.

이어 질문할 수 있는 문제는 불안이 진정 부정적인 현상인가이다. 불안과 절망 사이의 결정적인 차이는, 불안이 단지 부자유의 현상일 뿐 아니라 자유의 가능성이기도 한 데에 있는 것처럼 보인다. 불안은, 아주 기초적인 방식으로 스스로 자기 자신을 발견할 수 있는 가능성, 다시 말해 인간이 자기 자신을 스스로 자신과 관계를 맺어야만 하는 존재로서 발견할 수 있는 가능성을 드러낸다. 이런 의미에서 우리는 불안에 대한 분석이 절망에 대한 분석에 선행한다고 주장할 수 있을 것이다. 왜냐하면 불안은 자기관계를 발견할 수 있는 가능성을 드러내기 때문이다. 이때 자기관계란 절망의 규정(절망을 실패한 자기관계로 이해할 때) 안에 포함되어 있는 전제를 뜻한다. 이로써 절망은 인간이 자기 자신으로 존재하지 않는다는 부정적인 의미로 고정되어 있는 듯 보인다. 불안이 자유와 부자유의 가능성을 동시에 나타내는 모호한 현상인 반면, 절망은 보다 더 분명하게 부정적인 현상인 것 같다.

그러나 이것이 정말 맞는 말일까? 이미 『이것이냐-저것이냐』에서 B는 이렇게 말한다. "우울함에 대해 전혀 모르는 영혼을 가진 사람들은 변모(Metamorphose)[1]에 대해 아무것도 예감하지 못하는 사람들이다."(『이것이냐-저것이냐』 II, 202) 그리고 키에르케고어는 『죽음에 이르는 병』에서 절망이 하나의 장점인지 아니면 결함인지를 묻는다. 이에 대해 그는 "순수하게 변증법적으로 볼 때 절망은 둘 다"라고 답한다. 절망이 결함이라는 것은 명확하

---

1. [역주] 여기서 '변모'는 인간의 영혼 내지 정신이 겪게 되는 변형의 과정으로 이해해야 한다.

다. 하지만 이 결함은 장점 또한 포함하고 있으며, 그 장점은 심지어 무한하기까지 하다. "이 병의 가능성은 동물을 능가하는 인간의 장점이다."(『죽음에 이르는 병』, 10) 키에르케고어는 『불안의 개념』에서 이와 유사하면서도, 좀 더 명확하게 말하고 있다. 그는 불안을 인간의 불완전함이 아니라(62), 오히려 "인간 본성이 지닌 완전함의 표현"으로 이해해야 한다고 역설한다.(85) 이로부터 우리는 불안에 대한 분석과 절망에 대한 분석에서 공통적으로 나타나는 특징을 잘 설명할 수 있다. 스스로 불안이나 절망으로부터 자유롭다고 주장하는 인간은 정신을 상실한 상태로 간주되어야 한다. 절망으로부터 자유롭다고 주장하는 자 또한 마찬가지로, 아직 스스로를 자기 자신(Selbst)으로 발견하지 못한 자다. 절망으로부터 자유로워질 수 있는 유일한 방법은 스스로 절망으로부터 빠져나오는 것, 다시 말해서 절망을 통과하여 빠져나오는 길뿐이다. 이런 의미에서 인간은 스스로 절망하는 것 또한 배워야 한다고 할 수 있다. 불안만이 아니라 절망도 인간이 자신을 자기 자신으로 인식할 수 있는 배움의 가능성을 제공해 준다. 인간이 스스로 불안해하기를 혹은 스스로 절망하기를 배워야만 한다면, 이는 불안과 절망 모두 자신을 은폐시킬 수 있으며, 또한 불안과 절망을 올바로 이해하는 일이 핵심적 문제이기 때문이다.

불안에 대한 분석과 절망에 대한 분석은 부자유에 대한 이해에서 서로 일치하고 있다. 개별자는 자기 자신을 스스로 자유롭지 못하게 만들고 있으며, '자기 자신을 상실하고' 있다. 또한 두 가지 분석은 목표를 규정하는 데서도 서로 일치된다. 자기(Selbst)로서 개별자는 자기 자신이 되어야 하는 과제 앞에 서 있으며, 개별자가 자기 자신이 되는 것은, 그가 자신과 결합하여 하나의 전체로 성장하여, 온전한 자기 자신을 되찾음으로써 이루어진다. 키에르케고어는 이 두 가지 측면을 성경에 나오는 하나의 공식적인 표현과 연결시키고 있다. 그것은 자기 자신을 획득하기 위하여 자기 자신을 상실한다는 표현이다. 그러나 도대체 어떤 의미에서 인간은 자기 자신을 획득하기 위해 자기 자신을 상실해야만 하는 것일까?

부정적인 것을 경유하는 우회로

인간이 자유를 획득하기 위해서 부정적인 것을 반드시 통과해야 한다는 것. 만약 부정적인 것이 이런 의미를 지닌 것이라면, 이제 다음 질문에 답하는 일이 결정적으로 중요해진다. 도대체 어떤 견지에서 부정적인 것을 이야기할 수 있는 것일까?

나는 이미 여러 방식으로 부정적인 것의 의미를 강조한 바 있다. 그 의미의 스펙트럼은, 인간으로 존재한다는 것에 대한 무지와 무지의 인정에서 시작하여 —— 무지의 인정이 인간 존재에 관한 질문의 출발점이었는데(2장) —— 인간이 자기 자신으로 존재하지 못하는 부자유에까지 이르렀다. 참으로 인상적인 것은, 키에르케고어가 자유 내지 자기 자신이 되는 것에 대해 이야기할 때 언제나 부자유 혹은 자기 자신이 되지 못하는 것에 대해서도 이야기하고 있다는 점이다. 자유에 관한 논고라 할 수 있는『불안의 개념』, 이 책의 중심 내용은 불안에 관한 분석인데, 이때 불안은 뭔가에 의해 사로잡힌 상태의 자유일 뿐 아니라 일종의 부자유이기도 하다. 또한 자기 자신(Selbst)에 관한 논고라 할『죽음에 이르는 병』은 자기 자신이 되지 못한 상태로서의 절망에 대한 분석이다. 이러한 부정적 현상의 우회로가 갖고 있는 핵심적 의미는 어디에 있을까?

자유가 갖고 있는 첫 번째 의미는 부자유를 지양한다는 데에 있다. 진정한 긍정적 자유를 규정하기가 어려운 것은 이러한 긍정적 자유가 부자유의 경험에 대한 응답이란 점과 관련되어 있다. 자기 자신을 자유롭지 못하게 만드는 경험에 대한 응답이란 점과 관련되어 있는 것이다. 진정한 자유는 이러한 부자유가 무엇인지에 대한 이해를 반드시 포함하고 있어야 한다.

두 번째로 자기 자신이 된다는 것은 '자기 자신의 상실'을 요구하는 것처럼 보인다.『죽음에 이르는 병』에서 키에르케고어는 이를 이렇게 표현하다. "자기 자신(Selbst)은 그 자신이 되기 위해서 부서지지 않으면 안 된다."(『죽음에 이르는 병』, 65) 자기 자신은 영원한 것의 도움을 바탕으로 "자기 자신을 획득하기 위해 자기 자신을 상실할 용기"를 갖고 있어야 한다.(『죽음에 이르는 병』, 67) 불안과 절망의 부자유 속에는 인간이 자기인식에 대해 저항하고 있다는 사실이 함축되어 있다. 이런 저항이 겉에 명백히 드러나 있을 필요는 없다. 인간이 자기 자신을 인정하지 않고 있을 때, 이 상태는 종종 자신이 누구인지를 안다고 여기는, 바로 그 생각을 통해서 드러나고 있다. 인간은 정상적인 것의 확실함이나 반항하는 태도 속에서 자신이 누구인가를 알고 또 이를 믿고 있을 수 있다. 후자인 반항하는 태도의 경우, 인간은 자기가 생각하는 대로 자기 자신을 소유하고자 한다. "자기 자신을 마음대로 지배하고자" 하며, "자기 자신의 주인"이 되기를 원하는 것이다.(『죽음에 이르는 병』, 68 이하) 이에 따라 자신이 "부서져 버렸다"는 것은 인간이 자신에 대해 갖고 있던 생각이 붕괴되었음을 의미한다. 이는 인간이 근본적으로 자기 자신에게로 되돌려지는 것을 말한다. 따라서 자기 자신이 된다는 것은, 인간이 어떤 사람이라고 생각하고 상상한, 그러한 '자기 자신을 상실할 것'을 요구한다. 여기서 『이것이냐-저것이냐』에 나오는 표현이 다시 한 번 더욱 명확한 의미를 획득하게 된다. 자기 자신이 되는 것은 인간이 자기 자신을 받아들이는 일을 요구한다. 인간은 우선적으로 자기 자신을 인식하는 것, 자신을 재인식하는 일을 배워야만 한다.

그렇다면 어떤 의미에서 자기 상실이 요구되는 것일까? 인간이 자기 자신을 상실한다고 말할 때, 이 말이 가진 두 가지 의미를 구별하는 일이 중요하다. 첫째로 이 말은 인간이 더 이상 자기 자신을 통제할 수 없다는 것, 더 이상 자기 자신의 주인이 아니라는 것을 뜻한다. 두 번째로 인간은 스스로 자신을 자유롭지 못하게 만들면서 '자기 자신을 상실할 수 있다.' 이때 인간은 자신이 스스로 행하는 일을 통해서 자기 자신을 상실하고 있는 것이다. 예를 들어, 인간이 자기가 되고자 하는 관념 속에 매몰되어 자신을 상실하게 될 때가 그러한 경우이다. 또는 "다른 사람들처럼 되기 위해" 자기 자신을 망각할 때도 그렇다.(『죽음에 이르는 병』, 30) 만약 인간이 이러한 두 번째 의미에서 '자기 자신을 상실하였고', 동시에 이러한 상실로부터 벗어나고자 한다면, 인간은 자기 자신을 완전히 통제하지 못하고 있다는 사실을 반드시 인정해야 한다. 자기 자신이 된다는 것은, 자기 자신과 결합하여 함께 성장한다는 것이며, 그럼으로써 자기 자신을 재인식하게 되는 것을 의미한다. 이를 위해서는 첫 번째 의미에서 인간이 '자기 자신을 상실하는' 일이 요구된다. 다시 말해서 인간이 자기 자신을 통제하지 못한다는 점, 바로 자기 스스로 행한 바에 의해서 자기 자신을 통제하지 못한다는 점을 인정해야 하는 것이다.

키에르케고어는 아주 빈번하게 두 번째 의미에서 자기 자신을 상실하는 것에 대해 이야기한다. 예컨대 『죽음에 이르는 병』에 나오는 다음의 신랄한 대목을 들어보자. "자기 자신을 상실한다는 이 엄청난 위험은 이 세상에서 마치 전혀 아무 일도 아닌 것처럼, 아무런 기척 없이 진행될 수 있다. 그 어떤 상실도 이보다 더 아무 기척 없이 진행될 수는 없다. 그 외의 모든 상실들, 가령 팔이나 다리, 5 달러나 아내를 상실하는 일은 당연히 분명하게 느껴지지만 말이다."(『죽음에 이르는 병』, 29)

자기 자신을 상실하는 일은 가장 큰 위험이자 대단히 경악스러운 일이다. 우리가 여기서 마주하고 있는 것은 두 번째 의미에서 자기 자신을 상실하는 일, 즉 자신이 행하는 바에 의해 자기 자신을 상실하는 일이다. 바로 스스로가 **자신을** 상실하게 되는 경우이다. 키에르케고어는 자주 「마태복음」 16장 26절을 인용한다. "사람이 만일 온 천하를 얻고도 제 영혼에 손상을 입는다면, 도대체 무엇이 유익하리요." 자기 자신을 상실하는 것은 자신의 영혼이 손상되는 것을 말한다. 이것은 용기와 희망을 포기할 정도로 자기 자신을 딱딱하게 굳어지게 만드는 것을 뜻한다. 앞서 살펴본 것처럼, 키에르케고어는 이러한 자신에 대한 포기가 세상에서 성공하는 것, "온 세상을 얻는 것"과 은밀하게 함께 진행될 수 있다는 사실을 강조한다. 심지어 그는 세상에서 성공하는 일이 어쩌면 바로 자신을 포기하는 일의 대가일 것이라고 말한다. 우리는 이미, 자신에 대한 포기가 눈에 띄지 않거나 혹은 스스로를 감출 수 있다는 사실을 살펴보았다. 심지어 인간은 스스로 자기상실을 감지하지 못하도록 만들 수 있다. 인간이 망각하는 것은 다름 아니라 바로 불안이 드러내고자 하는 것이다. 즉 인간이 개별적인 자기 자신이며, 자기 자신이 되어야 하는 과제 앞에 서 있다는 사실이다. 따라서 인간이 포기하는 것은 이러한 과제 앞에 마주서는 일이다. 하지만 인간의 자기존재라는 것이 자기 자신이 되는 과제를 위한 생성의 과정인 한, 이로써 인간이 포기하게 되는 것은 결국 자기 자신으로 존재하는 것 자체이다. 키에르케고어는 이를 "정신의 상실"이라 일컫는다.

이와 달리 첫 번째 의미에서 자기 자신을 상실하는 것은 자기 자신에 대해 주목하게 되는 것을 가리킨다. 하지만 인간이 오직 자기 자신을 마음대로 하지 않을 때 자유로워진다는 것, 이것은 또한 자유 자체가 자기헌신(Selbsthingabe)에 있다는 사실과 반드시 연관되어 있다. 이 점에 대해서는 나중에 좀 더 살펴볼 것이다.

이 책의 시작부터 문제는 불안이 인간 존재에 대해 무엇을 말해 주는가였다. 지금까지의 분석은 단독적인 개별자로서의 인간을 중심에 두고 진행되었다. 한 사람의 인간으로 존재하는 것이 무엇을 의미하는지에 대해, 우리는 오로지 각자가 스스로 알 수 있을 뿐이며, 자기 자신이 되는 것도 오직 각자 스스로 할 수 있을 뿐이다. 그러나 인간은 또한 다른 사람과의 관계 속에서 자기 자신이 되고 있는 것이 아닌가? 이미 폐쇄성, 질투, 시기와 같은 부정적 현상들에 대한 서술이 이러한 지점^{2}을 가리키고 있다고 할 수 있다.

---

2. [역주] 여기서 '지점'은 타인과의 본질적인 관계를 나타내는 지점으로 이해해야 할 것이다.

6장

역사

『불안의 개념』에서 키에르케고어는 이렇게 말한다. "이것에 대한 가장 심층적인 원인은 인간적 실존의 본질적인 차원에 있다. 즉 인간이 한 사람의 개별자이며, 이러한 개별자로서 그 자신임과 동시에 인류 전체이기도 하다는 사실에 그 원인이 있는 것이다."(34) 문장 처음의 대명사 "이것"은 원죄에 관한 인식을 가리키며, 그 내용은 아담을 "공상적으로" 배제하고 있는——즉 "인류의 역사"(31) 바깥으로 배제하고 있는——원죄에 관한 설명이 아무것도 설명할 수 없다는 것이다. 이러한 원죄의 설명이 아무 도움이 되지 않는 것은, "모든 각각의 개별자가 그 자신이면서 인류 전체"(115)라는 사실 때문이다. "인간적 실존의 본질적 차원"에 대해 말하고 있는 이 인용문을 좀 더 면밀히 살펴보는 일은 충분한 값어치가 있을 것이다.

앞서 4장에서 보았듯이, 키에르케고어가 자의적 선택의 자유

(*liberum arbitrium*)라는 개념을 비판할 때, 그 핵심은 선택해야 하는 개별자가 특정한 방식으로 늘, 이미 어떤 주어진 상황 속에 서 있다는 데에 있었다. 개별자는 어떤 역사를 갖고 있다. 이 사실은, 『이것이냐-저것이냐』에서 윤리가 B가 강조하듯이, 자신을 선택한다는 것이 종국에는 자기 자신을 후회하는[1] 일로 귀결되고 있는 데서 드러나고 있다. 그런데 자기 자신을 후회한다는 것은, 개별자가 자신의 역사를 전유한다는 것, 거슬러 올라가면 인류 전체의 역사에 도달하는 자신의 역사를 전유한다는 것을 말한다.[2]

개별자가 본질적인 의미에서 어떤 역사를 갖고 있다는 점은 『이것이냐-저것이냐』에서 좀 더 명확하게 설명되어 있다. 자기 자신을 선택하는 개별자는 "이제 자신이 선택한 자기 자신(Selbst) 이 —— 이 자기 자신이 어떤 역사, 즉 개별자 스스로 자기 자신과의 정체성을 인정하고 있는 역사를 갖고 있는 한에서 —— 내적으로 무한히 풍부한 내용의 다양체를 포함하고 있음을 발견하게 된다.

---

1. [역주] 아마도 '자기 자신을 후회한다'는 표현이 낯설게 들릴 것이다. 보통 우리는 어떤 행위에 대해 후회한다고 말하지, '자기 자신을' 후회한다고는 하지 않기 때문이다. '후회(Reue)'를 물론, '참회'나 '회개'로 번역할 수도 있다. 이럴 경우, '자기 자신을 참회한다 내지 회개한다'는 표현이 훨씬 덜 부자연스러울 것이다. 그러나 윤리가 B가 말하는 '후회' 가 근본적으로 개별자의 보편적인 윤리적 관점을 겨냥하고 있음을 기억해야 할 것이다. 그 때문에 다소 부자연스럽더라도 '후회'로 번역하였다.
2. [역주] 물론 '후회하는 전유'는 지나간 과거를 긍정적이 아니라 부정적인 방식으로 인정하고 받아들이는 것을 말한다.

이러한 역사는 뭔가 다른 종류의 역사라 할 터인데, 왜냐하면 이 역사를 통해서 개별자는 인류의 다른 개별자들, 그리고 인류 전체와 관계를 맺고 있기 때문이다. 이러한 역사는 어떤 고통스러운 일들 또한 포함하고 있다. 하지만 그럼에도 개별자는 오직 이러한 역사를 통해서만 그 자신으로 존재하게 되는 것이다.'(『이것이냐-저것이냐』 II, 229) 이 인용문이 포함하고 있는 표현들은 섬세하게 느껴볼 가치가 있는데, 왜냐하면 여기서 역사와 정체성[3] 사이에 존재하는 결정적인 연관성이 정립되고 있기 때문이다. 개별자가 그 자신이 되는 것은 오직 이러한 역사를 **통해서**이다. 그리고 개별자의 이러한 역사는, (그가 그 자신을 선택하는 한에 있어서) 그가 자기 자신의 정체성을 인정하게 되는 그러한 역사인 것이다. 아울러 개별자는 자기 자신과 마주하게 되는 이러한 역사 속에서 다른 개별자들은 물론, 인류 전체와 관계를 맺고 있다.

또한 이미 본 것처럼, 『불안의 개념』에서도 키에르케고어는 개별자가 역사를 가진 존재임을 강조하고 있다. "매 순간마다 개별자는 그 자신이자 인류 전체이다. 인간을 상태[4]로서 고찰했을 때,

---

3. [역주] 이 '정체성'은 개별자의 정체성을 말한다.
4. [역주] '상태(Zustand)'의 의미를 명확하게 이해하기는 쉽지 않다. 전통적으로 상태는 시간에 따라 변화하는 속성(양태)으로, 이런 의미에서 변화하지 않는 본질 혹은 실체적 본성(인격)에 대비되는 것으로 이해되어 왔다. 가령 칸트, 피히테, 셸러 등의 사상가에게서 그러하다. 하지만 키에르케고어의 인간학은 이러한 실체형이상학적 이원론을 넘어서고자 하기 때문에, 상태를 오히려 근본적으로 모순적-과정적인 실존

이것은 인간이 지니고 있는 완전성이다. 동시에 이것은 하나의 모순이기도 한데, 하지만 모순은 항상 어떤 과제에 대한 표현이며, 이러한 과제는 운동인 것이다. 그런데 과제가 목표로 하고 있는 것은 부과되어 있던 과제와 동일한 것이며, 이러한 과제로서의 운동은 역사적인 운동이다. 따라서 개별자는 역사를 가지고 있다."(35)[5] 개별자가 개인적인 역사뿐만 아니라, 전체적인 역사를 갖고 있다는 것, 따라서 개별자는 본질적인 견지에서 자신의 고유한 역사 자체라는 것을 키에르케고어는 여기에 모순이 놓여 있다는 말을 통해 설명하고 있다. 모순은 그 자체로서 언제나 어떤

상태로 이해해야 할 것이다.
5. [역주] 이 대목을 정확히 번역하고 해석하기는 결코 쉽지 않다. 하지만 '모순', '과제', '운동' 등 세 가지 개념의 의미를 분명하게 판독한다면, 키에르케고어가 얘기하고자 하는 바를 상당 부분 해명할 수 있을 것이다. 우선 '모순'은 한 인간이 누구와도 바꿀 수 없고 비교할 수 없는 개별자이면서도, 동시에 특정한 가족의 일원, 나아가 역사를 공유하고 있는 특정한 민족 내지 전체 인류의 일원이라는 사실 자체의 내적 모순을 가리키는 말이다. 앞서 보았듯, 키에르케고어는 인간의 실존 자체를 대립된 '두 항들 사이의(육체/영혼, 유한성/무한성, 필연성/가능성) 종합'으로 파악하는데, 개별자/인류의 모순 또한 인간 실존을 구성하는 본질적 대립항들로 봐야 할 것이다. 즉 개별자로서의 인간은 매 순간 절대적인 단독자로서의 자기 자신과 인류의 일원으로서의 자기 자신을 서로 견주고 통합시켜야 하는 실존적 과제에 직면해 있는 것이다. 다른 항들의 종합에서와 마찬가지로, 이 종합 또한 개별자 내부에서 긴장감 넘치는 움직임을 촉발하며, 언제든 잘못된 결과를 낳을 수 있는 쉽지 않은 삶의 과제라 할 수 있다.

과제를 표현하고 있다는 것이다.

우리는 여기서 분명 불안에 대한 분석이 밝혀낸 인간에 대한 근본적인 규정에 도달한 셈이다. 그것은 인간이 하나의 종합이라는 규정이다. 우리가 이미 살펴본 것처럼, 이 규정은 개별자가 이질적인 요소들을——그 자신이 이러한 이질적 요소들이기도 한데——서로 연관지어야 하는 과제 앞에 서 있다는 사실과 연결되어 있다. 이질적인 요소들, 즉 정신과 육체의 의미는 성적 차원에 의해 더욱 첨예하게 부각된다. 키에르케고어는 이를 『불안의 개념』의 좀 더 뒷부분에서 방금 인용한 문장과 연관되어 있는 표현들을 사용하여 이렇게 언급하고 있다. "성적 차원에 이르러서야 종합은 비로소 모순으로 정립된다. 하지만 동시에 다른 모든 모순과 마찬가지로, 종합은 또한 하나의 과제로서 정립되게 되며, 이 과제의 역사란 이렇게 정립된 바로 그 순간에 시작되는 것이다."(59)

개별자는 종합으로서의 존재에서 비롯되는 과제 앞에 서 있으며, 이를 통해 역사를 갖게 된다. 개별자의 역사는 종합이 모순으로서 정립되는 바로 그 순간에 시작된다. 이 말은 개별자가 자기 자신을 하나의 문제로서 의식하게 되는 순간——혹은 자기 자신과의 연관성을 하나의 문제로서 의식하게 되는 순간——, 이 순간에 그의 역사가 시작된다는 뜻이다. 그리고 그 과제는 자기 자신과의 연관성을 갖게 되는 것, 달리 말해서 자기 자신과의 연속성과 정체성을 획득하는 일이다. 개별자의 역사란 이러한 과제의 역사인 것이다.(방금 인용한 문장에서 "하나의 과제로서 정립되게 되며,

이 과제의 역사란 이렇게 정립된 바로 그 순간에 시작된다"고 말하고 있듯이) 인간이 자기 자신과의 동일성, 자신의 정체성을 획득해야 하는 과제에 직면해 있다는 점, 다시 말해서 인간이 자기 자신에게 하나의 과제가 되어 있다는 점을 깨닫지 못한다면, 개별자가 무엇인지를 이해할 수 없을 것이다. 이것을 뒷받침하고 있는 것은 실존에 대한 분석이 설명하는 어떤 규정인데, 이 규정은 개별자가 무엇인가가 되고 있는 '생성 과정' 중에 있다는 것이다. 자기 자신이 되어야 하는 한, 개별자는 자기 자신을 향한 생성 과정 중에 있다고 봐야 한다.

따라서 개별자의 역사를 가리키는 역사는 자기 자신이 되어야 한다는 과제에 의해 규정되어 있다. 그리고 키에르케고어에게 이러한 과제는 윤리적 차원의 개념을 이루고 있기 때문에, 역사가 이제 윤리적으로 규정되어 있는 것이다.

이것은 어쩌면 독자들을 놀라게 할 것이다. 왜냐하면 키에르케고어에 대한 통상적인 견해는, 그가 역사에 대해 어떠한 진정한 중요성도 부여하지 않았으며, 어떤 경우에든 역사적 차원과 윤리적 차원을 서로 상반되는 것으로 간주했다고 보기 때문이다.

키에르케고어는 『비학문적 후서』에서 세계사적 고찰 방식과 윤리적 관점 사이의 대립을 강조하고 있다.(예를 들어, 『비학문적 후서』, 123 이하에서) 키에르케고어 내지 클리마쿠스가 세계사적 시각을 윤리적으로 의심스러운 것으로 여길 때, 그 이유는 이러한 시각이 인간 자체가 행동하고 있는 개별자라는 사실을 무시하기 때문이다. 클리마쿠스-키에르케고어에 따르면, 이러한 인간에게 공통된 역사를 세계사로서 고찰한다는 것은, 이 역사를 완결된 것으로 간주한다는 것을 의미한다. 이러한 역사는 완성되어 있으며, 우리 눈앞에 드넓게 펼쳐져 있다. 마치 외부로부터 이를 관찰할 수 있는 듯 말이다. 그럼으로써 체험된 역사[6]는 결코 갖지 못할 그러한 필연성이 이러한 역사에게 부여된다. 그러나 우리는 인간에게 공통된 역사를 이와 다른 방식으로 볼 수도 있다. 『이것이냐-저것이냐』에서 윤리가는 역사를 자유의 규정 아래에서 바라볼 수 있는 가능성에 대해 언급한다. 이것은 "모든 것이 달리 존재할 수 있다"는 관점에서 바라보는 것을 말한다.(『이것이냐-저것이냐』 II, 185) 물론 이렇게 볼 수 있는 것은, 오직 우리가 스스로를 행동하는 개별자로서 이해할 때이다. 다시 말해, 자기 자신을 역사를 갖고 있는 개별자로서 이해할 때만 그렇게 할 수 있는 것이다.

나는 여기서 이 장을 시작할 때 인용한 『이것이냐-저것이냐』의 문장을 다시 한 번 기억하고자 한다. 개별자는 역사 속에서, 즉 자기 자신과의 정체성을 인정하게 되는 역사 속에서 "인류의 다른 개별자들, 그리고 인류 전체와 관계를 맺고 있다."(『이것이냐/저것이냐』 II, 229) 개별자가 **스스로** 역사를 갖고 있다는 사실, 따라서 개별자가 생성 과정 중에 있으며 자기 자신이 되어야 하는 과제를

---

6. [역주] 이 말은 개별자가 자신의 협소한 관점에서 체험한 삶의 역사로 이해해야 할 것이다.

안고 있다는 사실, 이 사실을 바탕으로 해서 개별자는 공통된 역사 안에서 다른 개별자들과 관계를 맺고 있다. 달리 표현하자면, 하나의 공통된 역사가 존재하는 것은 바로 이 과제를 통해서이다. 이 과제는 인간에게 공통적인 과제인데, 개별자 각자가 이 과제에 직면하고 있다는 의미에서 그러하다.

이제 위에서 『불안의 개념』에서 두 번째로 인용한 문장 뒷부분을 보자. 이 문장은 "따라서 개별자는 역사를 가지고 있다"로 끝나는데, 그 다음은 이렇게 이어진다. "그런데 개별자가 역사를 갖고 있다면, 인류 또한 역사를 갖고 있다."(35) 처음 볼 때 이 문장은 사태를 뒤집어 놓은 것처럼 생각된다. 왜냐하면 인류가 역사를 갖고 있다는 것은 너무나 당연한 말이기 때문이다. 이는 개별자의 역사가 인류의 역사 속으로 완전히 해소되어도 무방하다고 할 만큼 당연한 말이다. 반면 이 인용문에서는 인류의 역사가 거꾸로 개별자의 역사로부터 이해되고 있는 듯하다. 하지만 여기서 결정적으로 중요한 것은, 개별자가 그 자신의 역사 속에서 다른 개별자들과 연관되어 있다는 점이다. "모든 각각의 개별자는 동일한 완전성을 갖고 있다. 바로 그렇기 때문에 개별자들은 결코 하나의 숫자와 같이 서로 뿔뿔이 흩어지지 않는다. 이는 인류의 개념이 한낱 망상이 되지 않는 것과 마찬가지다. 모든 개별자들은 각자 본질적으로 자기 자신의 역사에 대해서만큼이나 다른 모든 개별자들의 역사에 대해서 관심을 갖고 있다."(35) 개별자가 정체성을 발견해야 하는 과제 속에서 스스로 역사를 갖고 있다는 사실, 이 사실을 바탕으로 개별자는 "본질적으로 다른 모든 개별자들의 역사에 대해서 관심을 갖고 있다." 이러한 과제에 힘입어서, 이러한 동일한 "완전성"에 힘입어서 공통된 역사가 존재하게 되는 것이다. 이런 의미에서 역사를 열어주는 이해[7]는 윤리적으로 규정되어 있는 것이다. 물론, 우리는 호기심에서 다른 사람들이 어떤 삶을 살았을까에 대해 관심을 가질 수 있다. 다른 사람들의 삶이 어떠했을까를 상상하고 그것을 이해하고자 시도할 수 있다. 이러한 관심은 당연히 호기심의 형태를 띨 수 있다. 그러나 삶에 대한 관심, 즉 삶이 어떻게 달리 펼쳐질 수 있었을까에 대해 뭔가 새로운 것을 경험하고자 하는 관심, 그리고 삶이 실제로 펼쳐진 상태에 대해 놀라움을 경험할 수 있을지 모른다는 관심, 키에르케고어에 따르면 이러한 관심이 가리키는 것은 우리 모두가 각자 직면하고 있는 과제이다. 즉 그것은 삶을 각자 스스로 형성해야 하는 과제를 가리키고 있는 것이다.

이제 독자들은 인류의 역사에 대한 논의가 이보다 더 많은 내용을 내포하고 있을 것이라고 생각할는지 모른다. 왜냐하면 개별자가 자신의 역사를 오직 자신에 대해서만 갖고 있는 것이 아니라, 그 역사가 또한 인류의 역사에 의해 규정되어 있기 때문이다. 이는 앞서 논의한 내용 안에 이미 함축되어 있다고 볼 수 있다. 특히

---

7. [역주] 여기서 '이해'는 개별자의 실존적인 자기 발견과 자기 이해의 과정 전체를 나타낸다고 봐야 한다.

『이것이냐-저것이냐』에서 윤리가가 개별자가 자기 자신을 후회하면서 인류의 역사 또한 스스로 받아들여야만 한다고 주장하는 대목에 가장 분명하게 함축되어 있다. 그러나 이렇게 인류의 역사를 후회한다는 것은 동시에, 인간이 그러한 역사를 자신의 역사로 전유한다는 것을 함축하고 있다. 만약 인간이 인류의 역사를 자신의 역사로 전유하려는 시도를 하지 않는다면, 그러한 역사는 운명으로 남게 된다. 따라서 인간이 자기 자신의 정체성을 획득한다는 것은 일종의 '분리해냄(Absonderung)'[8], 즉 인류의 역사로부터 떨어져 나오는 일을 필요로 한다.

이를 뒷받침해 주는 것이 모든 개별자가 처음부터 다시 삶을 시작한다는 통찰이다. 그것은 개별자가 그때그때마다 다른 사람들과는 전혀 다른 자리에서 처음부터 다시 삶을 시작한다는 통찰이다. 이런 의미에서 개별자는 이미 다른 개별자들의 역사로부터 분리되어 있는 것이다. 키에르케고어가 말하는 이중적인 연관성, 즉 모든 개별자가 그 자신이면서 동시에 인류 전체이기도 하다는 이중적 연관성은 이렇게 표현되기도 한다. 즉 우리는 결코 개별자가 "인류와 무관한 그 자신만의 사적인 무대에서 자신의 작은 역사를 연출하도록 허락"해서는 안 된다. "왜냐하면 인류의 역사는 제 갈 길을 조용히 나아가며, 이 역사 안에서 어떤 개별자도

8. [역주] 이 '분리해냄' 혹은 '분리됨'의 개념에 대해선 다음 7장에서 상세하게 논의된다.

서로 동일한 장소에서 시작하지 않을 것이기 때문이다. 또한 모든 개별자가 처음부터 다시 시작하는 동안, 그는 같은 순간에 역사 속에서 시작해야만 하는 바로 그 장소에 있기 때문이다."(42)[9]

---

9. [역주] 개별자의 자유와 역사의 관계에 대한 키에르케고어의 철학에 대해선 『철학적 조각들』 4장 다음에 나오는 중요한 보론 "지나간 것이 도래할 것보다 더 필연적인가?"를 보라.(*Philophische Bissen*, ed. H. Rochol, Hamburg, 1989, pp. 71-88)

7장
개별자와 보편적인 인간적 차원 *

분리해냄

1장부터 5장까지는 개별자로서의 인간이 논의의 중심에 서 있었다. 그것은 책을 시작하면서 살펴본 두 가지 규정에서 비롯된 결과였다. 불안은 개별자를 홀로 떨어뜨려 놓는다. 그리고 실존이라는 문제가 실존하고 있는 개별자 자신에게 제기된다. 바로 이러저러하게 규정되어 있는 개별자 자신에게 말이다. 우리 모두는 각자 홀로 독립해 있는 존재다. 서로 구별되어 있는 개별적 존재인 것이다. 나아가 인간으로 존재한다는 것이 자기 자신이 되어야 하는 과제에 의해 정의된다면, 이 과제는 키에르케고어가 다양한 논의 맥락에서 '분리해냄(Absonderung)'이라 부른 것을 통해서 이루어지게 된다. 이는 '다른 사람들'에 대해서 개별자가 자기 자신을 분리해내는 일을 가리킨다.

키에르케고어는 이를 감안하여 개별자의 개념 또한, 다양한 맥락 속에서 그 의미를 전개한다. 『불안의 개념』에서 개별자의 개념은 특별히 죄와 연결된다. 키에르케고어는 죄가 "개별자로서의 개별자 안에서 출현한다."(60)고 강조한다. 이것은 "죄가 어떻게 이 세상에 들어왔는지는, 모든 사람이 각자 오직 자기 자신을 통해서만 이해할 수 있다."(61)는 것을 뜻한다. 더 나아가 키에르케고어는 범주로서의 죄가 "정립되는 것은 다름 아니라 개별자가 자기 스스로를 유일한 개별자로서 정립하는 일을 통해서이다."(68)라고 서술한다. 이어 최종적으로 그는 "죄의 개념과 죄성의 개념은 바로 개별자를 개별자로서 정립시킨다."(115)라고 선언한다.

여기서 우리는 반복되고 있는 표현, 즉 **"개별자로서의 개별자"**라는 표현에 각별히 주목할 필요가 있다. 죄 속에서 개별자는 개별자로서 선명하게 두드러지게 된다. 죄는 개별자가 스스로 행하는 발걸음이며, 이 발걸음으로 인해 개별자는 이러저러한 개별자로서 타인들로부터 분리되게 된다. 독자들은 이렇게 질문할 것이다. 무엇에 대한 관계에서 분리된다는 말인가? 답은 전체 세계와의 관계에서이다.(115) 그러나 개별자는 단순히 세계에 대해 대립하고 있는 것이 아니다. 키에르케고어가 말하듯이, 한 인간은 그 자신이며 동시에 인류 전체이다. "그러나 인류라는 개념은 지나치게 추상적이어서 죄와 같은 지극히 구체적인 범주를 결코 정립할 수 없다."(68) 왜냐하면 죄로 인해 개별자는 바로 이 특정한 사람으로서 다른 사람들로부터 분리되는 것이기 때문이다.

앞서 언급했듯이, 『불안의 개념』은 죄에 관한 논고 내지는 죄에 대한 자유의 위상에 관한 논고라 할 수 있으며, 그런 까닭에 책의 중심 문제는 개별자를 '개별자로서' 분리해내는 일이다. 키에르케고어의 전체 저작에서 이 개념들이 어떻게 연결되어 있는가를 추적하는 일은 분명 좀 더 명확한 인식을 위해 도움이 될 것이다. 우리는 이를 우선 『불안의 개념』에 앞선 저작들에 대해서, 이어 이 책 이후에 출간된 저작들에 대해서 추적하고자 한다.

『공포와 전율』에서 개별자의 개념은 윤리적 차원과의 대비 속에서 전개된다. 이때 윤리적 차원이란 보편적인 차원을 뜻한다. 『이것이냐-저것이냐』에서는 윤리적-종교적 차원이 함께 얘기되었던 반면, 『공포와 전율』에서는 윤리적 차원으로부터 종교적 차원을 극단적으로 떼어낸다. 이 분리는 바로 개별자를 보편적 차원으로부터 분리해냄으로써 이루어진다. 이제 거꾸로 이런 방식으로 개별자가 하나의 종교적인 범주가 된다. 개별자는 신과 고유한 관계 속에 놓이게 되며, 신은 이제 다른 어떤 사람에게도 전달할 수 없는 방식으로 개별자에게 말을 건넬 수 있다. 윤리적 차원은 보편적 차원이며, 말하는 것과 공통적인 언어도 보편적 차원이기는 마찬가지다. 그런데 윤리적 차원은, 우리가 스스로를 언어를 통해 표현한다는 의미에서 어떤 외적인 것으로 이해된다. 그리하여 『공포와 전율』에서 중심이 되는 주장은, 개인은 주변세계와 같은 외부적인 것에 대해 "비교 자체가 불가능"하다는 것이다. 각각의 개별자들 속에는 어떤 감춰진 것이 남아 있다는 것이다.

그런데 이를 어떻게 이해해야 할지는 쉽지 않다. 사람들은 이렇게 주장할 수 있을 것이다. 즉 한 인격에게는 자신을 전달하는 능력, 다른 사람들에게 자기 자신을 알려주는 능력만 속하는 것이 아니라, 다른 사람들로부터 벗어나 있는 근원적인 가능성, 즉 다른 사람들이 그를 결코 완전히 알 수 없는 가능성이 함께 속해 있다고 말이다. 인격으로서 존재하는 것은 비밀과 감춰져 있음을 아울러 갖고 있다는 것이다. 그러나 『공포와 전율』의 테제는 오히려 개별자가, 스스로를 상실하지 않으면서 공통의 언어를 통해 자신을 전달할 수 없다는 데에 있는 듯 보인다. 내면적인 것은 외면적인 것에 상응하지 않는다.

이제 『공포와 전율』로부터 『비학문적 후서』로 나아간다면, 우리는 현저한 변화가 일어난다는 것을 확인하게 된다. 여기서도 문제는 계속해서 개별자를 개별자로서 분리해내는 일이다. 이 문제야말로 『비학문적 후서』의 중심 주제라고 말할 수 있다. 특히 이 책에서 "분리해냄"이라는 표현이 각별한 방식으로 사용되고 있다. 개별자가 개별적이 되는 것은, 그가 "다른 사람들"로부터 분리됨을 통해서이다. 그러나 이때 이 분리는 일종의 윤리적인 분리를 나타낸다. 윤리적 차원은 더 이상 개별자에 대해 대립하고 있는 보편적 차원이 아니다. 여기서는 윤리적 차원과 개별자가 서로 긴밀하게 결합되어 있다. 그것도 "윤리적 차원"의 의미가 거의, 개별자 한 사람, 한 사람이 개별적이 되어야 한다는 것을 가리킬 정도로 서로 긴밀하게 결합되어 있다. 나는 윤리적 차원에 관한 다음 장에서 이 문제를 다시 살펴볼 것이다. 그 전에 우리는 두 가지 핵심적인 개념, 즉 개별자와 보편적 차원이란 개념을 면밀하게 고찰해야 한다. 『불안의 개념』에 나오는 '개별자는 그 자신일 뿐 아니라 동시에 인류 전체이기도 하다'는 문장이 이미, 개별자가 보편적 차원을 함께 지니고 있다는 사실을 시사하고 있다. 그러나 동시에 개별자는 자기 자신을 보편적 차원으로부터 분리해냄으로써만 개별자로 규정될 수 있는 것처럼 보인다.

개별자가 되는 것

모든 인간은 한 사람의 개별자, 즉 바로 이러저러한 그 개별자이다.[1] 하지만 이미 언급했듯이, 키에르케고어는 개별자**로서의** 바로 그 개별자라는 문구를 덧붙인다. 이것은 개별자가 바로 그 개별자가 아닌 다른 존재일 수도 있다는 것을 말하는 것처럼 보인다. 혹은 이를 뒤집어서 표현한다면, 개별자가 이제 바로 그 개별자가 **되어야만 한다**는 것을 주장하는 것처럼 보인다.

---

1. [역주] 원문은 'ein Einzelner oder der Einzelne'이므로, 여러 개별자들 가운데 한 사람이거나 아니면 유일무이한 바로 그 개별자라고 풀어서 번역할 수도 있다.

키에르케고어가 점점 더 강력한 어조로 개별자를 이야기할 때, 그 이유는 그가 어떤 위험성을 점점 더 분명하게 인식하기 때문이다. 그것은 각자 누구와도 바꿀 수 없는 특징들을 지닌 개인들 혹은 개별자들이 집단 내지 군중이 되어버리는 위험성이다. 그렇지만 이때 결정적인 것은 이러한 집단 혹은 군중이 실은 순수하게 개별자들로 구성되어 있다는 점이다. 여기서 문제가 되고 있는 독립성의 상실은 개별자가 스스로 겪는 상실이다. 익명성은 바로 개별자가 처해 있는 위험인 것이다. 여기서 "타인들"에 관해 이야기한다면, 이때 본래 문제가 되고 있는 것은 분명하게 개념적으로 파악된 개별자의 어떤 가능성이다. 곧, 다른 사람들을 바라보는 방식에 의해서 자기 자신을 규정되도록 하는 가능성인 것이다. 구체적인 타인들은 한 사람, 한 사람이 독립적인 개인들이며, 어쩌면 이들 또한 자신이 다른 사람들을 바라보는 방식에 의해 자신이 규정되도록 하고 있을 것이다. 이렇게 해서 "타인들"은 일종의 공통적인 추상물이 되어 버린다.

개별자가 된다는 과제의 동기는 무엇보다도 이러한 자기 상실의 부정적인 가능성으로부터 온다. 이 과제가 목표로 하는 것은, 바로 이러한 개별자로서 자기 자신과 마주서는 일이며 스스로를 이렇게 규정된 개별자로서 이해하는 일이다.

많은 곳에서 키에르케고어는 개별자를 자기 저작의 주도적인 범주로 강조한 바 있다. 1847년의 『상이한 성령 속의 종교적 강화』를 보면, "저 개별자"라는 말이 단지 2부 서언에서만 책의 독자로서 등장하는 것이 아니다. 1부, 즉 이미 언급했던 고백 연설 또한 "저 개별자"를 향해 있다. 키에르케고어는 이어 "하나의 개별 자가 되는 것"이란 과제에 대해 이야기한다. 그리고 이를 사람들이 "집단 속에서 움직이는 것"에—이를 통해 사람들은 "결코 스스 로 개별자가 되지 못했는데"—대비시키고 있다.(『상이한 성령 속의 종교적 강화』, 157) 여기서 중요한 것은 다음 사실이다. 즉 비록 모든 개개인이 한 사람의 개별자일지라도, 그럼에도 개개인 에게 주어져 있는 과제는 바로 그 개별자가 되는 일이다. 개별자가 되는 것은 사람들이 스스로 바로 그 개별자가 될 때, 따라서 사람들 각자가 진정으로 홀로 자기 자신이 되는 일을 통해서 이루어진다. 이때 존재하는 부정적 가능성이란 바로, 우리 자신을 바로 그 개별 자로서 발견하지 못하는 가능성이다. 그러므로 결정적인 차이는 우리가 우리 자신을 스스로 어떻게 보느냐에 달려 있다.

키에르케고어는 특히 『저자로서의 나의 활동에 대한 관한 두 개의 각서』에서 개별자 개념을 상술하고 있다. 이 두 개의 "각서" 는 "개별자"라는 공통 제목으로 묶여 있으며, 사후 1859년 출간된 저작 『저자로서의 나의 활동에 관한 관점』에 부록으로 첨부되어 있다. 두 개의 "각서"에서 키에르케고어는 이렇게 지적한다. "그러 나 모든 인간은 분명 하나의 개별적인 인간이다." 그는 여기에 덧붙인다. "모든 인간은, 모든 개개인들 각자가 될 수 있고 또 되어야 한다는 의미에서 개별자이다. 모든 인간은 자신의 영예를 그렇게 개별자가 되는 일에서 가져야 한다. 아울러 모든 인간은 또한 개별자로서 존재한다는 것 속에서 자신의 행복을 발견하게 될 것이다."(『자기 자신에 관한 저작들』, 111) 비록 모든 인간이 한 사람의 개별 인간이라 할지라도, 과연 "그가 진정으로 개별자가 되었는가"는 계속 문제로 남아 있다.(『자기 자신에 관한 저작들』, 112) 여기에는 단독적 개별자가 되지 못하는 부정적인 가능성이 존재한다. 키에르케고어는 "군중 속으로" 도피하는 일에 관하여, 그럼으로써 "비겁하게 개별자가 되는 일로부터 도망치는" 행위에 관하여 이야기한다.(『자기 자신에 관한 저작들』, 101) 중요한 것은 이러한 도피를 감행하는 자가 바로 개별자 자신이라는 점이다!

그러므로 개별자의 개념 속에는—— 이미 개별자이기도 하지만 —— 진정으로 개별자가 되어야 한다는 요청이 놓여 있다. 그런데 이 요청은 보편적 요청인 듯 보인다. 그렇다면 이제 보편적 차원에 대하여, 그리고 윤리적 차원에 대하여 사태는 어떻게 전개되는 것일까?

보편적 차원

『비학문적 후서』에서 인간으로 존재한다는 것은 '우리가 너, 나, 제3자와 같이 각자가 독립된 인간이다'라는 언명을 통해서 서술되어 있다. 그러나 모든 사람이 독립된 인간이라는 언명은 한 가지 일반적인 조건이 아닌가? 앞서 언급했듯이, 『비학문적 후서』의 화자인 클리마쿠스는 여기서 윤리적 차원을 개별자가 각자 직면하고 있는 과제로 규정하고 있다. 실존과 윤리적 차원이 서로 결합됨으로써, 이제 과제는 윤리적으로 실존하는 일이 된다. 윤리적 차원은 개별자가 따로 분리되는 것을 의미하게 된다. 이에 따라 키에르케고어는 이렇게 말한다. "개별적인 인간이 홀로 서는 것을 배우는 일은 윤리적 실존으로 나아가는 데 쓸모가 있는, 일종의 선행 공부이다."(『비학문적 후서』 II, 25)

클리마쿠스는 "윤리적 차원은 모든 인간 각자에게 부여된 최고의 과제이며, 또 계속 최고의 과제로 남아 있게 된다."라고 쓴다. 그러나 그는 곧이어 "윤리적 차원은 삶을 지속하는 영원한 숨쉬기이며, 고독함 가운데서도 모든 개개인들과 함께 화해롭게 공존하는 일이다."(『비학문적 후서』 I, 141 이하) 이러한 공동체는 무엇을 가리키는 것일까? 단지 모든 사람 각자가 독립된 인간이라는 사실, 이 사실의 공통성만을 지칭하는 것인가?

보편적 차원이란 개념을 좀 더 면밀히 살펴보도록 하자. 키에르케고어의 여러 저작을 살펴보면, 이 개념의 의미가 결정적인 변화를 겪는다는 사실을 간과할 수 있다. 『이것이냐-저것이냐』에서 보편적 차원은 한편으로는 윤리적으로 의무를 지우는 것을, 다른 한편으로는 개별자를 규정하고 있는 사회적 여건들을 나타낸다. 더불어 인간이 자기 자신이 된다는 것은 개별자 안에서 보편적 차원을 표현하는 일로 드러난다.

여기서는 보편적 차원이 인간 공동체를 규범적으로 규정하는 것으로 이해되고 있기 때문에, 이 공동체로부터 벗어난 예외 또한 보편적 차원과 대립하고 있는 것으로 나타난다. 문제가 되는 것은 무엇보다도 종교적인 예외인데, 이에 대해선『공포와 전율』이 상세히 논구하고 있다.

그러나 이후의 저작들에서는 보편적 차원에 대한 다른 개념이 등장한다. 이제 문제는 '보편적으로 인간적인 차원'[2]인데, 이는 '차이들'에 대해 저항하는 차원을 뜻한다. '차이들'이란 사람들 사이에 존재하고 있으며, 사회 안에서 누가 다른 사람보다 더 그러한가라는 물음을 유발하는데, 보편적으로 인간적인 차원은 바로 이러한 차이들에 저항하는 차원이다. 다시 말해 보편적으로 인간적인 차원이란, 재능이나 사회적 지위와 관련되어 있는 차이와 무관한 특징을 말한다. 그리고 이것이 바로 윤리적 차원이며, 이는 개별자가 각자 직면하고 있는 과제를 의미한다.

키에르케고어의 비판적인 진단이 인간적 공동체를 두려움의 연합체로 격하시키는 상호 비교와 평가에 대해 점점 더 분명하게 반대하면 할수록, 보편적으로 인간적인 차원은 점점 더 논쟁적인 의미를 얻게 된다. 보편적 차원은 이제 더 이상 예외를 허용하지 않는 차원이 아니다. 오히려 보편적으로 인간적인 차원은 사회적

---

2. [역주] 원어 'das allgemein Menschliche'는 의미와 우리말 표현을 고려하여 '보편적 인간성', 혹은 '보편적 인본성'으로 번역할 수도 있다. 하지만 여기서는 '보편적으로 인간에 속한 것으로 간주되는 것'의 의미를 살리고자 직역을 택했다.

예외를 함께 포괄하고 있는 차원으로 나타난다. 그리하여 예외 또한 다른 의미를 가진 예외가 된다. 이제 예외는 두려움의 연합체가 그에 반대하여 서로 동맹을 맺는 것, 따라서 이 연합체가 밖으로 내쫓는 것이 된다.

동정심(Sympathie)과 연민(Mitleid)

"우리가 오직 자기 자신에 대해 주목하기만 한다면, 우리가 관찰자로서 인간 영혼의 모든 가능한 상태를 발견한다고 할 때, 다섯 명의 남자, 다섯 명의 여자, 그리고 열 명의 어린이만 있다고 해도 충분할 것이다."(147) 왜 하필이면 열 명의 어린이를 말하고 있는가에 관해 여러 가지 추측이 가능할 것이다. 혹시 열 명의 어린이가 다섯 명의 남자와 다섯 명의 여자 안에 감춰져 있는 것은 아닌가? 어쩌면 그렇게 많은 남자, 여자, 어린이들이 전혀 필요치 않은 것은 아닌가? 아무튼 키에르케고어는 『불안의 개념』에서 이미 라틴어 숙어 *"unum noris omnes*(하나를 알면 모든 것을 알게 된다.)"를 인용한 바 있으며, 이 숙어에서 '하나(unum)'는 관찰자 자신으로 이해해야 하며, 따라서 "실제로 모든 것이기도 한 하나를 고수해야 한다."(93, 각주 2)라고 그 의미를 명확히 풀이하고 있다.

『불안의 개념』에서는 모종의 관찰자 혹은 관람자가 등장하여 자신의 유희를 펼치고 있으며, 또한 이 관찰자 혹은 관람자의 연출에 관한 여러 '부언설명'이 책 전체에 걸쳐 산재해 있다. 이런 한에서 이들 부언설명은 독자를 향한 것이기도 하다. 결정적인 것은 방금 인용된 부분에 이미 적시된 것으로 보인다. 바로 우리가 우리 "자신에 대해 주목해야" 한다는 것이다. 이는 우리가 다른 사람들을 관찰할 때 오히려 자기 자신에 대해 주목해야 한다는 뜻이다. 결코 관찰자가 자신의 시선을 내면으로 향해야 한다는 말이 아니다. 오히려 관건은 삶이 우리에게 보여주는 현상들에 대해 충분히 주목하는 일에 있다. 그런데 이렇게 하려면 우리가 우리 자신에 대해 주목하는 일, 곧 다른 사람들을 관찰할 때, 우리가 스스로 자신을 동반하는 일이 요구된다.[3]

여기서 전제되어 있는 것은, 어떤 보편적으로 인간적인 차원의 존재, 즉 관찰자와 남자, 여자, 어린이들을 연결시켜 주는 공통적인 인간적 가능성이 존재한다는 사실이다. 이를 통해서 모든 개별자는, 상술한 바와 같이 다른 모든 개별자들의 역사에 대해 "본질적으로 관심을 갖고" 있는 상태가 된다.

키에르케고어는 동정심에 ── 관찰자는 동정심을 갖고 있어야 하는데 ── 관해 이야기하는 내용을 통해 이러한 사정을 강조하고

---

3. [역주] 이러한 자기 자신을 함께 동반하는 관찰이 바로 자신의 주관적 진리를 찾아가는 진정한 심리학적 성찰과 인식의 방법이다. 이를 가리키는 개념이 바로 '전유'인데, 이에 대해선 위의 2장 '주관성과 (비-)진리' 부분을 보라.

있다. "사람들은 동정심을 가져야 한다. 그러나 동정심이란, 한 사람에게 일어나는 일이 모든 사람에게 일어날 수 있음을 참으로 깊이 고백할 때라야 비로소 진정한 동정심이 된다. 그래야만 사람들은 자기 자신에게, 그리고 타인들에게도 유익한 존재가 될 수 있다. 만약 어떤 정신과 의사가 자신은 영원히 올바를 것이며, 자신이 소유하고 있는 약간의 지성이 사는 동안 일어날지 모를 어떠한 손상에 대해서도 충분히 안전하다고 믿는다면, 그는 어떤 의미에서 환자들보다 조금은 더 현명할지 모르지만, 동시에 이들보다 훨씬 더 멍청하기도 하다. 틀림없이 이런 의사는 많은 환자를 치료할 수 없을 것이다."(64)

이것은 나중에 연민을 향해 제기되는 요구에 의해 좀 더 명확해진다. 이전에는 문제가 우리가 어떤 동정심을 느껴야 하는가에 있었다면, 이제 문제는 어떤 방식으로 우리가 연민을 가져야 하는가에 있다(여기서 연민은 자기 자신과의 관계에서 고통을 겪는 사람에 대한 연민을 의미한다). "보편적으로" 이해되는 의미의 연민은 "고통을 겪는 사람이 좋아지는 데 도움이 되지 못하고, 오히려 사람들은 이러한 연민 속에서 단지 자신의 이기주의만을 감싸고 있다. 사람들은 보다 깊은 의미에서 이러한 일들에 대해 숙고할 용기를 내지 못하며, 자기연민을 통하여 스스로를 구원하려 든다. 오직 연민을 느끼는 자가 자신의 연민 속에서 고통을 겪는 자에 대해서 이렇게 관계를 맺을 때, 곧 여기서 문제가 되고 있는 것이 다름 아닌 바로 자기 자신의 일이라는 사실을 가장 철저하게 파악하는 방식으로 관계를 맺을 때, 그럴 때에만 비로소 연민이 의미를 갖게 된다. 다시 말해서 연민을 느끼는 자가 자신을 고통을 겪는 자와 이렇게 동일시할 때, 곧 연민을 느끼는 자가 고통을 겪는 자를 알리기 위해 싸우면서, 동시에 자기 자신을 위해 싸울 때, 그러면서 일체의 무분별함, 유약함, 비겁함을 거부할 때, 그럴 때에만 비로소 연민이 의미를 갖게 되는 것이다."(140)

양심과 인간의 두려움[4]

1847년의 『종교적 강화』에서 키에르케고어는, 한 인간이 가진 근본적인 의식은 자신이 개별자로서 존재한다는 것에 대한 의식이라고 말하고 있다.(『상이한 성령 속의 종교적 강화』, 141) 이 근본적 의식은 어떻게 드러나는가? 어떤 의미에서 이 의식은 이미 불안 속에서 출현하고 있다. 왜냐하면 불안 속에서 우리는 자기 자신과 직면하게 되는 방식으로, 즉 자기 자신이 되어야 하는 과제 앞에 서 있는 방식으로 홀로 분리되기 때문이다. 근본적 의식은,

---

4. [역주] 곧 밝혀지듯이, 이 '인간의 두려움'이라는 말은, 인간이 어떤 대상에 대해 갖고 있는 두려움이 아니라 인간이 자기 자신과의 관계맺음에서 반드시 견지해야 할 자신의 양심에 대한 두려움 대신 다른 것을 두려워하는 것, 그런 의미에서 자기관계의 실패를 보여주는 병적 두려움을 가리키는 말이다.

설사 우리 자신이 어떤 공동체로부터 고립되거나 배제된다고 해도 드러나게 된다. 그러나 이 의식이 가장 첨예하게 드러나는 것은 아마도, 우리가 스스로를 자기 자신으로부터 구별할 때일 것이다. 이것은 어떤 입장을 취해야 하는 특정인으로서, 스스로 자기 자신과 관계를 맺어야 하는 특정인으로서 직접적으로 자기 자신과 관계를 맺는 때이다. 바로 양심이 그러한 때이다. 좀 더 정확히 말한다면 이렇다. 양심이란 본래 한 사람의 개별자로서, 바로 이 특정한 개별자로서 존재하는 것에 대한 근본적 의식이다. 양심은 다른 사람이 대신할 수 없는, 내 자신에 대한 나의 고유한 관계맺음이다. 이러한 의미에서 나는, 내가 이미 다른 사람들로부터 분리되어 있다는 사실에 근거하면서, 양심 안에서 나를 나 자신으로부터 분리해내게 된다. 양심은 한 사람이 자신과 함께 지니고 있는 앎, 즉 한 사람이 그 근거를 캐물을 수도 없고 회피할 수도 없는 자기 자신에 대한 의식이다.[5] 그렇기 때문에 키에르케고어는 이렇게 쓴다. "너와 양심은 하나이다. 양심은 네가 아는 모든 것을 알고 있으며, 네가 양심을 알고 있다는 사실도 알고 있다."(『상이한 성령 속의 종교적 강화』, 137) 한 인간이 "자신의 양심을 완벽하게 마비시키는" 끔찍한 일도 일어날 수는 있다. 그러나 키에르케고어는 이에 덧붙여 "하지만 한 인간은 그 **자신의** 양심에서 벗어나지는

---

5. [역주] 여기서 양심(良心)의 라틴어 어원이 '함께 갖고 있는 앎'을 의미하는 'con-scientia'라는 사실을 기억할 필요가 있다.

못한다. 그 자신의 양심은 자신의 것으로, 혹은 좀 더 정확히 말해서 바로 그의 것으로 남아 있다."(『상이한 성령 속의 종교적 강화』, 135) 우리는 앞서, 인간이 자신의 양심에 대해 귀머거리가 된다는 것을 "스스로를 경화(硬化)시키다"라고 칭한 바 있다. 그리고 이는 사람들 자신이 스스로 행한 결과로 나타난다.

그러므로 우리는 이미 자기 자신과 관계를 맺고 있으며, 자신에 대한 이러한 의식, 즉 양심을 더 이상 캐물을 수 없다. 그럼에도 우리는 "양심의 목소리"를 회피하려 할 수 있다. 이것을 가장 쉽게 하는 방법은, 우리가 어떤 다른 것을 듣거나, 어떤 다른 것을 말하거나, 아니면 자신의 마음을 다른 사람들이 말하는 것을 향하도록 하는 것이다.

여기서 키에르케고어는 두 가지 종류의 두려움에 대해 이야기한다. 한편으로는 사람이 두려워해야 하는 것, 즉 "양심의 목소리"를 두려워하지 않는 병이 있고, 다른 한편으로는 사람이 두려워할 필요가 없거나 두려워해선 안 되는 것을 두려워하는 병이 있다. 후자의 병이 "비겁함, 비굴함, 위선"이다.(『상이한 성령 속의 종교적 강화』, 52) 키에르케고어는 이를 다른 저작에서는 "인간에 대한 두려움"이라 부른다. 이러한 인간에 대한 두려움이 반드시 다른 사람들과의 모임을 회피하는 방식으로 나타날 필요는 없다. 오히려 그것은 사람들이 그러한 모임에서 너무나 매끄럽게 움직이고 있는 데서 드러난다. 키에르케고어는 첫 번째 종류의 두려움을 끔찍하다고 부른다. 하지만 그가 보기에 두 번째 종류의 두려움이 첫 번째보다 훨씬 더 나쁘다. 첫 번째 두려움이 저항과 완고함이라면, 두 번째 두려움은 비겁함이다. 여기서 떠오르는 질문은 혹시 두 종류의 두려움이 상호 연관되어 있는 것은 아닌가이다. 무릇 첫 번째 종류의 두려움이란 명백하게 드러나는 저항일 수밖에 없지 않은가?(그리하여 우리가 무엇을 해야 하는지를 말해주는 목소리를 거역하는 것이 아닌가?) 사람들이 양심의 목소리를 무시할 때, 그때 사람들은 마찬가지로, 아니 심지어 더욱 더 분명하게 비겁한 것은 아닌가? 실제로 사람들은 스스로 잘 적응해 가면서 양심의 목소리를 무시하고 있는 것은 아닌가? 사람들은 어쩌면 다른 사람들을 직접 따르는 것은 아닐지라도, 자신들의 생각에 다른 사람들이 그래야 한다고 여기는 것을 따르고 있는 것은 아닐까?

여기서 비록 부정적인 방식이긴 하지만, 개별자로서 홀로 존재해야 하는 과제와 다른 사람들에 대한 관계 사이에 존재하는 연관성이 다시 한 번 드러난다. 여기서 다른 사람에 대한 관계는 보편적으로 인간적인 차원에 의해 규정되어 있다.(이것은 키에르케고어가 인간의 공통적인 과제라 칭한 의미이다. 즉 바로 다른 사람과의 관계에서 필요한 일인, 자기 자신을 주목하는 과제를 뜻한다.) 이러한 연관성이 긍정적인 견지에서 볼 때도 존재하는 것일까?

언어

이미 토론한 것처럼, 키에르케고어가 『불안의 개념』에서 악마적인 폐쇄성에 대해 묘사할 때 그는 언어에 결정적인 역할을 부여한다. 이 폐쇄성에 긍정적으로 반대되는 것으로서 말이다. 키에르케고어는 이렇게 쓴다. "폐쇄되어 있는 것은 바로 침묵하는 것이다. 반면 언어와 말은 바로 구원해 주는 것, 곧 폐쇄성의 공허한 추상으로부터 구원해 주는 것이다."(145) 이 문장 바로 앞에서 그는 자유는 "끊임없이 소통하고 있는" 것이라 주장한다. 또한 그는 괄호 안에, 자유에 대한 이러한 정의에서 사람들이 소통이란 말이 가진 종교적 의미를(종교적인 성찬식에 참여하는 일) 충분히 함께 떠올릴 수 있다고 덧붙인다. 이어지는 논의 주제는 계시(선한 것의 가능성), 그리고 자기 자신의 분명한 알려짐이다. 악마적인 것에서는 서로 상충되는 두 의지가 대립하고 있으므로, 이런 한에서 악마적인 것은 마지못해 스스로를 드러낼 수밖에 없다. 악마적인 것이 알려지는 것은 바로 선한 것으로서의 자유, 자신의 외부에 있는 것으로서의 자유와 "소통하게 되는 일"을[6] 통해서이다. 이에 상응하여 키에르케고어는 "무릇 언어 속에 소통이 놓여 있다."(146)고 말한다.

---

6. [역주] 이 외부에 있는 '자유'와의 소통은 겉으로 전혀 드러나지 않은 채, 매우 은밀하고 간접적인 방식으로 이루어지고 있다고 봐야 한다.

우리는 키에르케고어가 말하는 언어가, 사람들이 서로 말하면서 사용하는 일상적인 언어를 뜻하는가를 물어볼 수 있다. 여기서 소통이란 다른 사람과의 어떤 관계를 뜻하는 것일까? 또는 종교적인 함의라는 것이, 어쩌면 단지 함께 떠올려야 하는 정도가 아니라, 오히려 가장 결정적이라 할 수 있을 정도로 대단히 중요한 것은 아닌가? 이미 지적한 바와 같이, 키에르케고어는 이후 종교적인 의미가 결정적으로 중요하다는 것을 보여준다. 악마적인 것은 인간에게 외부로부터 선사되는 선함 내지 구원에 대해 반항하는 것이다. 그러나 동시에 이러한 저항은 전적으로 인간 언어라는 맥락 속에서 벌어지고 있다. 악마적인 것이 돌발적으로, 마지못해 자신을 드러내는 것은 악마적인 사람이 스스로 "자백할" 때이다. 그리고 소통은 "연속성"에 대한 표현이다. 곧 단지 개별자 스스로의 연속성뿐만 아니라 "남아 있는 삶과의 연속성"도 표현하고 있는 것이다.(152)

언어가 소통을 가능케 하는 것이라 할 때, 말한다는 것은 자연스럽게 인간이 자신을 타인에게 알려주는 일로 이해할 수 있을 것이다. 말하는 것은 자기 자신을 표현하는 일이다. 그러나 사태가 이렇게 단순하지는 않다. 소통이 언어 속에 근거하고 있다는 키에르케고어의 주장은 어떤 저항과 관련되어 있다. 즉 자신을 알려주는 것에 대한 저항과 관련되어 있는 것이다. 그러한 저항도 마찬가지로 언어 속에서, 게다가 여러 상이한 언어의 형식들 속에서 자신을 드러낸다. 악마적 폐쇄성에 있어서 저항은, 자기 자신을 전달하는 일이 마지못해 일어나는 것을 통해서 드러나고 있다. 그것은 통상적으로 이야기되는 것과의 돌발적인 단절을 통해서 드러나고 있는 것이다. 키에르케고어가 나중에 『죽음에 이르는 병』에서 절망이란 "일상적인" 것이라고 주장할 때, 그는 한 인간이 일상적으로 자신에 대해 말하고 있는 것에 주의를 기울이고 있다. 인간은 스스로 말하는 것을 통해서 자기 자신을 숨기려 할 수 있다. 심지어 자기 자신을 자기 눈앞에 두고서도 말이다.

따라서 말하기는 자기 자신을 알리지 않을 가능성 또한 포함하고 있다. 이어지는 질문은 혹시 한 인간이 자신을 단지 간접적으로만 알리는 것은 아닌가 하는 것이다. 한 인간이 자신이 말하는 내용으로 어떤 다른 것, 직접적으로 말할 수 없는 것을 표현하는 방식으로 말이다. 도대체 소통이란 침묵 또한 요구하는 것은 아닌가?

키에르케고어는 침묵에 대해 상이한 평가를 내리고 있다. 『공포와 전율』에서 윤리적 차원은 전달 능력에 대한 요구와 동일시되고 있는 반면, 종교적 차원은 개별자를 보편적인 것의 바깥으로 밀어내는 침묵과 연관되어 있다. 이와 달리 『불안의 개념』에서는 소통이 종교적 차원을 위한 쪽에 있다. 선한 것은 본질적으로 전달이며 계시이다. 반면 침묵은 악마적인 것이 되는 것처럼 보인다. 하지만 키에르케고어는 악마적인 폐쇄성과는 다른 폐쇄성, 곧 자신을 드러낼 시점을 기다리는 폐쇄성을 구별하고 있다. 그는 침묵이 악마적인 특성들을 갖게 될 위험이 있다는 점을 『공포와 전율』에서도 인정하고 있다.

그러나 이어서 우리는 혹시 성공적인 소통 안에도 피할 수 없는 침묵이 존재하는 것은 아닌가라고 물을 수 있다. 이때 침묵은 인격적 존재 속에 함께 속해 있는 저 비밀을 가리키고 있는 침묵일 것이다. 어쨌든 키에르케고어는 우리 각자가 자신의 개인적 역사를 가진 인격이라는 사실, 그리고 이 사실이 우리가 하나의 공통된 역사를 가질 수 있는 조건이라는 점을 강조하고 있다.

8장

윤리적 차원

윤리적 선택

보편적으로 인간적인 차원은 모든 개별자에게 부과되어 있는 공통된 과제로 이끈다. 곧 각자 개별자가 되어야 하는 과제로 이끄는 것이다. 키에르케고어는 이 과제를 "윤리적 차원"이라 부른다. 앞서 상술하였듯이, 윤리적 차원은 개별자가 직면하고 있는 최고의 과제이다. 개별자에게는 여기서 특별한 재능이 요구되지 않으며, 따라서 개별자들 사이의 차이도 불필요하다. 이와 관련하여 문제의 관건이 되는 것 또한 마찬가지로 공통적인 과제이다. 그러나 처음 볼 때는, 자기 자신이 되는 것, 하나의 개별자가 되는 것이 윤리적 차원이라고 주장하는 것은 이상하게 들릴 수 있다.

우리는 이 책의 여러 곳에서 윤리적 차원에 관한 질문에 봉착하였다. 키에르케고어가 줄기차게 **윤리적 차원**(das Ethische)에 관하여 말하고 있는 사태 자체가 이미 우리의 주목을 요구한다. 윤리학은 어떤 특정한 태도나 시각 안에 통괄되어 있으며, 이는 무엇보다도 『이것이냐-저것이냐』에서 (3장에서 언급했듯이) 분명하게 나타난다. 여기서 키에르케고어는 윤리학의 범주인 선택에 대해 말하고 있다. 나는 이미 앞에서, 키에르케고어의 이후의 저작들을 보면, 윤리적 차원의 의미가 달라지는 듯 보인다고 지적하였다. 키에르케고어 스스로도 『불안의 개념』에서, 윤리적 차원의 여러 의미들을 서로 구분하지 않으면 안 된다는 점을 언급하고 있다. 『불안의 개념』 서문에서 그는 자신이 제1윤리학과 제2윤리학이라 부르는 것을 서로 구별한다. 우리에게 중요한 것은 무엇보다도, 키에르케고어가 말하는 제2의 윤리학의 의미를 정확히 이해하는 일이다. 그러나 그 전에 먼저 위에서 간략히 다루었던 여러 상이한 의미들에 대해 살펴보아야 할 것이다.

『이것이냐-저것이냐』에서 윤리적 차원의 개념은 심미적인 것에 대립하고 있는 삶의 단계 혹은 인생관으로 전개되고 있다. 윤리가 B는 자신의 범주인 선택에 관해 이야기하고, 이를 다음과 같이 명확히 기술한다. 즉 선택에서 문제의 핵심은 선과 악 사이의 근본적인 윤리적인 선택이다. 그런데 이 근본적인 윤리적 선택은 윤리적 차원으로 이끌어가는 것으로서, 선과 악 사이를 선택하는 것을 선택하는 일이다. 우리는 이를 이렇게 이해해야 한다. 바로 '선택'에서 선과 악 사이를 선택하는 일에 결정적인 중요성이 부여되고 있는 것이다. 개별자는 자기 자신을 선택한다. 그가 이를 행하는 것은, 그가 선택의 선택을 통해서 스스로 윤리적인 선택에 대해 결정적인 중요성을 부여함을 통해서이다. 개별자는 자기 자신을, 선택해야 하고 윤리적으로 행동해야 하는 한 사람으로서 선택하고 있는 것이다.

이것은 윤리적 차원에 대한 이중적인 근거지움인 듯 보인다. 왜냐하면 윤리적 차원이란 관점 자체를 선택의 문제로 만들고 있기 때문이다. 그렇다면 윤리적 차원의 선택 자체를 근거지우는 것은 대체 무엇인가? 여하튼 B는 자신이 심미적인 무차별성에 대항하여 윤리적 관점을 위한 논점을 찾을 수 있다고 생각한다. 그의 논점은 오로지 윤리적인 선택만이 개별자의 삶에게 연속성을 제공할 수 있다는 것이다. 개별자는 오직 윤리적 선택 속에서만, 자기 자신이 내적으로 흩어져버리게 되는 것을 모면할 수 있다.

윤리가 B에게 자기 자신을 선택한다는 것은 자기 자신을 후회한다는 것을 뜻한다.[1] 그리고 앞서 보았듯이, 이것은 자기 자신을 되찾는 것, 다시 말해 뒤쪽으로 인류의 역사적 삶에 닿아 있는 자신의 삶을 획득하고 전유하는 일을 의미한다. 자기 자신을 선택하는 일은 죄책이 있는 존재로서 자기 자신을 발견하는 일이다. 그런데 이렇게 자신을 스스로 받아들이는 일 안에 자유가 존재한

---

1. [역주] '자기 자신을 후회한다'는 말은 일반적인 표현이 아니다. 하지만 키에르케고어가 윤리적 선택을 통해 강조하고자 하는 것이 윤리적인 관점에서 자기 자신을 되찾는 것, 자신의 삶의 연속성을 획득하는 것에 있기 때문에 우리말 표현이 어색하더라도 직역하고자 한다.

다. 그렇기 때문에 언뜻 볼 때 기이하게 들림에도, B가 죄책과 자유를 연결시킬 수 있는 것이다. 그렇지만 죄책과 자유의 연결은 후회의 운동이 성공하느냐에 좌우되며, B는 바로 이러한 경우가 진실임을 전제하고 있다. 급진적으로 자신을 후회하면서, 개별자는 자기 스스로 자신을 획득하게 된다. 개별자는 자기 자신에 의해 '정립된 존재'인 자신에게 되돌아온다. 그는 스스로를 자신의 참된 소유물로 만들고 있다.

그러나 여기서 반드시 주목해야 할 것은 B에게 어떤 열려진 문제가 존재한다는 사실이다. 후회를 실행하는 일은 자신에 대한 투명성을 획득하는 일이다. 그런데 동시에 B는, 인간 안에는 스스로 자신에 대해 투명해지기를 원치 않는 근본적인 경향이 존재한다고 말한다. B는 심지어 이러한 경향을 원죄(原罪)와 연관시키고 있다.

제1의 윤리학과 제2의 윤리학

이후 『불안의 개념』이 급진적인 변화를 가져온다. 우선 『불안의 개념』은 윤리적 차원을 하나의 전인적인 인간이 되어야 하는 과제로 규정하는데, 이 과제는 모든 개별자 각자에게 부과되어 있다.(21) 하지만 이어서 이 책은 **제1의 윤리학**과 **제2의 윤리학**을 구별한다. **제1의 윤리학**을 이루는 핵심적 특징은 이상으로서의 선을 실현하고자 하는 개별적인 노력이다. 그러나 이러한 윤리적인 노력은 "후회의 도움으로" 죄의 현실성에 직면하면서 실패로 끝나게 된다.(22) 후회를 통해 자기 자신으로 되돌아가면서, 자기 자신을 '획득하는' 일이 이제 더 이상 불가능해진 것이다. 그 대신 자기 자신을 후회하려는 시도가 이제 악 앞에서의 불안 속으로 빨려들게 된다.

제1의 윤리학이 좌초한 바로 이 지점에서, 다시 말해 죄의 현실성이란 지점에서 **제2의 윤리학**이 출발한다.(24) 윤리적 차원을 이루고 있는 과제, 즉 '전인적으로 건강해지는 것' 혹은 자기 자신이 된다는 과제가 폐기된 것은 아니지만, 이 과제가 이젠 아무 문제없이 직접적으로 실현될 수는 없게 된 것이다. 개별자는 스스로 자신을 '정립시키는' 데까지 도달할 수 없다. 이제 문제가 되는 것은 도대체 제2의 윤리학이 연관되어 있는 것이 무엇인가라는 것인데, 『불안의 개념』은 이에 대해 거의 아무런 언급을 하지 않는다. 대신 우리는 『사랑의 역사(役事)』를 살펴볼 것이다. 비록 이 책에 '제2의 윤리학'이라는 용어가 등장하지는 않지만 말이다. 그런데 그 전에 『비학문적 후서』에 대해 몇 가지 언급해 둘 것이 있다.

『비학문적 후서』에서 윤리적 차원은 단지 어떤 삶의 단계나 특정한 인생관을 가리키지 않는다. 오히려 윤리적 차원은 실존하는 자가 직면하고 있는 과제, 즉 자신의 실존을 넘겨받아야 한다는 과제를 뜻한다. 이 과제는 우리가 받아들이거나 그냥 놔둘 수 있는 그런 과제가 아니다. 왜냐하면 이 과제 자체가 개별자로서 존재한다는 사실에 속하기 때문이다. 『공포와 전율』에서는 윤리적 차원이 보편적인 것과 동일시되었으며, 개별자는 보편적인 것 바깥에 서 있는 존재로 나타났다. 이와 달리 『비학문적 후서』는 윤리적 차원과 실존을 결합시키고 있으며, 이에 따라 윤리적 차원이 개별자를 '타자들'로부터 분리해내고 있다. 그러나 윤리적 과제에 의해 규정되어 있는 인간의 실존에는 이중적인 방식으로 어떤 '전조가 드리워져' 있다. 다시 말해 인간의 실존에는 어떤 죄의 현실성이 스며들어 있는 것이다. 어떻게 이러한 특징이 윤리적 과제를 규정하고 있을까?

『사랑의 역사』는 윤리적인 요청을 분명하게 지적하고 있으며, 이를 다음 통찰과 결합시키고 있다. 즉 이 요청을 사랑의 과업을 실천해야 하는 개별자가 한 사람의 종속되어 있는 자기, 이미 '정립되어 있는'[2] 자기라는 통찰과 결합시키고 있는 것이다. 개별자는 어떤 주어져 있는 존재이며, 사랑이라는 근본적인 충동을 지니고 있다. 이미 힘을 발휘하고 있는 사랑이 개별자의 실존을 이끌어가고 있다.(키에르케고어는 사랑이 "근원적으로(im Grunde)" 존재하고 있다는 표현을 사용한다.)

---

2. [역주] '정립되어 있는'이란 수동적인 표현은 개별자의 자아 내지 자기 자신이 그 본질적인 가능성과 근원적인 원천에서 볼 때 결코 자립적이며 능동적인 존재가 아님을 가리키고 있다. 이에 대해선 특히 『죽음에 이르는 병』의 도입부를(임규정 역, pp. 55-58) 보라.

여기서 얘기되고 있는 윤리학이란 어떤 의미인가? 키에르케고어는 윤리적 차원이 개별자를 각별히 분리해낸다는 점을 명확히 한다. 하지만 윤리적 차원의 요청은 관점의 변화를 불가피하게 만드는 방식으로 개별자를 향해 있다. 사람들 각자가 하나의 '너', 즉 누군가가 말을 붙이는 개별자가 된다. 왜냐하면 윤리적 요청은 이제 사람들 각자가 스스로를 이웃의 이웃으로서 보여주어야 한다는 요청이기 때문이다. 이웃을 사랑하라는 요청은 의무, 즉 보편적인 요청이다. 그러나 윤리적 차원은 항상 보편적인 것이 아닌가?

앞선 장에서 나는 키에르케고어에게 보편적인 것에 대한 또 다른 윤리적 개념이 있다는 점, 즉 종교적 예외에 대립되어 있는 것과는 구별되는 윤리적 개념이 있음을 보여주려 했었다. 그것은 보편적인 인간적 차원을 뜻하는 보편적인 것의 개념이었다. 이러한 보편적인 인간적 차원은 각각의 개별자에게 부과되어 있는 기본적인 윤리적 과제로서, 그를 통해 각각의 개별자가 자기 자신이 되는 것, 바로 이러한 특정한 개별자가 되는 것이다. 이 과제는 어떤 특별한 준비나 위상도 필요로 하지 않는다는 의미에서 '동등한' 과제이다. 그러나 보편적인 인간적 차원은 다른 사람에 대해 제기되는 요구 속에서도 그 모습을 드러낸다. 왜냐하면 여기서 제기되는 요구란, 다른 사람과의 근본적인 동등함 내지 다른 사람과의 연속성을 알아야 한다는 요구이기 때문이다. 따라서 제2의 윤리학이 가리키는 바를 규정하기 위해 우리가 반드시 파악해야 할 것은 윤리적 차원이란 개념의 두 가지 의미이다. 하나는 한

사람이 스스로 개별자가 되어야 한다는 기본적인 요구를 말하는
윤리적 차원이며, 다른 하나는 근본적인 인간적 동등함을 가리키
는 보편적인 인간적 차원의 개념이다.

자기애와 이웃사랑

윤리적 차원의 개념은 누차 계속해서 인간이 자기 자신이 되어
야 한다는 과제로 규정되었다. 우리는 왜 이 과제가 윤리적인지,
나아가 어떻게 이 과제가 윤리적 차원이 되는 것인지에 대해 의문
을 제기할 수 있을 것이다. 왜냐하면 일반적으로 윤리적 차원에서
문제가 되는 것은 바로 다른 사람에 대한 관계이기 때문이다. 이에
대한 답은 확실히, 자신이 되는 일에서 관건이 되는 것이 다름
아니라 다른 사람과의 관계라는 데에 있을 것이다. 왜냐하면 인간
이 자기 자신이 된다는 것은 자기 자신을 넘겨받는 것, 스스로
자기 자신에 대한 의무를 받아들이는 것을 의미하기 때문이다.
그리고 이러한 자신에 대한 의무가 윤리적 행위를 위한 전제가
되는 것이다. 좀 더 정확히 말하자면, 우리는 스스로 행하는 행위
속에서 자기 자신에 대한 의무를 받아들이고 있으며, 또한 우리
자신을 받아들이고 있는 것이다.
이제 우리는 제2의 윤리학에 도달하였는데, 이 윤리학에서는
윤리의 본질이 다른 사람에 대한 관계 속에 포함되어 있는 요구,

나아가 이웃으로서 타자에 대한 관계 속에 포함된 요구 속에 존재한다고 본다. 이때 이웃으로서의 타자란 우리에게 의존하고 있는 다른 사람, 우리가 전혀 선별하지 않은 다른 사람들을 뜻한다. 키에르케고어는 이웃사랑에 대한 요구와 "선호하는 사랑(Vorliebe)"을 구별한다. 만약 우리가 누군가에 대해 선호하는 사랑을 갖고 있다면, 우리는 이 누군가를 다른 누군가와 구별하면서, 혹은 이 누군가를 다른 누군가와 대비시키면서 각별히 선별해 냈다고 할 수 있다.

그렇다면 윤리적 차원이 이웃사랑에 대한 요구가 될 때, 자기관계는 어떤 상태에 있는가? 앞서 언급했듯이, 윤리적인 요구는 개별자를 이 요구를 이행해야 하는 자로서 다른 사람들로부터 분리해 낸다. 이웃사랑에 대한 요구와 함께 이러한 구별이 강조되고 있는 셈인데, 왜냐하면 우리는 단지 다른 사람을 앞에 두고 있기만 한 것이 아니라, 동시에 자기 자신을 바로 이 다른 사람의 이웃으로서 증명해야 하기 때문이다. 이로써 '윤리적 자기관계'라 칭할 수 있는 것이 분명하게 확인되었다고 할 수 있다. 윤리적 요구에서 늘 관건이 되는 것은, 개별자가 스스로 자신에 대한 의무를 받아들여야 한다는 요구이다.

그러나 키에르케고어는 이웃과의 관계 속에 포함된 요구, 그리고 자기관계 사이에 존재하는 관계에 대해서 지금까지 얘기한 것보다 더 많은 내용을 말하고 있다. 그는 이웃사랑과 자기애 사이의 관계에 대한 문제를 직접적으로 논의한다. 그는 '너는 네 이웃을 너 자신처럼 사랑해야 한다'는 명령의 문구를 진지하게 받아들이면서 이러한 논의를 시도한다.

먼저 키에르케고어는 이 명령의 문구 속에 한 사람이 자기 자신을 사랑하고 있다는 사실이 전제되어 있음을 지적한다. 그러나 이어서 그는, 한 사람이 자기 자신을 사랑하는 일을 배워야 한다고, 올바른 방식으로 자기 자신을 사랑하는 일을 배워야 한다고 말한다. 이를 어떻게 이해해야 할까? 키에르케고어의 답변은 이렇다. "네가 네 이웃을 너 자신처럼 사랑할 때, 네가 네 이웃을 사랑하는 것과 마찬가지로, 그렇게 너는 너 자신을 사랑해야 한다."(『사랑의 역사』, 27) 이 복잡한 표현 속에는 이웃에 대한 관계와 자기관계가 서로 착종되어 있다는 사실이 반영되어 있다. 단지 이웃사랑에 대한 요구만 자기애로부터("너 자신처럼") 사유되고 있는 것이 아니다. 이웃사랑 안에 포함되어 있는 자기 사랑의 요구 또한 이웃사랑으로부터 규정되어 있다.("네가 네 이웃을 사랑하는 것과 마찬가지로") 그리고 이 요구는 다시금 우리가 이웃을 우리 자신처럼 사랑할 때 충족되는 것이다. 착종은 동일시가 되어 버린다. "올바른 방식으로 자기 자신을 사랑하는 것과 이웃을 사랑하는 것은 전적으로 서로 일치한다. 이 둘은 근본적으로 하나이며 동일한 것이다."(『사랑의 역사』, 27) 이웃사랑에 대한 요구는 이미 동일시를 향한 요구이다. 너는 너 자신을 사랑하듯이, 즉 너 자신을 향한 것과 마찬가지로 너의 이웃을 사랑해야만 한다. 하지만 여전히 밝혀야 할 문제는 자기관계와 이웃관계 사이의 관계가 어떤 것인가이다. 여기서 사랑하는 일은 두 가지 견지에서 서로 동일시되고 있다. 그렇지만 주목해야 할 것은, 자기애와 타인에 대한 사랑이 바로 서로 상호 승인해주는 방식으로 둘 사이의 동일시가 이루어지고 있다는 점이다. 우리는 우리 자신을 "올바른 방식으로"(『사랑의 역사』, 27) 사랑해야만 한다.

그렇다면 올바른 방식으로 우리 자신을 사랑하는 것은 무엇을 의미하는가? 키에르케고어는 다시금 부정적인 논점을 통해 대답한다. 그는 사람들이 자기 자신을 사랑하지 않고 있는 현상들을 묘사한다. 이들은 적어도 올바른 방식으로는 자신을 사랑하지 않고 있는 경우들이다. 묘사의 출발점이 되고 있는 것은 다음 사실이다. 즉 누군가 인간에 대한 일정한 이해를 갖고 있다면, 그는 사람들이 자기애를 포기하도록 만드는 것 못지않게 "사람들이 자기 자신을 사랑하도록 가르치는 일이 가능하다는 것"을 자주 바랄 수밖에 없다는 것이다. 그러나 도대체 왜 사람들이 '저절로' 하고 있는 일, 다시 말해 자기 자신을 사랑하는 일을 배워야 한다는 것일까? 키에르케고어는 일련의 관찰을 통해 이를 논증하고 있는데, 이는 충분히 인용할 가치가 있다. "업무에 바쁜 사람이 헛되고 무의미한 일에 자신의 시간과 힘을 허비할 때, 이것은 그가 자기 자신을 올바로 사랑하는 일을 배우지 않았기 때문에 일어나는 일이 아닐까? 경솔한 사람이 순간의 어리석은 유희 속에서 자기 자신을 마치 아무것도 아닌 존재처럼 아무렇게나 던져 버릴 때, 이는 그가 자기 자신을 올바로 사랑하는 일이 무엇인지를 이해하지 못하기 때문에 그런 것이 아닐까? 우울한 사람이 낙심하여 삶에서 벗어나고자, 자기 자신을 없애버리고자 할 때, 이것은 그가, 가장 엄격하고 진지한 의미에서 자기 자신을 사랑하는 일을 배우고자 하지 않기 때문에 그런 것이 아닐까? 어떤 사람이 세상이나 남들이 비정하게 자신을 배반했다고 해서 절망에 빠지게 된다면, 이 사람이 범하고 있는 잘못은 다른 것이 아니라 바로 자기 자신을 올바른 방식으로 사랑하지 않은 잘못이 아니겠는가?(아무런 죄가 없음에도 고난을 받는 경우에 관해서는 여기서 논하지 않기로 한다.) 스스로를 학대하고 있는 사람이 신을 위해서 자기 자신을 바치고 있다고 생각한다면, 이 사람에게는 자기 자신을 올바르게 사랑해야 한다는 것을 실천하지 않은 죄 외에 또 무슨 다른 죄가 있겠는가?"(『사랑의 역사』, 27 이하)

이 묘사 안에는 어떤 상승의 선이 새겨져 있다. 업무에 바쁜 사람과 경솔한 사람에서 시작하여 우울한 자 내지 절망한 자를 거쳐서 외면적으로 볼 때 이와 상반된 가능성들, 즉 신을 위해서 자기 자신을 고문하는 일, 또는 신과 마주하여 오만한 태도로 자신에게 손을 대는 일에 도달하고 있는 것이다. 반드시 인식해야 할 것은 이 모든 경우들에서 개별자가 자기 자신으로부터 어떤 것을 만들어내고 있다는 사실이다. 결과적으로 개별자는 그렇게 절망에 자기 자신을 내맡기고 있다. 핵심은 묘사된 모든 경우에서 자기 자신에 대한 포기가 논의되고 있다는 점이다. 의미가 없거나 공허한 (말의 이중적인 의미에서) 일에 삶을 허비할 때, 우리는 자기 자신을 포기하고 있다. 경솔한 사람은 마치 자신이 "아무것도"

아닌 양, "자기 자신을 아무렇게나 내던진다." 그는 스스로를 진지하게 받아들이지 않으면서, 자기 자신을 포기하고 있는 것이다. 여러 경우를 열거하면서 상승해 가는 선은 자기 포기가 점점 더 분명하게 실행되고 있는 데에서 드러나고 있다. 업무에 바쁜 사람이 자기 자신을 포기하고 있다는 것은 아마 금방 눈에 들어오지 않을 것이다. 이런 사람이야말로 바쁘게 자신을 걱정하는 자, 필경 늘 자신을 돌보고 있는 자이기 때문이다. 그러나 그는 분주함 속에서 자기 자신에 주목하는 일을 회피하였다. 또 경솔한 사람은 전혀 진지하지 않아서 그에 대해 자기 포기라는 말을 할 수 없는 것처럼 보인다. 그러나 이러한 진지하지 않음이 바로 자기 포기다. 이들과 달리 나머지 다른 경우들에서 우리는 자기 자신에서 벗어나겠다는 욕망이 점점 더 분명하게 드러나고 있다는 점을 확인할 수 있다.

우리는 이렇게 자기 포기라는 것이 대단히 가까이에 있는 위험이며, 그에 상응하여 자기 자신을 올바른 방식으로 사랑하는 일이 매우 어려울 수 있음을 인식하게 된다. 하지만 자기 자신을 올바로 사랑한다는 것은 대체 무얼 말하는 것일까? 우리는 위에서 언급했던 착종된 표현으로 다시 되돌아가야 한다. 확실히 올바른 자기애는 이웃에 대한 사랑으로 이끌어간다. 그런데 어떻게 그렇게 되는 것일까? 『사랑의 역사』에서 내가 인용했던 장의 종결부는 슬퍼하는 일에 관해 논의하고 있다. "나는 삶의 고통에 대해서 나 자신을 냉혹하게 만드는 일을[3] 허락해선 안 된다. 왜냐하면 나는 슬퍼해야 하기(soll) 때문이다. 하지만 나는 또한 절망하는 일도 스스로에게 허락해선 안 된다. 왜냐하면 나는 슬퍼해야 하기 때문이다. 그런데 나는 또한 슬퍼하는 일을 중단하는 일도 스스로에게 허락해선 안 된다. 왜냐하면 나는 슬퍼해야 하기 때문이다. 한걸음 더 나아가 슬픔을 멈추도록 허락해서도 안 된다. 왜냐하면 나는 슬퍼해야 하기 때문이다. 사랑의 경우에도 마찬가지다. 그대는 이 감정에 대해서 자신을 냉혹하게 만드는 일을 허락해선 안 된다. 왜냐하면 그대는 사랑해야 하기 때문이다. 그러나 그대는 절망한 채 사랑하는 일도 허락해선 안 된다. 왜냐하면 그대는 사랑해야 하기 때문이다. 또 그대는 이 감정이 그대 안에서 파괴되도록 해선 안 된다. 왜냐하면 그대는 사랑해야 하기 때문이다. 그대는 사랑을 반드시 보존해야 하고, 그대 자신을 반드시 보존해야 하며, 또 그대 자신을 보존하면서, 그대 자신을 보존함으로써 사랑을 반드시 보존해야 한다."(『사랑의 역사』, 50)

우리가 감지하는 "삶의 고통"에 대해서, 혹은 우리가 느끼는 사랑에 대해서 스스로 냉혹해지는 것. 이것은, 앞서 5장에서 이미

---

3. [역주] 독일어 표현 'sich verhärten'의 문자적 의미는 '스스로를 경화(硬化)시키다', 즉 스스로를 딱딱하고 굳어지게 만들어서 타자나 외부와 적절히 접촉하고 소통할 수 없도록 만든다는 것을 뜻한다. 비유적인 의미에서 '스스로를 무정하고 냉혹하게 만들다'로 옮기지만, 이 표현의 핵심적인 뉘앙스는 개별자가 자기 자신을 타자들과 외부 세계, 혹은 신에 대해서, 심지어는 자신의 과거와 미래에 대해서 현재의 자신을 스스로 고립시키고 폐쇄시킨다는 데에 있다.

시사했던 것처럼, 자기 자신을 상실하면서 자신의 영혼에 손상을 입히는 것을 뜻한다. 이때 우리는 자기 자신을 어떤 대상으로 만들고 있다. 자신의 감정에 대해서 스스로 냉혹해지는 것이다. 주목해야 할 중요한 사실은 사랑의 감정이 이미 사람들 속에 존재하고 있으며, 사람들이 이 감정에 대해서 스스로 냉혹해질 수 있다는 점이다. 앞서 보았던 것처럼, 사랑뿐만 아니라 애도도 절망으로 귀결될 수 있다. 혹은 좀 더 정확히 이렇게 말할 수 있다. 애도가 절망으로 귀결될 수 있는 동안, 사람들은 또한 절망적인 방식으로 사랑할 수 있다. 그러나 만약 이런 일이 일어난다면, 사람들은 확실히 애도하는 일을 포기하는 셈이다. 사람들이 스스로 희망을 포기함으로써 절망은 이제 사람들 자신을 겨냥하게 된다. 만약 사람들이 스스로 슬프게 느낀다면, 바로 절망에서 벗어나기 위해서라도 사람들은 애도해야만 하는 것이다.

키에르케고어는 자신을 냉혹하게 하는 일과 절망하는 일을 간접적으로 서로 구별하고 있다. 만약 우리가 자신의 감정에 대해서 스스로 냉혹해진다면, 이로써 우리는 스스로를 어떠한 감흥도 느끼지 못하도록 만들고 있는 것이다. 반면 절망한 자는—— 혹은 스스로 절망적으로 느끼는 자는—— 적어도 자신으로부터 감흥을 느끼고 있는 상태이다. 두 가지 경우에서 문제가 되고 있는 것은 바로 자기 포기이다. 우리 스스로 자기 자신을 상실하는 것이다. 하지만 상실하는 방식은 서로 다르다. 첫 번째 경우에 우리는 자신이 감지하지 못하는 방식으로 자신을 상실하고 있다. 반면 두 번째 경우에서는 우리 자신의 외부로 빠져들게 됨으로써 자신을 상실하고 있다.

우리는 지금까지 올바른 방식으로 자기 자신을 사랑한다는 것이 무엇을 뜻하는가를 밝히려 노력해왔다. 인용된 텍스트들은 우리가 우리 자신을 지켜야 한다는 점을 얘기하고 있다. 그리고 이를 사랑을 지키는 일 속에서, 사랑을 지키는 일을 통해서 해야 한다는 점도 얘기하고 있다. 자기 자신을 지킨다는 것은 자신을 포기하지 않는 것을 의미한다. 그런데 우리는 앞서, 자신을 올바르게 사랑하지 못하는 것이 바로 여러 가지 방식으로 자기 자신을 포기하는 일이라는 사실을 보았다. 만약 이것이 자기 자신을 사랑해야 하는 의무가 존재한다는 것을 뜻한다면, 다음과 같이 이해할 수 있을 것이다. 즉 너는 너 자신을 포기하는 일을 자신에게 허용해선 안 된다. 이미 말한 대로, 이런 방식으로 자기 자신을 지키는 자기애가 —— 이것은 확실히 자기 자신에 대한 자기애인데 —— 목표로 하는 것은 이웃을 향한 사랑이다. 우리가 우리 자신을 받아들이고 수용하는 일에도 의존하고 있는 한, 자기애는 이런 목표를 추구하게 된다. 우리는 우리 자신을 또 다른 한 사람처럼 받아들여야 한다. 물론 자기애의 길이 단지 타자에 대한 관계를 경유하기만 하는 것은 아니다. 반대로 자기애는 전적으로 오직 이웃을 향한 사랑 속에서, 이웃을 향한 사랑을 통해서만 지켜질 수 있다. 이로부터 우리는 재차 어떤 관찰로 되돌아가는데, 그것은 키에르케고어에게는 자신과의 합치로서의 자유가 자기 헌신과 함께 속해 있다는 관찰이다. 우리는 사랑 속에서 자유롭게 되는데, 이때 사랑은 성취되는 것이라기보다는 선물로 주어지는 것이다. 이것이 바로 제2의 윤리학이 강조하는 내용이며, 또한 제2의 윤리학이 윤리적인 차원을 자기 자신이 되는 일로 명확하게 규정하게 되는 바탕이다. 사랑 속에서 스스로 자유로워지기 위해서, 우리는 저 변화 가능성에 대한 불안을 통과해서 지나가야 한다. 이미 언급한 대로, 이러한 불안은 직접적인 사랑 속에 감춰져 있다. 키에르케고어에 따르면 바로 이것이, 직접적인 사랑이 이웃을 자기 자신처럼 사랑하는 요구에 의해서 변화를 겪게 될 때 일어나는 일이다. 자기관계와 이웃에 대한 관계는——『불안의 개념』에 나오는 말로 하자면—— '소통' 속에서 어떤 '연속성'이 드러나는 방식으로 서로 내밀하게 얽혀 있다. 이때 연속성은 자기 자신과의 연속성이면서 동시에 다른 사람들과의 연속성이기도 한 것이다.

9장
믿음

종교적 차원

앞서 논의된 것을 보면, 윤리적 차원과 종교적 차원의 관계가 복잡하게 얽혀 있음을 알 수 있다. 『이것이냐-저것이냐』에서 윤리적 차원과 종교적 차원은 서로 결합되어 있는데, 그 방식은 종교적 차원이 윤리적 차원을 위한 토대로 환원되는 방식이었다. 반면, 『공포와 전율』에서 종교적 차원은 윤리적 차원을 중지시키는 심급으로 등장한다. 물론 여기서는 윤리적 차원이 현저하게 축소되어 있다. 이어 『비학문적 후서』에서는 한편으로는 윤리적 차원이 인간적 실존에 대해 본질적인 것으로 나타나며, 다른 한편으로는 종교적 차원이 인간적 실존의 두 번째 '특성'으로 나타나 있다. (윤리적 차원이 첫 번째 특성인 것과 구별되어) 주관성을 (비-)진리로 강조하고 있는 두 번째 강조를 통해, 종교적 차원은 새로운 출발점을 전달해 주고 있다. 그리고 『불안의 개념』에서 제1의 윤리학과 제2의 윤리학에 관하여 이야기할 때 결정적인 것은, 윤리적 차원 자체가 새로운 출발점에 의해 규정되고 있다는 사실이다. 윤리적 차원에 대한 자격이 종교적으로 부여되고 있는 것이다.

우리는 윤리적 차원과 종교적 차원 사이의 관계가 어떤 의미를 갖는가에 대해 토론할 수 있을 것이다. 그 핵심은, 종교적 차원에 도달하려면 필연적으로 윤리적 차원을 거쳐야만 한다는 것일까? 만약 이런 경우라면, 또 다른 전도된 핵심 내용 또한 존재하게 될 것이다. 즉 이러한 운동에서는 윤리적 차원을 넘어서는 일이 일어나고, 그럼으로써 윤리적 차원이 자격을 부여받게 된다. 아울러 종교적 차원 자체가 '심미적 차원'이나 '윤리적 차원'과 마찬가지로 어떤 명확한 것이 아니라는 점도 중요하다. 오히려 핵심은, 종교적 차원을 어떻게 좀 더 상세하게 규정할 수 있는가란 문제에 있다. '기독교적-종교적 차원'이 '한낱' 종교적인 차원과 구별되고 있는데, 이 구별은 다름 아니라 인간적 실존과 윤리적 차원을 강조함으로써 제시되고 있다. 이때 윤리적 차원은 인간적 실존을 두 번째로 '각인시키며', 또 윤리학을 제2의 윤리학으로서 '각인시키고' 있다.[1]

---

1. [역주] 첫 번째 각인은 제1의 윤리학에 의해 이루어지며, 이때는 개별자가 일반적인 사회적 규범의 보편적인 구속력을 확인하게 된다. 반면 두 번째 각인에서는 개별자 자신의 구체적인 실존 과정의 성패, 즉 자신에게 주어진 구체적인 자유의 가능성을 온전히 받아들이고 실천하

신에 대한 관계

키에르케고어는 종교적 차원을 신에 대한 관계로 이해한다. 하지만 종교적 차원이 그런 것처럼, 신에 대한 관계 또한 여러 가지 방식으로 이해되고 있다. 그럼에도 불구하고 우리는 신에 대한 관계와 관련하여 하나의 근본적인 견해를 확인할 수 있다. 이 견해는 내가 이미 인용했던 텍스트 안에 감춰져 있다. 좀 더 정확히 말해서 내가 인용했던 부분에 생략되었던 한 문장 속에 감춰져 있다. 『죽음에 이르는 병』의 그 텍스트 부분에서 문제의 관건은 자기 자신이 되는 것의 의미를 논구하는 데 있다. 이 부분은 다음과 같이 시작된다. "자기 자신은 유한성과 무한성의 의식적인 종합이다. 이 종합은 스스로 자신에 대해 관계하고 있으며, 이 종합의 과업은 바로 종합 자체가 되는 일이다." 여기에 다음 말이 덧붙여지고 있다. "이것은 오직 신에 대한 관계를 통해서만 실현될 수 있는 어떤 일이다."(『죽음에 이르는 병』, 25 이하)

이로부터 『죽음에 이르는 병』의 도입부로 되돌아가게 되는데, 여기서 인간은 하나의 '자기 자신'으로서 규정되어 있다. 그리고 이 자기 자신은 다시금 스스로 자신에 대해 '관계를 맺고 있는 관계'로서 규정된다. 그런데 "스스로 자신에 대해 관계를 맺고 있는 그러한 관계, 즉 하나의 자기 자신은 스스로 자신을 정립하였

였는가, 아니면 그렇지 못하였는가(즉 죄를 지었는가)가 드러나게 된다.

거나, 아니면 어떤 다른 것에 의해 정립되게 되는, 둘 중의 하나일 수밖에 없다."(『죽음에 이르는 병』, 9) 키에르케고어는 두 번째 가능성의 의미에서 논의를 이어간다. 자기 자신은 '어떤 다른 것'에 의해 정립되어 있으며, 이는 자기 자신과는 다른 어떤 것에 의한 정립을 의미한다. "인간의 자기 자신은 그러한 파생된, 정립된 관계"이다. 달리 말해서, 문제가 되는 것이 관계를 정립시킨 것에 대한 관계인 한에서, 그것은 일종의 종속관계이다. 자기 사신으로서의 관계가 스스로 자신에 대해 관계를 맺고 있으면서, 이 관계는 [동시에] 바로 이 "다른 것"과 관계를 맺고 있다.

여기까지 키에르케고어의 텍스트는 단지, 인간이 한 사람의 자기 자신으로서 스스로 정립한 것이 아닌 한, 어떤 다른 것에 의해 정립되었다는 것을 말하고 있는 듯 보인다. 그러나 키에르케고어는 자기 자신이 스스로를 정립하지 않았다는 주장에 대한 또 다른 논점 하나를 제시한다. 이 논점의 출발점은 본래적 의미에서 볼 때 절망의 형태가 두 가지라는 것이다. 즉 절망한 채로 자기 자신이 되고자 하지 않는 절망과 절망한 채로 자기 자신이 되고자 하는 절망이 있다는 것이다. 만약 인간이 스스로 자기 자신을 정립하였다면, 따라서 자신을 마음대로 주재(主宰)할 수 있다면, 우리는 오직 한 가지 형태의 절망만을 얘기할 수 있을 것이다. "자기 자신이 되고자 하지 않는 절망, 자기 자신을 던져 버리려 하는 절망만을 얘기할 수 있을 것이다. 반면에 인간이 절망한 채로 자기 자신이 되고자 하는 절망에 대해선 얘기할 수 없을 것이다."

(『죽음에 이르는 병』, 9) 절망한 채로 자기 자신이 되고자 한다는 것은 바로, 자기 자신을 마음대로 주재한다는 것, 따라서 우리가 자신이 누구인지를 스스로 결정할 수 있다는 것을 의미한다. 그러나 절망이 보여주는 것은, 인간이 어떤 상태로든 이미 규정되어 있는 존재라는 사실, 그리하여 인간이 되고자 하는 것과는 다른 상태의 존재라는 사실이다.

『죽음에 이르는 병』이 상세히 해명하고자 하는 것은 인간이 자신을 스스로 정립하지 않았다는 사실이다. 이를 긍정적으로 표현하자면 이렇다. 한 인간이란, 그가 특정한 자기 자신으로서 자신에 대한 관계 속에 이미 서 있다는 의미에서 하나의 '정립된' 존재, 종속된 관계이다. 절망을 주목함으로써 밝혀야 할 것은, 어떻게 한 인간이 이러한 특정한 자기 자신으로서의 자신을 인정하고 받아들이려 하지 않는가이다. 사정이 이러함에도 인간이 '자기 자신을 스스로 정립하고자' 시도한다면, 그때 자기관계는 실패한 관계가 될 것이다. 왜냐하면 인간은 이미 '정립된' 존재이며, 이미 어떤 특정한 자기 자신으로 존재하고 있기 때문이다.

따라서 근본적인 테제가 되는 것은, 한 인간이 스스로 자기 자신과 관계하고 있으면서, 동시에 신에 대해 관계하고 있다는 사실이다. 이 사실을 올바로 이해하느냐 못하느냐에 모든 것이 달려 있다. 신은 자기 자신과는 "다른 것"이다. 이 다른 것의 의미는 자기 자신을 정립한 것이 신이며, 또한 자기 자신으로 존재하는 것을 유지시켜주는 것도 신이라는 데에 있다.

여기서 우리는 이는 대단히 추상적인 신의 개념이 아닌가 하고 생각할 수 있다. 『이것이냐-저것이냐』의 윤리가에게 신이란, 윤리가가 그 앞에서 자기 자신을 선택하게 되는 그러한 심급이다. 또한 『죽음에 이르는 병』에서도 신은 영원한 것, 즉 자기 자신에게 머물도록 인간에게 책임을 지우는 심급이다. 신은 자기 자신에 대한 "척도"이다. 다시 말해서 신은 "인간의 자기 자신이 그와 마주서서 한 사람의 자기 자신으로 존재하게 되는 그러한 심급"인 것이다.(『죽음에 이르는 병』, 78) 하지만 『죽음에 이르는 병』은 신에 대한 관계와 관련하여 더 많은 것을 이야기한다. 한편으로 신에 대한 관계는 양심 개념을 통해 규정되어 있다.(『죽음에 이르는 병』, 125) 이 관계가 "신이 한 개별자를 주시하고 있다는" 것을 통해 규정되어 있는 것이다. 키에르케고어는 『사랑의 역사』에서 직접적으로 이렇게 말한다. "개별자와 신의 관계, 즉 신에 대한 관계는 양심이다."(『사랑의 역사』, 158) 다른 한편으로 여기서 논의되고 있는 인간은 어떤 안정적인 상황 속에 존재하는 인간이 아니다. 물론 인간은 신에 대한 관계를 안정적인 방식으로 이해하고자 시도할 수 있다. 하지만 키에르케고어는 간명하게, 자신을 안전하게 지키려는 시도 자체가 바로 절망이라고 주장한다. 우리가 어떻게 돌리고 피하든, 우리는 포획되어 있다. 결정적인 관건은 이 점을 스스로 인식하는 데에 있다. 인간의 상황은 안전하고 안정적인 것과는 전혀 상관이 없다. 왜냐하면 실제로 우리가 붙잡고 의지할 만한 것이 아무것도 없기 때문이다. 개별자는 인식하고 있는데, 바로 불안함을 느끼는 양심을 갖고 있기 때문이다.

『죽음에 이르는 병』에서 말하고 있는 신, 좀 더 정확히 말해서 이 책의 본론 첫 부분에서[2] 말하고 있는 신은 인간을 창조하고 계속 유지시켜주는 신이다. 이것은, 한 인간이 자신을 위한 어떠한 가능성도 찾아볼 수 없는 상황 속에서도 드러난다. 이때 신은 어떤 경우에도 가능성을 갖고 있는 존재로서 규정되어 있다. 이에 따라 신은 인간적 척도의 바깥에 서 있는 존재이다. 키에르케고어는 신은 한 인간을 그 자신으로부터 구원시켜 주는 존재, 한 인간이 스스로 구속되어 있는 감금 상태로부터 구원시켜 주는 존재라고 말하면서 이 점을 반복해서 이야기한다. 이로써 우리는 『불안의 개념』에 좀 더 가까이 다가가게 된다. 이 책에서 선한 것은——선 앞에서의 불안이 저항하고 있는 대상인——최종적으로는 "말"로 이해되고 있다. 말은 외부로부터 개별자를 구원시켜주고, 자유를 다시 일으켜 세운다. 우리는 키에르케고어가 "기독교적-종교적 차원"이라 부른 것에 도달한다. 죄란 한 인간이 자기 자신을 그 안에 구속하고 있는 부자유인데, 신은 바로 이러한 죄로부터 인간을 구원해 준다. 물론 우리는 이미 죄가 어떤 명확한 문제가 아니라는 사실을 살펴보았다. 『철학적 조각들』에 나타난 의미에서 죄란, 한 인간이 자기 자신에 의해 **빠져들게** 되는 비진리 혹은 부자유로

---

2. [역주] 이는 『죽음에 이르는 병』의 도입부에서 말하는 '파생된 존재', 즉 신에 의해 정립된 존재와 연관되어 있다.(임규정 역, p. 56)

이해된다. 하지만 인간이 죄인이라는 것은, 신에 대한 관계의 직접적인 규정이기도 하다. "신과 한 인간 사이의 근본 관계는 한 인간은 죄인이며 신은 성스러운 존재라는 것이다. 신을 마주하고 있는 한 인간은 이러저러한 일에 있어서 죄인이 아니라, 본질적으로 죄인이다. 이러저러한 일과 관련하여 죄책이 있는 것이 아니라, 본질적으로, 무조건적으로 죄책을 지니고 있는 것이다."(『상이한 성령 속의 종교적 강화』, 300) 이에 대해선 몇 가지 설명이 필요할 것이다. 우리에게 죄책을 짊어지도록 한 특정한 사안이 없는데, 어떻게 우리가 죄책을 가질 수밖에 없다는 것인가? 키에르케고어는 한 인간이 본질적으로, 또는 언제나 죄책을 갖고 있다는 것을 인간과 신 사이에는 어떠한 직접적인 해명의 관계도 불가능하다는 점을 통해 설명한다. 우리는 이를 다시금 『사랑의 역사』에서 전개되고 있는 사유의 과정, 즉 신의 행위가 가장 먼저 등장한다는 것을 통해서 이해해야 한다. 한 인간이 사랑의 죄책에서 삶을 시작한다는 것은, 그 자신에게 이미 사랑을 향한 충동이 주어져 있다는 것과 그가 스스로 키우고 있는 사랑을 그 자신이 산출한 것이 아니라는 것을 뜻한다. 그가 살아가면서 이에 대해 아무리 큰 대가를 지불한다고 해도, 그는 결코 이 죄책으로부터 벗어날 수가 없다.

우리는 이 소절을 키에르케고어의 테제에서, 즉 한 인간이 자기 자신과 관계를 맺으면서 동시에 신에 대해 관계를 맺고 있다는 테제에서 시작하였다. 즉 이미 자신 안에 신에 대한 관계를 품고 있다는 것에 의해서, 자기관계가 자기관계로서 정립되는 것이다.

물론 그럼에도 위에서 살펴본 내용들이 어떻게 자기관계로부터 도출되는 것인지는 금방 눈에 들어오지 않는다. 가령 '신에게는 모든 것이 가능하다'라는 주장이 어떻게 도출되는지, 쉽게 인식할 수 없다. 키에르케고어는 이렇게 강조한다. 우리가 스스로 외적으로 볼 때 어떠한 가능성도 갖고 있지 않다고 여길 때, 오직 이때에만 우리가 이를 올바로 인식할 수 있다는 것이다. 그렇지만 이에 대해 이렇게 물을 수 있다. 실제로 이런 상황에서는, 우리가 아무런 희망이 없는 상태라고 주장하는 것이 좀 더 자연스러운 일이 아닐까 하고 말이다. 키에르케고어가 본래 말하고자 하는 것 또한 이와 다르지 않다. 왜냐하면 신에게 모든 것이 가능하다는 것을 안다는 것이 뜻하는 바는, 거의 개연성이 없거나 혹은 아예 불합리한 것을 믿는다는 것이기 때문이다.

불안과 믿음

『불안의 개념』의 마지막 장은 "믿음을 통해서 구원에 이르는 것으로서의 불안"이란 제목을 달고 있다. 이 제목 또한, 인간을 자유롭지 못하게 만드는 불안으로부터 인간을 구제해 주는 것이 다름 아닌 믿음이라는 뜻으로 이해해야 한다. 이로부터 우리는 저작의 종결부에 이르러 엉킨 실타래가 풀리고 드디어 의문에 대한 해답이 주어질 것으로 기대하게 된다. 앞선 네 개의 장들이 목표로 했던 바로 그 해답 말이다. 그러나 실제로 드러나는 것은 정반대이다. 내가 지금까지 논의하면서, 특히 『죽음에 이르는 병』을 경유하면서 긴 우회로를 거친 것은 이 때문이었다. 실망스럽게도 『불안의 개념』의 마지막 장은 신에 대한 관계와 믿음에 대해서 거의 아무런 얘기도 하지 않는다.

문제는 불안이 믿음 속에서 지양될 수 있는가, 아니면 그렇지 않은가이다. 인간을 자유롭지 못하게 만드는 불안에 대한 대답이 믿음인 한에서, 이 문제에 대한 답은 "그렇다"인 듯 보인다. 그러나 믿음은, 인간이 불안을 통과해서 빠져나옴으로써 인간을 구제해준다. 좀 더 정확히 말한다면, 믿음의 도움을 받아서 불안이 인간을 구제해주는 것이다. 이 말이 도대체 무슨 뜻일까? 여기서 불안의 역할은 무엇인가?

마지막 장에서 우리가 접하게 되는 불안의 의미는 자유의 가능성으로서의 불안이다. 조금 더 정확하게 말해서, 그것은 가능한 것의 차원을 선취하는 불안이다. 만약 우리가 스스로 만족하면서 자신의 현존재 속에서 안정감을 느끼고 있다면, 이때의 불안은, 이러한 현존재가 의지하고 있는 것을 상실할 수도 있다는 가능성을 선취하고 있다. 즉 이 경우 불안은 상실의 가능성을 선취하고 있는 것이다. 그렇기 때문에 우리는 불안 속에서, 통상적으로는 그냥 만족하고 머물러 있을 사물들을 철저하게 들여다 볼 수 있다. 하지만 불안의 시선은 어디서 멈추는 것일까? 불안에 저항하는 것은 무엇일까?

여기서 본래적인 의미에서 불안이 하는 역할은 어떤 인간을 위협하는 무(無)를 환기시켜주는 데에 있다. 그렇다면 어떻게 불안이 인간을 구제해 주거나 해방시켜 준다는 것인가? 우리는 불안이 단지 무를 선취하고 환기시키고 있을 뿐 아니라, 무언가를 형성하는 일도 한다는 사실을 반드시 이해해야 한다. 즉 바로 무의 위협을 드러내 보이는 일을 통해서, 불안은 무언가를 형성하는 작용도 하고 있는 것이다. 이 인식의 배후에는, 한 인간이 삶의 상황들 속에서 자기 자신을 완전히 잃어버릴 수도 있다는 생각이 놓여 있다. 더불어 한 인간은 자신이 관계하고 있는 여러 일들 속에서 자신을 상실할 수도 있을 것이다. 그러므로 인간은 자기 자신을 많은 "유한한" 관계들과 동일시하지 않는 법을 배워야 한다. 왜냐하면 이러한 관계들이란 언제든 변할 수 있기 때문이다. 한 인간은 불안 속에서, 통상적으로는 스스로 몰두하고, 또 자신을 잃어버릴 수도 있는 그러한 관계들로부터 떨어져 나오게 된다. 다른 말로 하자면, 한 인간은 불안 속에서, 자신이 스스로를 동일시하고 있는 것과 자기 자신이 다른 어떤 존재라는 것을 배우게 되는 것이다.

그러나 우리는 또한, 인간의 과제가 자기 삶의 특정한 여건들을 스스로 받아들이는 데에 있다는 점도 확인하였다. 확실히 불안으로 인해 생겨나야 하는 것은 앞서 우리가 "분리됨"이라 불렀던 것, 즉 개별자가 세계로부터 떨어져 나오는 일이다. 이 분리됨의 의미는 잠정적으로 이러하였다. 즉 분리됨이 지향하는 것은 자신에게로 되돌아가는 것, 그리고 인간이 자신만의 고유한 세계와 연관되어 있음을 뒷받침해 주는 일이었다. 그러나 이제 다음 문제를 물어야 한다. 불안 속에서의 운동이 이보다 더 멀리 나아가는 것은 아닌가? 불안 속에서 떨어져 나온 바로 그곳으로 인간은 다시 되돌아가는 것일까? 어디에서 불안은 멈추는 것일까?

『불안의 개념』의 마지막 장에서 불안이 선취하고 있는 상실의 가능성은 가능성 자체가 사라지는 것처럼 보일 정도로 전면적이다. 그것은 모든 것을 상실하는 가능성이다. "하지만 누군가 불행 속에서 가능성의 경로를 거쳐 온 것이라면, 그는 모든 것을, 전부를 상실한 것이다. 그 어느 누구도 실제 현실에서 잃지 않는 모든 것을."(『불안의 개념』, 184 이하) 그러나 그는 모든 것을 다시 되돌려 받는다. 만약 그가 "자신에게 가르침을 주려는 가능성을 기만하지 않고, 자신을 구제해 주려는 불안을 잘못 설득하지 않는다면 말이다."(『불안의 개념』, 185) 이 문장은 '만약 불안이 완전하게 작용하게 된다면'을 뜻한다. 그러나 그렇다고 해도 어떻게 모든 것을 다시 되찾게 된다는 것일까? 이 지점에서 "믿음을 통하여"라는 말이 들어온다. 불안은 오직 믿음을 통해서만 개별자를 구제할 수 있다. 비록 키에르케고어가 믿음에 관하여 거의 아무런 내용을 말하고 있지 않지만, 여기서 말하는 믿음이란 신이 상실한 것을 되찾아준다는 것에 대한 믿음으로 이해해야 한다.

따라서 불안은 한 인간을 믿음으로 이끌고 가지 않으면 안 된다. 이는 불안이 "유한한 것과 하찮은 것을 인간으로부터 몰아냄"으로써(『불안의 개념』, 186) 성공하게 된다. "개별자가 불안을 통해서 믿음으로 도야(陶冶)되게(gebildet) 된다"는(『불안의 개념』, 185) 말이 바로 이것을 가리킨다. 키에르케고어가 얘기하는 도야는 그 당대 현실에 존재하던 도야가 아니다. 당대 현실에 대해서 그는 보통 야유를 보내고 있다. 오늘날 우리가 동시대 문화와 관련하여 도야를 이야기한다면, 이는 '도야된 자'와 '평범한 자' 사이에 존재하는 차이를 정립하고자 하기 때문이다. 이런 의미의 도야는, 어떤 행동이 현명하고 성공을 보장해 주는 것인가, 도야된 자에 속하려면 무엇을 해야 하는가와 같은 고찰에 근거하고 있다. 그런데 불안은 오히려 일반적인 현명함을 위한 계산이나 평가를 갉아먹는 역할을 한다. 만약 불안이 한 인간을 도야시키고 있다면, 우리는 도야라는 말 대신 "불행 속에서 있는 가능성의 경로"를 이야기해야 할 것이다. 이 경로에서 우리는 공동의 세계 안에 있는 안정된 지지대를 상실하게 된다. 이런 한에서 불안은 개별자를 자유롭게 해준다. 『공포와 전율』의 한 곳에서 키에르케고어는 묻는다. "대체 도야란 무엇일까?" 그는 대답한다. "내가 말하려는 것은 도야란 개별자가 자기 자신을 회복하기 위해 거쳐 가게 되는 경로[3]라는 것이다. 이러한 경로를 거치려 하지 않는 사람에게는, 그가 아주 철저하게 계몽된 시대에 태어났다는 것이 거의 아무런 도움이 되지 않는다."(『공포와 전율』, 47)

---

3. 히르쉬(E. Hirsch)판 독일어 전집본은 여기서 "가르침의 과정(Lehrgang)"이란 용어를 사용하고 있다.

불안의 도야는 모든 개별자가 거쳐 가야만 하는 가능성의 경로이다. 불안 속에서 사람들은 자신이 죄책이 있음을 배우게 된다. 이러저러한 일에 대한 유한한 죄책의 의미가 아니라, "무한하게 죄책이 있음을" 배우게 된다.(『불안의 개념』, 188) 그렇지만 "죄책에 대한 관계에서 불안에 의해 교육을 받은 사람은, 바로 그렇기 때문에 화해에 이르러서야 비로소 평안함을 얻게 된다."(『불안의 개념』, 189) 『불안의 개념』은 이렇게 급작스럽게 끝을 맺는다.

따라서 『불안의 개념』 마지막 장의 제목에 나타나 있는 불안과 믿음의 관계를 서술하는 일은 결코 간단하지 않다. 불안은 믿음으로 이끌어 가야 하고, 믿음은 불안을 지양해야 한다. 하지만 믿음이 불안을 지양하는 데 성공하는 경우는 믿음이 이를테면 불안으로부터 빠져나와 도약할 때이다. 불안 또한 오해될 수도 있는데, 그럴 때 불안은 믿음으로 이끄는 것이 아니라, 반대로 믿음으로부터 벗어나도록 만든다. 심지어 키에르케고어는 불안이 개별자에게 "하나의 봉사하는 성령[=정신]"이 되어야 한다고 덧붙인다. "이 성령은 개별자의 의지를 거스르면서 자신이 원하는 쪽으로 그를 이끌어 간다."(『불안의 개념』, 185) 그러므로 불안이 저절로 믿음으로 이끌어가는 것은 아니다. 불안이 개별자를 구제해 주는 것은 믿음을 통해서이다.

비록 이런 방식으로 불안이 믿음에 종속되어 버리는 듯 보이지만, 그럼에도 불안은 믿음에 도달하기 위해 반드시 필요하다. 관건은 불안을 스스로 받아들이고, 더불어 불안의 경로를 거쳐 지나가는 데에 있다. 불안을 통과하여 지나갈 때, 그때 비로소 우리는 불안으로부터 자유로워지게 된다. 때때로 불현듯 출현하는 저 불안뿐만 아니라, 가능성의 불안 또한 반드시 통과하여 지나가야 하는 것이다. "가능성의 불안을 충분히 겪은 사람이라야 불안에 떨지 않을 만큼 충분히 도야되었다고 할 수 있다."(『불안의 개념』, 185)

그러나 사람들은 믿음 속에서 불안으로부터 정말 자유로워지는가? 『불안의 개념』의 앞부분에서 키에르케고어는 오직 믿음만이 "불안 없이 불안을 끊을" 수 있다고 말한 바 있다. 그런데 이때 믿음은 "불안을 제거하는 것이 아니라, 불안이 가진 죽음의 순간으로부터 끊임없이 영원히 젊은 상태로 자기 자신을 전개하고 있다."(『불안의 개념』, 137) 이어서 우리가 불안이 가능성을 향하고 있다는 점, 불안이 가능성의 모호함에 대한 감각이라는 점을 분명히 한다면, 다음 질문은 혹시 믿음에도 어떤 불안이 속해 있지는 않은가 하는 것이 될 것이다. 즉 역설적인 가능성을 향해 있는 불안 말이다. 여기서 우리는 『불안의 개념』으로부터 『공포와 전율』로 되돌아갈 수 있다. 『공포와 전율』에서 키에르케고어는 "믿음의 역설 속에서의 곤궁함과 불안"에 대해 말하고 있다.(『공포와 전율』, 83) "전체 삶을 위한 과제"로서의 믿음과 "어떤 인간도 완전히 피해갈 수 없는" 불안 사이에 하나의 연관성이 만들어지고 있다. 인간의 심정은 이 불안을 위해서, 이 불안이 잊히지 않을 만큼 젊은 상태로 있어야만 하는 것이다.(『공포와 전율』, 5)

믿음의 결단

내가 방금 언급한 역설적인 가능성을 『공포와 전율』은 "부조리한 것"이란 말로 묘사한다. 그것은 "모든 것"을 상실했을 때, 모든 것을 다시 되찾을 수 있는 가능성이다. 그렇지만 앞서 보았듯이, 믿음이 단지 사물들과 관계들을—우리가 연결되어 있는 사물들과 관계들—상실한 상황과만 관계를 맺고 있는 것은 아니다. 믿음은 또한 우리가 무한히 죄책을 지니고 있다는 공포에 찬 발견과도 관련되어 있다. 여기서 역설적 가능성은 죄로부터 구제될 수 있는 가능성, 즉 우리 자신의 힘으로는 자유로워질 수 없는 죄로부터의 구제 가능성이 되고 있다.

키에르케고어는 역설에 대한 믿음을 '강한 의미의 믿음'이라 부른다. 이때 역설은 체화, 즉 신이 인간의 모습으로 나타난 것을 말한다. 문제의 핵심이 역설이라는 주장은 역설의 진술이 내적으로 모순을 품고 있음을 표현한다. 역설은 영원한 존재인 신이 역사 속에서 생성되어 나타났다는 것, 그것도 하나의 개별적 인간으로 나타났다는 것이다. 이것은 우리가 영원한 존재로서 신을 생각하는 것과 상충된다. "본질적으로 영원한 존재가 시간 속에서 생성되고, 태어나고, 성장하고, 죽는다는 것은 모든 사유와의 단절이다." (『비학문적 후서』 II, 292) 역설에 대한 믿음은 "개연성이 전혀 없는 것"에 대한 믿음이다.(『철학적 조각들』, 49)

믿음이 통상 우리를 지탱해주는 것에 의존할 수 없고, 반대로 우리가 개연성이 있다고 여기는 모든 것을 거스르고 있으므로, 믿음은 이제 개별자가 내리는 하나의 결단이 된다. 이것이 "모든 사유"를 거역하는 결단인 한에서, 문제가 되는 것은 일종의 맹목적인 결단인 듯 보인다. 키에르케고어 자신이 이렇게 이해하도록 유도하는 듯한데, 가령 그가 "믿음은 사유가 정지하는 바로 그 지점에서 시작된다."(『공포와 전율』, 56)고 말할 때가 그러하다. 또는 그가 "바로 여기에 믿음의 투쟁이 놓여 있다. 즉 이해할 수 없어도 믿는 일을 위한 투쟁 말이다."(『상이한 성령 속의 종교적 강화』, 288)라고 할 때도 그러하다. 그럼에도 불구하고 역설은 어떤 이해를 요청하고 있다. 문제가 되는 것이 무의미함이 아니라 역설이라는 **사실**을 이해하는 일이 반드시 필요한 것이다.

그러나 역설이 요청하고 있는 이해는 이보다 더 멀리 미치고 있다. 왜냐하면 우리는 역설이 무엇을 뜻하는지 물을 수 있기 때문이다. 신이 인간이 되는 것, 인간의 형상을 받아들인 것은 신이 인간에게 다가왔다는 것을 뜻한다. 이것은 이중적인 의미를 갖고 있다. 왜냐하면 이러한 조우는[4] 구원이기도 하지만, 동시에 인간은 죄인으로서 구원되어야 하는 존재이기 때문이다. 따라서 역설은 추상적으로 동떨어져 존재하는 것이 아니다. 반대로 그것은 어떤

---

4. [역주] 이는 신이 스스로 낮은 데로 내려오신 것, 다시 말해 그리스도라는 인간의 형상을 취하고 역사 속에 출현하여 인간들과 만나신 것을 가리킨다.

결정적인 의미를 지니고 있는데, 인간의 실존은 바로 이 의미를 통해서 새롭게 '어떤 특징이 각인된 것으로서', 규정된 것으로서 드러나게 된다. 역설을 마주한 개별자는 문제가 되고 있는 것이 역설이라는 사실을 이해해야 할 뿐만 아니라, 역설 자체에 관한 결정적인 내용이 무엇인지를 이해해야 한다.

이를 통해서 역설이 지닌 모순적인 면모가 지양된 것은 아니다. 오히려 관건은 역설이 무엇과 충돌하고 있는가를 주시하는 일에 있다. 키에르케고어는 자주 '상충되는 것은 지성이다'라고 말한다. 하지만 이때 "지성"이 뜻하는 바는 인간이 현명함과 계산능력으로 자신의 현존을 지배하고자 하는 것이다. 역설이 모순적인 것은, 역설이 지성의 생각과 기대를 뒤집어버리기 때문이다. 인간이 통상적으로 자신의 현존에 질서를 부여할 때 따르고 있는 생각과 기대를 뒤집는 것이다. 예를 들어 허약함과 강함, 권력과 무기력, 부와 가난, 높은 지위와 낮은 지위, 상실과 획득 등의 구별에 존재하는 관계를 뒤집는다. 믿음은 이러한 모순에 대한 이해, 즉 생각을 전도[5]하는 일의 이해를 포함해야만 한다.

키에르케고어는 믿음을 일종의 극단적인 결정으로서, 개별자가 의지할 것이 전혀 없이, 스스로 완전히 홀로 내리는 결정으로서 강조한다. 그가 이렇게 강조하는 것은, 그가 당대의 어떤 특정한

---

5. [역주] '생각의 전도'에서 '생각'은 인간의 일반적인 지적 능력에 의한 사유를 가리킨다.

경향이 되고 있는 것을 공격하고자 하기 때문이다. 그것은 사람들이 기독교를 누구나 손쉽게 합류할 수 있는 대상으로 만들어 버리는 경향이다. 마치 태어나자마자 곧바로 속하게 되는 특정한 문화처럼 말이다. 이와 달리 믿음은 자기 자신을 경유하여 개별자가 내리는 결단인 것이다.

영원성의 평등

마지막 10장에서 키에르케고어가 당대를 진단하는 내용에 대해 논의하기 전에, 우리는 다시 한 번 그가 어떻게 신에 대한 관계를 규정하고 있는가를 살펴보고자 한다. 이미 언급했듯이 『죽음에 이르는 병』에 나오는 주장에 따르면, 개별자는 자기 자신과의 관계 속에서 동시에 신에 대해서도 관계를 맺고 있다. 이때 양자택일은, 자기 자신과 관계하고 있는 관계로서의 개별자가 자기 자신을 스스로 정립했는가, 아니면 어떤 다른 존재에 의해 정립되었는가에 있었다. 키에르케고어는 이렇게 생각한다. 즉 그는 개별자의 자기관계가 이미 주어져 있는 특정한 관계로서 밝혀졌기 때문에, 한 인간이 자기 자신을 규정하고자 시도하자마자 양자택일의 첫 번째 가능성을—인간이 자기 자신을 스스로 정립하였다는—배제할 수 있다고 생각하는 것이다.

그렇지만 믿음이 저절로 세워지는 것은 아니다. 오히려 믿음은 일종의 모험이다. 신이 모든 인간적인 척도에서 벗어나 있는, 전적으로 다른 존재라는 사실이 의미하는 것은, 신에 대한 어떠한 특징적 표현도 존재하지 않는다는 것이다. 그러나 만약 이렇게 어떠한 특징적 표현도 존재하지 않는다면, 신과 인간 사이의 차이를 어떻게 확정해야 한단 말인가?『철학적 조각들』에서 이 질문은 다음과 같은 부언과 결합되어 있다. "그러나 이러한 차이를 분명하게 붙잡을 수는 없다. 매번 이것이[6] 일어날 때, 그것은 근본적으로는 자의적인 것이다. 그리고 신에 대한 경외감의 깊은 곳에는, 광적으로 변덕스러운 자의성이 잠복해 있으며, 이 자의성은 바로 자신이 신을 산출해 냈다고 알고 있는 것이다."(『철학적 조각들』, 43)

만약 신에 대한 관념이 인간이 만들어낸 것이라면, 인간이 스스로 관계를 맺고 있는 저 다른 존재를 타인들로서, 최종적으로는 인류로서 해석하는 일을 충분히 수긍할 수 있을 것이다. 키에르케고어는 신에 대한 관계를 해석하면서 이러한 가능성을 간접적으로 시사하고 있다. 논의의 출발점은 인간들 사이에 존재하는 공동체가 상호 평가하고 비교하는 일에 의해 해체될 수 있다는 사실이다. 그러한 평가에서 사람들은 가령, 사회적인 지위와 같은 상호 간의 차이에 집착한다. 공통적인 연관성은 아울러, 특정한 타인들을 배제하는 판정을 실행하는 데서 연유할 수 있다. 다른 심급이

---

6. [역주] 인간이 신과 인간 사이의 근본적 차이를 자신의 생각과 말로 확인하고 확정하려는 시도를 가리킨다.

없다면, 개별 인간은 자기 자신을 판정하는 데 있어서, 여타의 개인들을 지배하고 있는 공통적인 판정방식에 자신을 내맡긴다. 키에르케고어는 이에 반대하면서 자신이 "영원성의 평등"이라 부르는 것, 즉 모든 인간이 신 앞에 서 있는 개별자라는 주장을 내세운다. 이것은 개별자가 사회적인 연관 관계 속에 있으면서도 타인들로부터 떨어져 나와 있음을 뜻한다. 그리고 이것은 모든 개별 인간이 갖고 있는 동일한 지위, 즉 개별자라는 지위의 근본적인 평등함을 바탕으로 모든 개별자에게 유효한 규정이다. 이에 따라 영원한 평등이란 공통적인 인간의 평등함 내지는 인본성을[7] 의미한다. 이 평등함 내지 인본성은 서로 구별되는 한계를 확정하는 상호 간의 판정에 선행하며, 이 판정과 상충될 수도 있다. 이제 제기되는 요청은 각각의 개별자가 "자유롭게, 독립적으로 자기 자신이 (……) 되어야" 한다는 것이다.(『사랑의 역사』, 307) 이는 우리가 키에르케고어의 논의에서 반복해서 접해 온 모티브이다. "비인간적으로[8] 중요한 사실을 망각한 사람들이 있다. 이들은 모든

---

7. 이 용어에 대해선 서언의 독어본 역주를 참조하라. "저자는 여기서 독일어에서는 모방할 수 없는 언어적 연상을 활용하고 있다. '인간적인 것'에 대한 덴마크어는 'det menneskelige'이다. 이때 접미어 'lige'는 그 자체로 '동일한, 동등한'을 뜻하는 말이다. 따라서 덴마크어 '인간적인 것'은 '인간과 동일한 것', '인간과 동등한 것'으로 읽을 수 있는 것이다."

8. [역주] 여기서 '비인간적으로'는 '인간답지 못하게'의 의미로 읽어야 할 것이다.

인간 각자가 모두에게 공통적인 신적 평등함을 통해서 스스로를 강하게 만들어야 한다는 사실을 망각하고 있다. 이들은 남자든 여자든, 재능이 적든 많든, 주인이든 노예든, 거지든 부자든, 사람들 사이의 관계가 결코 한쪽은 숭배하고 다른 한쪽은 숭배 받는 식이 되어선 안 된다는 사실을 망각하고 있다."(『사랑의 역사』, 139) 키에르케고어가 주장하는 것은 근본적인 인간적 평등함이 신에 대한 관계 속에 뿌리를 두고 있다는 것, 이를 통해 모든 개별 인간이 유일한 단독자로서 떨어져 나와 있다는 사실이다.

내가 이미 앞서 지적한 것처럼, 키에르케고어는 저작 『단독 자』의 서언에서 단도직입적으로 "종교적 차원은 참된 인본성이 다"라고 단언한다.(『자기 자신에 관한 저작들』, 96) 이를 위한 논점 은 이렇다. 인간 상호 간의 우호적 내지 적대적인 의도와 행위에 의해 규정되어 있는 세속적 영역에서는 불가피하게 서로 간의 차이가 지배하고 있다. 분명하게 염두에 두어야 할 것은 여기서 말하는 차이란 인간들 상호 간의 경계선을 설정하도록 하는 차이 를 뜻한다는 점이다. 바로 이러한 세속적 영역에서 벗어나 있기 때문에, 종교적 차원은 참된 인간적 평등함이 될 수 있다. 종교적 차원은 어떤 최종적인 전망을 전달해주는데, 이는 인간이 각자 무엇을 행하는가에 대한 전망이지, 인간이 자신의 활동을 통해서 자신의 위치를 정할 수 있다는 것에 대한 전망이 아니다.

키에르케고어에 따르면, 이러한 종교적 전망은 최종적인 희망 의 표현이다. 1847년 『종교적 강화』의 한 곳에서 그는 이렇게

희망을 이야기한다. 그것은 "부활이 존재한다는 것"에 대한 희망
이다. "이 부활에서는 어떠한 차이도 더 이상 존재하지 않으며,
귀머거리가 들을 수 있고, 맹인이 눈을 뜨게 될 것이다. 또 이
부활에서는 비참한 몰골을 했던 자가 다른 모든 사람들처럼 아름
답게 될 것이다."(『상이한 성령 속의 종교적 강화』, 118)

10장
"우리 시대"

키에르케고어는『결론적인 비학문적 후서』에서 자명한 것으로 여겨질 수 있는 것, 즉 '한 인간은 실존하고 있는(existierend)[1] 상태이다'라는 점을 부각시키고 있다. 그럼으로써 그는 실존 개념에 각별한 중요성을 부여하는데, 이것은 그가 당대의 사유가 망각하고 있는 것을 공격하려는 의도를 보여준다. 키에르케고어가 거듭 반복하고 있는 전형적인 문장은 사람들이 "우리 시대에" 실존과 내면성이 무엇을 의미하는가를 망각했다는 것이다.『불안의 개념』에서도 그는 "우리 시대에 사람들은 자신들이 소유하고 있다고 믿는 모든 빛나는 것들과 이들에 대한 기쁨에 취하여 내면성과 전유의 사명을 기억에서 완벽하게 잃어버렸다. 하나도 남김없이

---

1. [역주] 우리말로는 어색하지만, 원문의 구조와 '실존하고 있는'이란 현재분사형을 살려서 이렇게 옮긴다.

완벽하게 망각한 것이다."라고 지적하고 있다.(19 각주)

"우리 시대에"라는 표현은 키에르케고어의 저작에 자주 등장하며, 통상 긍정적인 의미가 아니다. 비록 『불안의 개념』에서는 비판적인 진단이 후기 저작들에서처럼 강하게 등장하지는 않지만, 그럼에도 『불안의 개념』은 이러한 진단의 결정적인 개념, 즉 무정신성의 개념을 설명하고 있다. 이로써 이 책이 불안에 대해 부여된 의미를 바탕으로, 후기 저작들의 출발점이 된다는 점이 다시 한 번 드러난다고 하겠다.

우리는 키에르케고어가 무정신성이란 개념으로 집약하고 있는 복합적인 사태를 이미 여러 차례 접했었다. 일차적인 의미에서 "무정신성"이란 정신의 부재 내지 결여를 뜻한다. 하지만 키에르케고어는 본래 정신이 부재한 상태와 무정신성을 구별한다. 무정신성에서 문제가 되는 것은 정신을 상실하는 것이다. 키에르케고어는 무정신성을 인간이 정신 혹은 자기 자신(Selbst)으로서, 스스로에 대해서 명료하지 못한 상태에 있는 것이라 이해한다. 어떤 의미에서 여기서 상실을 얘기할 수 있을까? 첫째로, 우리는 자기 자신과 타인들에 대해 관계를 맺고 있는 존재로서 정신 혹은 자기 자신인데, 바로 그렇기 때문에 상실을 얘기할 수 있는 것이다. 불안의 분석이 보여준 것처럼, 우리에게 주어진 사명은 정신 내지 자기 자신이 되어야 한다는 것, 강조된 의미에서 스스로 자기 자신에 대해 명료해지도록 노력해야 한다는 것이다. 다시 말해 "산만한 상태"[2]에서 벗어나 자신을 집중시켜, 자기 자신과 '함께 성장하도록'[3] 노력해야 한다. 둘째로, 우리가 자기 자신으로 존재하는 것에 대해 단지 주목하지 않는 것이 아니기 때문에, 문제의 관건이 상실이라고 얘기할 수 있다. 여기서도 불안의 분석이 보여주는 것처럼, 한 인간은 자기 자신으로 존재한다는 사실을 스스로 자신에게 감출 수 있는 것이다. 우리는 자기관계를 회피할 수 있으며, 아예 덮어버릴 수도 있다. 그런데 이 또한 당연하게도 하나의 자기관계를 요구하는 과정이다. 무정신성은 따라서 대단히 복합적인 현상, 즉 개별자 자신이 정신의 상실을 눈에 띄지 않게 만들어 버리는 현상을 나타낸다. 그리고 이것은 『죽음에 이르는 병』에서 말하고 있는 것처럼 바로 사람들이 이 세계에 아주 잘 적응함으로써, 자신을 "유통 중인 화폐처럼 잘 굴러가게" 만듦으로써 일어날 수 있다. (『죽음에 이르는 병』, 30) 사람들은 자신이 '자기 자신으로서' 존재하지 않는다는 인식을 심지어 자신 앞에서도 없애버릴 수 있다. 키에르케고어가 절망을 "보편적인 것"으로 부를 수 있을 때, 이때 배후에 서 있는 것이 바로 이러한 가능성, 즉 자기 자신에게조차 절망의 상태를 감출 수 있는 가능성이다. 우리가 이미 살펴본 것처럼, 잠복해 있는 불안은, 그럼에도 불구하고 절망이 존재한다는

2. [역주] 원어는 Verstreutheit인데, 이 말은 위에서 언급했듯이, S. 크라카우어와 W. 벤야민에 의해 흥미롭게 논의된 '산만함'(오락거리; Zerstreuung)과 동의어로 볼 수 있다.
3. [역주] 이것은 구체적으로 자기 자신이 된다는 것을 뜻하는데, 이에 대해선 1장의 '종합으로서의 인간' 부분을 참조하라.

점을 보여주게 된다.

키에르케고어는 절망의 (그리고 불안의) "보편성"을 얘기함으로써 이미 사회적 차원에 대한 진단을, 다시 말해 공동체의 형식들에 대한 서술을 시도하고 있다. 이러한 인상을 더 강화시켜 주는 것은, 키에르케고어가 속물적 시민들(Spießbürger)이란 개념으로 무정신성의 구체적인 형태들을 표현하고 있다는 점이다. 무정신성이 '성공하게' 되는 것은 다름 아닌, 사람들이 다른 사람들에 대해 관계를 맺는 방식을 통해서이다. 다시 말해 우리가 다른 사람들을 주시하는 방식에 우리 스스로가 적응하고, 이것이 다시금 우리가 우리 자신을 보는 방식을 규정하게 되는 과정을 통해서이다. 그렇기 때문에 사회적 차원에 대해 비판적으로 진단하면서 무정신성 개념을 사용하는 일은 일관성이 있다고 할 수 있다.

당대에 대한 진단을 처음으로 내비치는 저작은『문학적 공지(公知)』인데, 이 책은 1846년 3월『비학문적 후서』가 나온 직후 출간되었다. 키에르케고어는 토마지네 길렘보르히(Thomasine Gyllembourg)의 단편 소설『두 시대』를 평하면서, 자신의 "당대"를 "혁명시대"(프랑스혁명 직후인 1790년대)와 대비시킨다. "혁명시대"가 본질적으로 열정적인 시대였던 반면에, "당대"는 현명한 계산이란 특징이 지배하고 있는 시대, 열정이 사라지고 없는 시대이다.

이렇게 유용성을 지향하는 일은 하나의 사회적 요인이다. 열정적인 시대에는 열광이 사회적인 연합으로 이끄는 원리가 되는 반면, 열정이 없는 시대에는 시기심이 서로 상이한 개인들을 부정적으로 결합시키는 원리가 되게 된다. 서로 시기하면서 비교하는 일이 확고하게 자리 잡게 되면, 이는 결국 "평준화"로 귀결되게 된다.(『문학적 공지』, 89) 본래적인 의미에서 사회를 평준화시키는 것은 키에르케고어가 "공중(Publik)"이라 부르는 대상인데, 이는 "대중 언론의 추상화"와 "시대의 (……) 열정 없음"이 낳은 결과물이다.(『문학적 공지』, 100) 공중이란 "모든 것을 포괄하고 있는 어떤 것이며, 또한 무(無)이다."(『문학적 공지』, 96) 공중이 무엇인가를 주장한다고 할 때, 이때 공중은 어떤 것을 주장하고 있는 특정한 존재가 아니다. 비록 공중이 개인들로부터 만들어진 추상체이긴 하지만, 그럼에도 공중은 모든 것을 포괄하는 어떤 것이라는 실재성을 갖고 있다.

평준화라는 현상은 익명성이 철저하게 관철되고 있음을 의미한다. 개별자는 어떤 집합에 속해 있는 일개 숫자에 불과하게 된다. 따라서 평준화는 사회적 차원 속에서 실현되고 있는 셈인데, 물론 이때 실현되는 방식은 공동체의 부정적 원리를 통해서이다. 그런데 비록 여기서 효력을 발휘하고 있는 것이 일종의 추상적인 힘이긴 하지만, 이 힘은 그럼에도 오직 개별자가 자신 자신과 타인을 보는 방식을 통해서만 효력을 발휘하고 있다. 개별자들이 스스로를 집합에 속한 존재로 만들고 있는 것이다. 평준화가 의미하는 것은 사람들 상호 간의 관계가 가진 성격이 변화하고 있다는 것이다. 만약 개별자들에게 내면성이 결여되어 있다면, 이들 사이의 관계는 결코 본래적인 의미에서 인간관계라 할 수 없다. 이 관계가 이들 사이를 긍정적으로 연결시키지 못하기 때문이다. "서로 상이한 것이 자신과 다른 것과 관계를 맺고 있는 것이 아니다. 반대로 서로 상이한 것들은 이를테면 그냥 서 있을 따름이며, 시선을 통해 서로 상대방에 적응하고 있다. **이러한 긴장이란 본래적인 의미에서는 관계의 중지에 다름 아니다.**"(『문학적 공지』, 83)

키에르케고어는 평준화가 드러나고 있는 여러 가지 현상을 서술한다. 예를 들어 "수다 떨기"가 그중 하나인데, 이것이 의미하는 것은 침묵과 담화 사이에 존재하는 열정적인 차이가 사라진다는 점이다. 진정으로 현실적인 대화에서는 개별자가 침묵할 수도 있다는 것을 "본질적으로" 전제하고 있는 반면, 수다는 아무런 차이 없이 잠깐은 이것에 대해, 잠깐은 저것에 대해 이러저러하게 떠든다. "수다 떨기"에서는 사적인 차원과 공적인 차원 사이의 분리가 "일종의 사적-공적인 수다 속에서 지양되고 있는데, 이러한 수다는 공중의 본질과 대략 일치한다."(『문학적 공지』, 107) 공공성이 공중으로 퇴화하게 되는 것이다.

키에르케고어가 의도하는 것은, "당대"의 두드러진 특징이 되고 있는 것을 부정적인 견지에서 이러한 방식으로 적확하게 묘사하려는 것이다. 그러나 그는 여기서도 우리가 부정적인 것을 반드시 거쳐 지나가야 한다는 점을 내비친다. 당대는 추상적인 사회적 연합의 형식을 지니고 있다. 그럼에도 당대는 이 형식을 통해서, 개인이 자기 자신을 다시 획득하도록 '도야시킬 수 있는' 가능성 또한 전달해 주고 있다. 그리고 이를 통해서야 비로소 진정한 사회적 연합이 가능해진다. "개별자 각각이 전체 세계에 대해 저항하면서, 그리고 스스로 내적으로 윤리적 태도를 획득한 이후에야, 비로소 사람들이 진정으로 서로 연합하게 된다는 말을 할 수 있다." (『문학적 공지』, 113) 따라서 문제의 관건은 사회적 차원과 개별자 사이의 어떤 추상적인 대립이 아니다. 비록 평준화가 실현되는 것은 사회적 차원이지만, 스스로를 집단으로 만드는 것은 바로 개별자 자신이다. 평준화로부터 빠져나오는 길은 개별자가 각별히 분리되는 것이며, 이 분리에 의해 참된 보편적 차원이 얻어지게 된다. 그리고 이 보편적 차원이 개별자들을 사회적으로 긍정적인 방식으로 연합시켜 준다.

키에르케고어가 공중을 "그 본질이 무(無)인, 모든 것을 포괄하는 어떤 것"으로 서술할 때, 우리는 이를테면 뒤집혀진 상태의 불안을 확인하게 된다. 평준화가 보여주는 것은, 불안에 의한 개별자의 분리와는 정반대로 진행되는 운동이다. 불안에 의해 분리됨으로써 개별자는 자기 자신을 마주한 개별자로 등장하게 된다. 키에르케고어는 모든 것을 갉아먹는 평준화가 불안처럼 맹목적으로 작용할 수 있다고 주장한다. 그러나 평준화가 그렇게 작용할 수 있는 것은 오직, 개별자의 분리를——이 분리는 자유의 가능성인 불안을 전제하고 있는데——통해서이다. 평준화를 통해 효력을 발휘하고 있는 것은 일종의 무정신성의 불안이다. 비록 키에르케고어가 『문학적 공지』에서 불안과 무정신성을 직접 언급하고 있지는 않지만, 그럼에도 이 둘 사이가 연결되어 있다는 것은 명백하다.

키에르케고어는 무정신성의 개념을 『불안의 개념』의 일종의 역사철학적 스케치 속에서 전개하고 있다. 이미 본 것처럼, 무정신성은 기독교 세계 안에 존재하고 있는 부정적인 가능성이다. 기독교는 '인간은 정신이다'라고 강조하는데, 이는 이러한 이해가 실패할 수 있는 가능성 또한 말하고 있다 하겠다. 인간이 정신이라는 것은, 모든 인간 각자가 한 사람의 단독자로서 자기 자신으로 존재한다는 것을 의미한다. 이제 키에르케고어는 『문학적 공지』에서 "현대 시대"[4]에 대해 이야기한다.(『문학적 공지』, 96) 무정신성은 —— 이는 개별자로 존재하는 것에 대한 앎을 상실했다는 의미인데 —— 여기서 평준화의 형태를 띠게 되며, 평준화가 진행되는 것은 현대가 새로운 가능성들을 풀어놓았기 때문이다. 키에르케고어는 이미 『비학문적 후서』에서 이에 대해 언급한 바 있다. 그는 이 책에서 당대를 형성한 각별한 특징으로 지식의 축적을 꼽고 있다. 그런데 지식이 축적됨으로써 자신에 대한 저 다른 앎을 망각하게 되었다. 즉 모든 개별자가 자기 자신에 대해 알고 있는 것, 자신에게서 '근원적으로' 알고 있는 앎을 망각하게 된 것이다. 윤리적 앎이란 타인과의 관계 속에 있는 자기 자신에 대한 앎으로서, 개별자가 '자기 자신에게서' 소유하고 있는 앎이다.

----

4. [역주] 이는 물론, 키에르케고어가 살던 시대를 가리킨다.

키에르케고어는 거의 예언자처럼, 현대 사회에 이르러 의사소통 가능성들이 어떻게 극적으로 확장되는가에 대해 언급하고 있다. 『문학적 공지』에서 그는 아이러니한 상황을 이야기하는데, 이는 "운송수단의 속도와 분주한 교통 상황이 개별자의 주저하는 혼란 상태와 상반된 관계에 있다"[5]는 것이다.(『문학적 공지』, 67) 사회적 '의사소통' 영역이 점점 더 커져갈수록, 역으로 서로 비교하는 일이 개별자들을 괴롭힐 가능성도 훨씬 더 강력해진다. 서로서로 부정적으로 비교하면서 개별자가 자신이 유일무이한 개별자라는 것을 망각하게 된다.

이미 말했듯이 1849년에 출간된 『죽음에 이르는 병』에서 키에르케고어는 무정신성뿐만 아니라 "무정신성의 불안"에 대해서도 이야기하고 있다. 이 불안을 언급하기 바로 직전, 그는 『불안의 개념』의 한 곳을 참조하라고 쓰고 있는데, 이곳에서 그는 "무정신성 속에서는 아무런 불안이 존재하지 않는다. 그러기에는 너무나도 행복하고, 너무나도 정신을 결여한 상태이다."(112)라고 썼었다. 하지만 이미 바로 다음 쪽에서 키에르케고어는, 그럼에도 불구하고 불안이 도사리고 있다고 주장한다. 그리고 『불안의 개념』 종결부에서는 후에 『죽음에 이르는 병』에서 개진될 시각이 예고되어 있다. 즉 어떤 사람이 스스로 자부하면서 '나는 불안을 가져

---

5. [역주] 운송수단의 발달로 삶의 속도가 빨라질수록, 개개인의 실존적인 망설임과 혼란스러움은 더욱 증가하게 된다는 것을 말한다.

본 적이 없다'고 말한다면, 이에 대한 대답은 '불안의 가능성을 통과하여 지나온 자만이 스스로 불안해하지 않을 수 있는 상태로 도야된 것이다'가 된다. "만약 그럼에도 그렇게 이야기하는 사람이 한 번도 불안해 한 적이 없음을 어떤 위대한 일로 여기고 있다면, 나는 아주 기쁘게 그에게 내 설명을 전수해 줄 것이다. 즉 그가 그렇게 여기는 원인은 그가 정신을 크게 결여한 데에 있다고 말이다."(184) 이러한 설명에서 한 걸음 더 나아가는 일도 이제 충분히 수긍이 갈 것이다. "무정신성의 불안은 바로 정신을 결여한 안정감에서 인식되는 것이다."(『죽음에 이르는 병』, 41)

무정신성은 복합적인 자기관계이다. 그것은 개별자가 자기 자신의 상실을, 즉 절망을 자기 스스로에 대해서 인식할 수 없도록 만들고 있는 자기관계이다. 바로 그럼으로써 무정신성은 자기관계를 분명하게 확인하고 있는 셈이다. 무정신성이 동시에 이 자기관계를 벗어나고자 시도하기 때문이다. 자기관계가 갖고 있는 이러한 모호성이 무정신성의 불안이다. "그럼에도 불구하고 불안은 그 근저에[6] 거주하고 있다."(『죽음에 이르는 병』, 41) 무정신성의 불안은 저 아래에 놓여 있는 어떤 동요처럼, 즉 절망이 저 아래 도사리고 있음을 드러내는 동요처럼 현존하고 있다. 불안은 사람

---

6. [역주] '근저에(im Grunde)'는 흔히 'im Grunde genommen'을 축약한 관용구로서 '근본적으로, 필경, 실제로는'의 의미로 사용되는데, 여기서는 문자 그대로의 의미에서 '바탕 안에, 근거 안에'의 의미로 쓰이고 있다.

들이 알아볼 정도로 분명하게 자신을 드러낼 필요가 없다. 오히려 불안은 불안으로서의 정체를 은폐하는 방식으로 자신을 드러낼 수 있다. 다시 말해서 안심하고 안정감을 느끼는 가운데에 도사리고 있는 동요 내지 불안정의 방식으로 자신을 드러낼 수 있는 것이다. 스스로 안정을 확보하겠다는 열망이 이미 불안의 징표인 것이다. 그리고 이것은 언어를 통해 드러날 수 있다. 『불안의 개념』 마지막 장에 나오는 표현을 사용하자면, 우리는 불안을 "설복시킬" 수 있다.(185) 우리는 다른 사람들에 대해서뿐만 아니라 (이때 우리는 우리 자신에게 말을 건네고 있다.), 스스로 '다른 사람들 중 한 사람'이 됨으로써 (이때 우리는 다른 사람들이 말하는 것처럼 말하고 있다.) 우리 자신을 안심시킬 수 있다.

불안의 근본적인 의미는 인간이 자기 자신으로 존재한다는 것을 보여준다는 데에 있다. 자유의 가능성으로서의 불안은 자기 자신에 대해 주목할 수 있는 가능성이다. 무정신성은 바로 이에 상반된 대척점이다. 그것은 자기 자신에 대해 주목하지 않을 수 있는 가능성이다. 물론 이 가능성을 갖고 있는 것도 바로 우리 자신이다.

그러나 불안은 또한 이 대립된 가능성 속으로도 스며든다. 왜냐하면 우리가 이미 보았듯이, 불안의 의미는 모호하기 때문이다. 불안은 개별자로서 자기 자신을 볼 수 있는 가능성이지만, 동시에 자기 자신에 대한 모호한 행동 방식이기도 하다.[7] 사람들은 불안 속에서 내적으로 자신을 폐쇄시킬 수도 있으며(악마적 폐쇄성),

아니면 불안에서 벗어나기 위해 노력할 수도 있다.(무정신성) 바로 이런 무정신성에 있어서조차도 불안이 얘기된다는 사실에서 역으로 자유의 가능성이 현존하고 있다는 점이 드러나게 된다. 우리가 회피할 수 있는 가능성으로서 말이다.

키에르케고어는 『문학적 공지』에서 말한다. "어떠한 시대도 평준화의 의심스러움을 중단시킬 수는 없다. 따라서 역사적 시대, 당대 시대도 이를 할 수 없기는 마찬가지다." 그는 이렇게 덧붙인다. "그 의심스러움을 중단시키는 것은, 오직 개별자가 개별자로서 분리되면서 종교성의 담대함을 획득함으로써 가능하다."(『문학적 공지』, 92) 이것은 어쩌면 일종의 무기력한 저항처럼 들릴 것이다. 왜냐하면 키에르케고어 자신이 강조하는 것처럼, 평준화가 개별자들과 더불어 유희하고 있는 일종의 추상적인 힘이기 때문이다. 그러나 평준화란 것이 개별자가 타인과의 관계 속에서 스스로 행하는 일과 함께 시작되는 것이기 때문에, 평준화와 함께 개별자에게도 어떤 변화가 시작된다고 봐야 한다. 개별자가 담대함을 획득하게 되는 것은 어느 누구도 두려워해선 안 되는 것, 즉 다른 사람들(비교하기의 힘)을 두려워하기 때문이 아니다. 반대로 개별자는 누구나 응당 두려워해야 할 것, 즉 자기 자신(양심)을 두려워할 때, 담대함을 획득할 수 있다. 평준화에 반대되는 것은 불안을

---

7. [역주] 이에 대해선 1장의 전체 내용, 특히 '불안의 모호성' 부분을 보라.

통한── 불안에서 개별자가 자기 자신에 대해 주목하게 되기에
── 자기 자신의 분리됨이다. 키에르케고어는 이를 또한 "본질적
인" 인간성을 획득하는 일이라고 부른다. 우리는 이를 "비인간적
으로 자기 자신을 추상적인 어떤 것, 가령 이 시대, 우리 시대
등과 혼동하지 않고, 한 사람의 인간으로 존재한다는 것이 무엇인
지를 스스로 올바르게 파악함으로써" 획득할 수 있다.(『문학적
공지』, 120) 이것을 배우는 때는, 한 인간이 스스로 고유한 개별자
로서 분리될 때, 다시 말해서 스스로 불안해하는 일을 배울 때이다.

불안이 포함하고 있는 이 모호한 가능성이 보여주는 것은, 바로
스스로 불안해하기를 배우는 일이 결정적으로 중요하다는 사실이
다. 그리고 이 배움이 가리키는 것은 스스로 올바른 방식으로 불안
해하기를 배우는 일이다.

좀 더 심화된 공부를 위한 제언

끊임없이 증가하고 있는 키에르케고어의 이차문헌들과 관련하여 전반적인 경향을 알고 싶다면, 매년 1권씩 발간되고 있는 연구저널 『키에르케고어총서(Kierkegaardiana)』[1]를 참조해야 할 것이다. 이 연구저널에는 키에르케고어에 대한 연구논문들과 함께 연구서들에 대한 서평들, 그리고 연구문헌에 대한 새로운 서지 등이 실려 있다.

『키에르케고어 연구-연보(Kierkegaard Studies-Yearbook)』도 마찬가지로 해마다 발간되고 있는 저널이다.(1996년부터 책임편집은 요한 카펠뢰른(Jørgen Cappelørn)과 헤르만 도이저(Hermann Deuser)가 맡고 있다.) 이 『연구-연보』에서는 키에르케고어의 주

---

1. [역주] 1955년부터 덴마크에서 매년 한 권씩 발간되고 있는 키에르케고어 연구 전문저널이다.

요 원전에 대한 새로운 연구 결과들이 영어와 독일어로 정리되어
소개되고 있다.

나는 이 책의 초판을 1993년에 출간하였는데, 이 책에서 내가
선보인 해석에 결정적인 영감을 준 것은 미하엘 토이니센(Michael
Theunissen)[2]의 길지 않은, 하지만 결코 쉽게 읽을 수 없는 연구서
였다.(『절망의 근저 위에 있는 자기 자신. 키에르케고어의 부정주
의적 방법(*Das Selbst auf dem Grund der Verzweiflung. Kierkegaards
negativistische Methode*)』, Suhrkamp, Frankfurt am Main, 1991)
토이니센은 여기서, 키에르케고어가 『죽음에 이르는 병』에서 자
기 자신의 본질이 무엇인가를 밝히기 위해 '부정적인 것', 즉 절망
에서 출발하고 있다는 주장을 논구하고 있다. 토이니센은 이 '부정
주의'라는 테제를 다음 저서인 『절망의 개념. 키에르케고어에 대
한 교정(*Der Begriff Verzweiflung. Korrekturen an Kierkegaard*)』
(Suhrkamp, Frankfurt am Main, 1993)에서 계속 전개해 나간다. 그런
데 이 '부정주의'에 관한 테제는 실상 이미 그가 훨씬 이전에 그레베

---

2. [역주] 독일 전후 세대의 가장 뛰어난 철학자 가운데 한 사람이었으며,
필자에게도 큰 가르침을 주신 토이니센 교수(1932-2015)는 베를린 자
유대학 철학과에 재직하다가 1998년 정년퇴임하였으며, 얼마 전 세상
을 떠났다. 그가 남긴 저서들은——『키에르케고어에 있어 진지함의
개념』(1958), 『타자』(1965), 『사회와 역사』(1969), 『존재와 가상』
(1978), 『시간의 부정적 신학』(1991), 『절망의 근저 위의 자기 자
신』(1991), 『절망의 개념』(1993), 『핀다로스』(2000)—— 모두 탁월한
업적으로 평가된다.

(Wilfried Greve)와 함께 편집한 『키에르케고어 철학에 대한 자료집(*Materialien zur Philosophie Søren Kierkegaards*)』(Suhrkamp, Frankfurt am Main, 1979)의 서론에 예고되어 있었다. 이 긴 서론은 키에르케고어의 저작들에 대해서뿐만 아니라, 이들의 영향사에 대한 전체적인 개요를 담고 있다.

헤르만 도이저(Hermann Deuser)는 1980년대 초반까지(대략 1971년부터 1983년까지) 이루어진 키에르케고어 연구 상황에 관한 저서 『키에르케고어. 종교적 문필가의 철학(*Kierkegaard. Die Philosophie des religiösen Schriftstellers*)』(Darmstadt, 1985)을 출간하였는데, 이 책 또한 『불안의 개념』을 논의의 출발점으로 삼고 있다.

이 밖에 독일어로 출간된 수많은 연구 문헌들 가운데, 특히 다음 저서들을 지적하고 싶다.

코달레의 『무용한 것의 정복』, Klaus-M. Kodalle, *Eroberung des Nutzlosen. Kritik des Wunschdenkens und der Zweckrationalität im Anschluß an Kierkegaard*, Paderborn, 1988.

링레벤의 『쇠렌 키에르케고어의 죽음에 이르는 병』, Joachim Ringleben, *Die Krankheit zum Tode von Sören Kierkegaard. Erklärung und Kommentar*, Göttingen, 1995.

슐츠의 『종말론적 동일성』, Heiko Schulz, *Eschatologische Identität. Eine Untersuchung über das Verhältnis von Vorsehung, Schicksal und Zufall bei Sören Kierkegaard,* Berlin/New York, 1994.

슐뢰크의 『열정적인 기독교』, Johannes Sløk, *Christentum mit Leidenschaft. Ein Weg-Weiser zur Gedankenwelt S. Kierkegaards,* München, 1990.

토이니센의 『키에르케고어에 있어 진지함의 개념』, Michael Theunissen, *Der Begriff Ernst bei Sören Kierkegaard,* Freiburg/München, 1958/1978.[3]

---

3. [역주] 필자 그뢴은 영어 번역본에서는 토이니센의 책 『절망의 근저 위에 있는 자기 자신』 외에 다음 논문과 책을 권하고 있다.
   - M. Theunissen, "Kierkegaard's Negativistic Method", in: *Psychiatry and the Humanities,* Vol. 5: *Kierkegaar's Truth: The Disclosure of the Self,* ed. William Kerrigan and Joseph H. Smith(New Haven CT: Yale Univ. Press, 1981, pp. 381-423).
   - K. Nordentoft, *Kierkegaard's Psychology,* trans. Bruce Kirmmse (Pittsburgh: Duquesne Univ. Press, 1978, vol. 7 of Duquesne Studies ——Psychological Studies).
   - *The Concept of Anxiety, International Kierkegaard Commentary,* vol. 8, ed. Robert L. Perkins(Mason GA: Mercer Univ. Press, 1985).
   - Ferreira, M. Jamie, *Kierkegaard,* Blackwell, 2008.
   - Kirmmse, Bruce H., *Kierkegaard in Golden Age Denmark,* Bloomington IN: Indiana Univ. Press, 1990.

- Hannay, Alastair & Marino, Gordon, ed. *The Cambridge Companion to Kierkegaard*, Cambridge: Cambridge Univ. Press, 1998.
- Pattison, George, *The Philosophy of Søren Kiekegaard*, Chesham: Acumen, 2005.
- Theunissen, Michael, *Kierkegaard's Concept of Despair*, trans. B. Harshav and H. Illbruck. Princeton: Princeton Univ. Press, 2005.
- Westphal, Merold, *Becoming a Self: A Reading of Kierkegaard's Concluding Unscientific Postscript*. West Lafayette IN: Purdue Univ. Press, 1996.

찾아보기

(ㄱ)

가능성의 절망 207, 210

개별자 17, 18, 19, 40, 41, 44, 46, 47, 48, 52, 54, 55, 56, 58, 59, 60, 61, 62, 63, 64, 68, 70, 71, 72, 73, 74, 75, 76, 77, 78, 79, 80, 82, 83, 84, 85, 86, 87, 88, 89, 91, 92, 93, 94, 95, 96, 97, 98, 99, 100, 102, 103, 105, 106, 107, 108, 109, 110, 111, 113, 121, 124, 125, 126, 127, 128, 129, 130, 131, 132, 133, 134, 135, 136, 137, 138, 140, 141, 155, 160, 161, 165, 167, 168, 171, 172, 173, 176, 178, 181, 182, 184, 195, 200, 201, 202, 203, 204, 207, 212, 216, 224, 226, 231, 234, 235, 240, 243, 244, 245, 246, 247, 248, 249, 250, 251, 252, 253, 257, 258, 259, 260, 261, 262, 263, 264, 265, 266, 268, 270, 271, 273, 275, 276, 281, 282, 283, 284, 285, 286, 287, 288, 289, 292, 294, 302, 306, 307, 311, 312, 313, 314, 317, 318, 319, 321, 329, 331, 332, 333, 334, 335, 336, 337, 338, 339

공감 49, 60, 61

공포, 두려움 13, 27, 30, 32, 104, 174, 220, 259, 260, 266, 267, 270, 272, 273, 276, 286, 301, 313, 315, 316, 317

공허함(불안의 무) 27, 28, 156,

157, 158, 159

관찰자, 관찰하다 267, 268

균열, 분열 96, 217, 219, 220,
221, 223, 224, 225, 226, 227

(ㄴ)

내면성 115, 127, 132, 133, 134,
136, 137, 138, 141, 142, 216, 327,
331

(ㄷ)

도야(형성, 교육) 40, 69, 113,
166, 203, 213, 251, 311, 313, 314,
315, 332, 334, 336

도약 54, 58, 59, 63, 64, 70, 72,
73, 77, 82, 83, 84, 89, 106, 314

동정, 공감 49, 60, 61, 267, 268,
269

(ㅁ)

망각 56, 121, 122, 125, 126,
127, 128, 129, 130, 238, 239, 321,
322, 327, 328, 334, 335

무구성(무구함) 64, 65, 66, 67,
68, 69, 70, 71, 72, 73, 78, 80, 81,
82, 87, 89, 105, 106

무구성의 불안 81, 89

무정신성 88, 203, 328, 329,
330, 333, 334, 335, 336, 337, 338

무한성의 절망 205, 206, 207,
208, 210

미학, 심미적 차원 152, 154,
155, 156, 157, 158, 159, 302

믿음 113, 129, 226, 309, 310,
312, 313, 314, 315, 316, 317, 318,
319

(ㅂ)

반복 17, 31, 41, 54, 85, 92, 93,
94, 102, 124, 126, 127, 128, 136,
174, 191, 193, 209, 258, 307, 321,
327

반항의 절망 196, 210, 211, 232

보편성, 보편적인 것, 보편적인

인간적 차원 198, 199, 202, 203, 255, 276, 286, 287, 288, 329, 330

　부정성, 부정적인 것 39, 114, 235, 332, 344

　부정적 현상들 141, 224, 226, 232, 240

　부정적 현상학 226

　분리해냄 혹은 분리됨(떨어져 나옴) 74, 193, 252, 257, 259, 260, 261, 311, 333, 339

　불안 13, 14, 15, 16, 17, 18, 19, 23, 24, 25, 26, 27, 28, 29, 30, 31, 32, 33, 34, 35, 36, 37, 39, 40, 42, 43, 45, 46, 47, 48, 49, 50, 51, 52, 53, 56, 57, 58, 59, 60, 61, 62, 63, 64, 66, 67, 68, 69, 72, 74, 76, 79, 81, 82, 83, 84, 85, 86, 87, 88, 89, 90, 91, 92, 93, 94, 95, 96, 97, 98, 100, 101, 102, 103, 104, 105, 106, 107, 108, 109, 110, 111, 112, 113, 114, 115, 119, 131, 139, 140, 141, 142, 145, 146, 147, 148, 151, 159, 160, 161, 162, 163, 164, 166, 168, 174, 175, 176, 177, 182, 183, 184, 185, 186, 189, 190, 191, 194, 198, 199, 202, 203, 204, 207, 210, 211, 215, 216, 217, 218, 222, 224, 226, 227, 231, 232, 233, 234, 236, 239, 240, 243, 245, 247, 250, 257, 258, 259, 261, 267, 270, 274, 276, 282, 284, 285, 297, 302, 307, 309, 310, 311, 312, 313, 314, 315, 327, 328, 329, 330, 333, 334, 335, 336, 337, 338, 339, 345

　불안과 두려움 30
　불안의 모호함 63
　불안의 무 72, 84, 90, 104, 164
비본래적인 절망 197

(ㅅ)

사랑(이웃사랑과 자기애) 14, 19, 34, 62, 139, 212, 221, 222, 223, 224, 226, 285, 286, 287, 288, 289, 290, 291, 292, 293, 294, 295, 296, 297, 306, 308, 321, 322

　생성, 생성 중에 있음 125, 130, 131, 191, 192, 193, 239, 248, 249, 316

　선 앞에서의 불안 88, 90, 91, 94, 95, 96, 97, 98, 101, 102, 103,

105, 106, 112, 141, 142, 182, 185, 211, 216, 226, 232, 307

선, 악 72, 85, 88, 90, 91, 92, 93, 94, 95, 96, 97, 101, 102, 103, 104, 105, 106, 112, 141, 151, 152, 153, 154, 162, 163, 164, 165, 166, 167, 168, 179, 182, 183, 185, 211, 216, 219, 220, 221, 224, 226, 227, 232, 274, 275, 276, 282, 285, 307

선택 15, 18, 47, 48, 51, 52, 95, 145, 146, 147, 148, 149, 150, 151, 152, 153, 154, 156, 161, 162, 163, 164, 165, 166, 167, 168, 169, 170, 171, 172, 173, 179, 189, 243, 244, 245, 281, 282, 283, 306

성(性) 67, 68, 69, 74, 75, 76, 79, 84

소크라테스 120, 121, 122, 123, 134, 135, 136

수치(심) 67, 68, 69, 75, 81, 89

수치심의 불안 68, 69, 81, 89

순간 17, 29, 33, 36, 40, 41, 46, 54, 58, 74, 75, 77, 78, 79, 80, 85, 86, 95, 97, 108, 109, 122, 124, 129, 130, 155, 156, 157, 160, 161, 164, 170, 181, 203, 245, 246, 247, 248, 253, 291, 315

시간, 시대 19, 26, 27, 28, 29, 33, 34, 35, 36, 38, 41, 42, 43, 67, 74, 85, 86, 88, 91, 123, 126, 127, 128, 129, 130, 157, 191, 199, 201, 203, 218, 221, 245, 291, 313, 316, 327, 328, 330, 331, 334, 338, 339, 344

시기(심) 223, 225, 240, 331

신 31, 72, 123, 124, 138, 210, 259, 292, 294, 303, 305, 306, 307, 308, 309, 310, 312, 316, 317, 319, 320, 321, 322

실존 17, 18, 28, 35, 36, 38, 40, 44, 51, 55, 79, 85, 91, 94, 95, 98, 107, 114, 115, 119, 121, 123, 124, 125, 126, 127, 128, 129, 130, 131, 132, 133, 135, 136, 145, 158, 166, 167, 172, 174, 189, 190, 191, 192, 193, 195, 198, 202, 203, 205, 218, 221, 226, 243, 245, 246, 248, 251, 257, 265, 285, 286, 301, 302, 318, 327, 335

(ㅇ)

악 앞에서의 불안 88, 90, 91,
92, 93, 94, 96, 102, 182, 226, 232,
285

악마적 14, 97, 98, 99, 100, 102,
105, 106, 141, 142, 182, 183, 184,
185, 198, 199, 202, 204, 210, 215,
216, 217, 219, 225, 232, 274, 275,
276, 337

앎(지식), 무지 67, 68, 69, 75,
88, 91, 122, 123, 127, 128, 129,
131, 194, 199, 201, 235, 271, 334

양심 270, 271, 272, 273, 306,
307, 338

언어, 말 99, 126, 225, 259, 260,
274, 275, 321, 337

역사 26, 28, 53, 54, 59, 73, 75,
76, 77, 78, 79, 80, 81, 82, 83, 84,
85, 86, 87, 88, 89, 110, 122, 166,
169, 203, 221, 222, 243, 244, 245,
246, 247, 248, 249, 250, 251, 252,
253, 268, 277, 283, 285, 286, 290,
291, 292, 293, 294, 306, 308, 316,
317, 321, 322, 334, 338, 344

역설 234, 315, 316, 317, 318

열정 126, 132, 138, 139, 142,
222, 330, 331, 332

영혼 37, 38, 39, 41, 42, 44, 70,
71, 73, 74, 108, 109, 122, 191, 192,
233, 239, 246, 267, 295

우울(함) 100, 217, 218, 219,
233, 291, 292

유한성의 절망 205, 206, 208,
209, 210

윤리학, 윤리적 차원 19, 51,
151, 152, 153, 154, 158, 160, 161,
174, 189, 248, 259, 260, 261, 264,
265, 266, 276, 281, 282, 283, 284,
285, 286, 287, 288, 289, 297, 301,
302

의사소통 225, 335

의식 44, 61, 64, 67, 70, 73, 75,
76, 77, 78, 84, 87, 158, 159, 160,
171, 191, 192, 196, 197, 199, 202,
204, 211, 214, 215, 218, 247, 270,
271, 272, 303

의지(원함) 33, 96, 99, 102,
152, 153, 183, 184, 185, 194, 195,
201, 217, 219, 220, 221, 224, 225,
226, 274, 306, 310, 314, 318

"이 시대", "우리 시대" 19, 88,

128, 203, 327, 328, 339

인간에 대한 두려움 272

인격 138, 141, 160, 245, 260, 277

(ㅈ)

자기 안에 갇혀 맴도는 현상들 224

자기 자신 앞에서의 불안 198

자기 자신, 자기관계 17, 19, 29, 30, 32, 33, 35, 36, 40, 42, 44, 45, 46, 47, 48, 49, 50, 51, 52, 55, 56, 57, 61, 63, 68, 69, 70, 71, 72, 73, 74, 75, 76, 77, 78, 79, 80, 88, 89, 94, 95, 96, 97, 98, 101, 102, 103, 104, 106, 107, 108, 109, 110, 111, 112, 113, 115, 121, 122, 124, 130, 131, 134, 135, 136, 137, 138, 139, 140, 142, 145, 149, 159, 160, 161, 162, 164, 166, 168, 169, 170, 171, 172, 173, 174, 175, 176, 177, 178, 179, 180, 181, 182, 183, 184, 185, 189, 190, 191, 192, 193, 194, 195, 196, 197, 198, 199, 200, 201, 202, 204, 205, 207, 208, 209, 210, 211, 212, 213, 214, 215, 216, 217, 218, 219, 220, 221, 222, 223, 224, 225, 226, 231, 233, 234, 235, 236, 237, 238, 239, 240, 244, 245, 246, 247, 248, 249, 250, 252, 257, 258, 260, 261, 262, 263, 264, 265, 267, 268, 269, 270, 271, 272, 273, 274, 275, 276, 281, 282, 283, 284, 285, 286, 287, 288, 289, 290, 291, 292, 293, 294, 295, 296, 297, 303, 304, 305, 306, 307, 308, 309, 311, 313, 315, 319, 321, 322, 328, 329, 332, 333, 334, 336, 337, 339, 344, 346

자기 자신의 상실, 자기 자신의 획득 236, 336

자기규정, 자기규정성 60, 173

자기의식 17, 27, 44, 78, 80, 198

자유, 부자유 16, 17, 18, 24, 29, 45, 46, 47, 48, 49, 52, 57, 58, 60, 61, 63, 72, 83, 84, 85, 89, 90, 92, 93, 94, 95, 96, 97, 98, 99, 100, 101, 102, 103, 105, 106, 107, 111, 112, 113, 114, 140, 141, 142, 145, 146, 147, 148, 161, 162, 163, 164, 165,

166, 172, 173, 174, 175, 176, 177,
178, 179, 180, 181, 182, 183, 184,
185, 186, 190, 192, 194, 198, 200,
201, 204, 215, 217, 221, 223, 224,
226, 231, 232, 233, 234, 235, 236,
237, 240, 243, 249, 253, 259, 274,
283, 284, 296, 297, 302, 307, 309,
310, 313, 315, 316, 321, 333, 337,
338, 344

자의적 선택의 자유 163, 164,
243

전유 121, 132, 133, 135, 136,
137, 138, 140, 169, 171, 218, 244,
252, 268, 283, 327

절망 148, 156, 157, 158, 159,
168, 180, 181, 186, 193, 194, 195,
196, 197, 198, 199, 200, 201, 202,
203, 204, 205, 206, 207, 208, 209,
210, 211, 212, 213, 214, 215, 216,
218, 221, 224, 225, 226, 231, 232,
233, 234, 236, 276, 292, 294, 295,
304, 305, 306, 329, 330, 336, 344,
346

정신 37, 38, 39, 41, 44, 57, 70,
71, 72, 73, 74, 75, 84, 86, 88, 99,
107, 108, 109, 110, 157, 170, 171,

190, 199, 201, 202, 203, 204, 210,
217, 218, 219, 233, 234, 239, 247,
269, 314, 328, 329, 334, 335, 336

종교적 차원 19, 259, 276, 301,
302, 303, 307, 322

죄 25, 53, 54, 55, 56, 58, 59,
60, 61, 62, 63, 64, 74, 79, 80, 81,
82, 83, 84, 85, 86, 87, 89, 90, 91,
93, 94, 105, 134, 163, 177, 181,
217, 258, 259, 285, 286, 292, 303,
307, 316

죄책 53, 60, 61, 62, 64, 82, 86,
87, 89, 92, 93, 135, 166, 283, 284,
308, 314, 316

주관성, 주체성 127, 132, 133,
134, 135, 136, 138, 139, 268, 301

진리, 비진리 120, 121, 122,
127, 132, 133, 134, 135, 136, 137,
140, 141, 181, 182, 268, 301, 307

(ㅊ)

침묵(하기) 99, 274, 276, 277,
332

(ㅌ)

타자, 타자에 대한 관계 137,
286, 289, 294, 296, 344

(ㅍ)

평준화 331, 332, 333, 334, 338
폐쇄성 98, 99, 100, 102, 140,
142, 183, 184, 185, 204, 211, 215,
216, 225, 232, 240, 274, 275, 276,
337
플라톤 122
필연성의 절망 208, 210

(ㅎ)

행위 44, 48, 79, 136, 137, 138,
140, 141, 150, 151, 152, 153, 163,
167, 209, 214, 225, 226, 244, 264,
288, 308, 322
헤겔 26, 65
환상 43, 206, 207, 210
후회 92, 93, 94, 96, 149, 156,
244, 252, 283, 284, 285
희망 35, 214, 239, 295, 309,
322, 323

참고 문헌[1]

1. 원전

덴마크어

Søren Kierkegaard, *Samlede Værker*, ed. A. B. Drachmann, J. L. Heiberg
    & H. O. Lange, 3rd ed. 20 vols. Copenhagen: Gyldendalske
    Boghandel, 1962-68. **(SV)**

Søren Kierkegaards Papirer, ed. P. A. Heiberg, V. Kuhr & E. Torsting.
    16 vols. in 25 tomes. 2nd ed., edited by N. Thulstrup, with an
    Index by N. J. Cappelørn. Copenhagen: Gyldendal, 1968-78.

Søren Kierkegaard, *Søren Kierkegaards Skrifter*, ed. N. J. Cappelørn, J.
    Garff, J. Kondrup, A. Mckinnon & F. Hauberg Mortensen,

---

1. 본 참고문헌 목록은 번역자가 키에르케고어 전문가들이 자주 언급하는
저서들을 중심으로 모은 것으로서, 방대한 국내외 연구 성과들의 일부
에 불과함을 밝힌다.

Kopenhagen: Gads, 1997ff. **(SKS)** 현재 발간 중인 새 전집.

영어

Kierkegaard's Writings. ed. and trans. H. V. Hong, E. H. Hong, H.
Rosenmeier, R. Thomte, et al. 26 vols. projected [20 vols. published
as of August, 1997]. Princeton: Princeton University Press,
1978-2000. **(KW)**

독일어

Søren Kierkegaard, *Gesammelte Werke*, trans. & ed. E. Hirsch, H. Gerdes
& H. M. Junghans, 36 Abteilungen in 26 Bänden und 1 Registerband,
Düsseldorf/Köln, 1951-1969(Reprint GTB, Gütersloh, 1979-1986).
(GW)

- 키에르케고어에 관한 연구 문헌 서지는 다음 총서 내지 연보를 참조.

- Bibliotheca Kierkegaardiana, ed. N. a. M.M. Thulsstrup, Copenhagen,
  1978ff.
- Himmelstrup, Jens, *Søren Kierkegaard: International Bibliografi*,
  København, 1962.
- Jørgensen, Aage, *Søren Kierkegaard-litteratur 1961-1970. En foreløbig
  bibliografi*, Aarhus, 1971.
  ____ , *Søren Kierkegaard-litteratur 1971-1980. En foreløbig bibliografi*,
  Aarhus, 1983.

- Kierkegaardianan, Udg. af *Søren Kierkegaard Selskabet, København 1955-1980* ved N. Thulstrup, 1982ff. ved H. Hultberg/N.J. Cappelørn/P. Lübcke.
- Lapointe, François, *Søren Kierkegaard and his ciritics. An Interantional Bibliography of Criticism.* Westport (Connecticut)/London, 1980.
- 이 책에서 빈번히 언급되고 있는 주요 저작들이 언어별 전집 안에 실린 곳은 다음 표와 같다.

주요 저작	덴마크어 전집 SV	덴마크어 전집 SKS	영어 전집 KW	독일어 전집 GW
『소크라테스의 아이러니 개념』	XIII	1	II	31
『이것이냐-저것이냐』 I	I	2	III	1
『이것이냐-저것이냐』 II	II	3	IV	2
『반복』	III	4	VI	5-6
『공포와 전율』	III	4	VI	4
『철학적 조각들』	IV	4	VII	10
『불안의 개념』	IV	4	VIII	11-12
『삶의 길의 단계들』	VI	6	XI	15
『최종적인 비학문적 후서』 I, II	VII	7	XII 2 Vol.	16
『죽음에 이르는 병』	XI	미출간	XIX	24-25
『종교적 교화를 위한 논고들』	VIII	10	V	20

국내 번역본

『키에르케고어 선집』, 임춘갑 역, 전 7권, 서울: 다산글방, 2005-2008.

『불안의 개념』, 임규정 역, 파주: 한길사, 1999.

『죽음에 이르는 병』, 임규정 역, 파주: 한길사, 2007.

『유혹자의 일기』, 임규정 역, 파주: 한길사, 2001.

『들의 백합화 공중의 새』, 『예수께서 잡히시던 밤에』, 『적게 사함을
받은 사람은 적게 사랑한다』, 『이방인의 염려』, 표재명 역, 서울:
프리칭아가데미, 2005.

2. 2차 문헌

a) 전기 및 개론서

Bösch, Michael, *Sören Kierkegaard: Schicksal-Angst-Freiheit*, Paderborn/
    Wien, 1994.

Brandes, Georg, *Sören Kierkegaard: Eine kritische Darstellung*, bearb.
    und mit Anmerkungen versehen von Gisela Perlet, Leipzig, 1992.

Brandt, Frithiof, *Sören Kierkegaard. Sein Leben-seine Werke*, Kopenhagen,
    1963.

Bröchner, Hans, *Erinnerungen an Sören Kierkegaard*, übers. und hg. von
    Tim Hagemann, Bodenheim, 1997.

Gardiner, Patrick, *Kierkegaard*(2001), 『키에르케고르』, 임규정 역, 시공
    사, 2001.

Garff, Joakim, *Kierkegaard*, München/Wien, 2004.

Nigg, Walter, *Sören Kierkegaard. Dichter, Büßer und Denker*, Zürich, 2002.

Pattison, George, *The Philosophy of Kierkegaard*, Chesham, 2004.

Pieper, Annemarie, *Sören Kierkegaard*, München, 2000.

Purkarthofer, Richard, *Kierkegaard*, Leipzig, 2005.

Rohde, Peter P., *Kierkegaard*(1992), 『키에르케고르. 코펜하겐의 고독한 영혼』, 임규정 역, 한길사, 2003.

Wesche, Tilo, *Kierkegaard. Eine philosophische Einführung*, Stuttgart, 2003.

b) 자료집 및 논문집

Bloom, Harod(ed.), *Søren Kierkegaard*, New York/Philadelphia, Chelsea House Publishers, 1989.

Hannay, Alastair & Marino, Gordon M.(ed.), *The Cambridge Companion to Kierkegaard*, Cambridge Univ. Press, 1998.

Schrey, Heinz-Horst(ed.), *Sören Kierkegaard*, Darmstadt: WB, 1971.

Theunissen, Michael & Greve, Wilfried(ed.), *Materialien zur Philosophie Søren Kierkegaard*, Frankfurt/M., 1979.

c) 체계적 연구서 및 논문들

Adorno, Theodor W., *Kierkegaard. Konstruktion des Ästhetischen*, in: ders., *Gesammelte Schriften* 2, Frankfurt/M., 1979.

Anz, Heinrich, "'Hiobs Gemeinde', Überlegungen zur Poetologie des Dichtes bei S. Kierkegaard, H. Ibsen, A. Strindberg und K. Blixen.", In: Text & Kontext, München: Fink, 1998, pp. 7-25.

Beck, Elke, *Identität der Person. Sozialphilosophische Studien zu Kierkegaard, Adorno und Habermas*, Würzburg, 1991.

Beyrich, Tilman, *Ist Glauben wiederholbar? Derrida liest Kierkegaard*, Berlin/New York, 2001.

Birkenstock, Eva, *Heißt philosophieren sterben lernen? Antworten der Existenzphilosophie: Kierkegaard, Heidegger, Sartre, Rosenzweig*, Freiburg, 1997.

Blaß, Josef Leonhard, *Die Krise der Freiheit im Denken Sören Kierkegaards*, Ratingen, 1968.

Bongardt, Michael, *Der Widerstand der Freiheit*, Münster: Knecht, 1993.

Bösch, Michael, Sören Kierkegaard: Schicksal, Angst, Freiheit, Paderborn: Schöningh, 1994.

Bösl, Anton, *Unfreiheit und Selbstverfehlung. Sören Kierkegaards existenzdialektische Bestimmungen von Schuld und Sühne*, Freiburg: Herder, 1997.

Buss, Hinrich, *Kierkegaards Angriff auf die bestehende Christenheit*, Hamburg, 1970.

Cattepoel, Jan, *Dämonie und Gesellschaft: Sören Kierkegaard als Sozialkritiker und Kommunikationstheoretiker*, Freiburg 1992.

Cole, Preston, *The Problematic Self in Kierkegaard and Freud*, New Haven/London: Yale Univ. Press, 1971.

Connell, George, *To Be One Thing: Personal Unity in Kierkegaard's Thought*, Macon (Georgia), 1985.

Craemer-Schroeder, Susanne, *Deklination des Autobiographischen: Goethe,*

Stendhal, Kierkegaard, Berlin, 1993.

Deuser, Hermann, *Dialektische Theologie. Studien zu Adornos Metaphysik und zum Spätwerk Kierkegaard*, München, 1980.

Dietz, Walter, *Sören Kierkegaard: Existenz und Freiheit*, Frankfurt/M.: Campus, 1993.

Dischner, Gisela, *Es wagen, ein Einzelner zu sein. Versuch über Kierkegaard*, Bodenheim, 1997.

Disse, Jörg, "Philosophie der Angst. Kierkegaard und Heidegger im Vergleich.", In: *Kierkegaardiana* 22, 2002.

Elrod, John W., *Being and Existence in Kierkegaard's Pseudonymous Works*, Princeton, N.J. 1975.

Erne, Paul Thomas, *Lebenskunst. Aneignung ästhetischer Erfahrung. Ein theologischer Beitrag zur Ästhetik im Anschluß an Kierkegaard*, Kampen, 1994.

Ferguson, Harvie, *Melancholy and the Critique of Modernity*, London/New York: Routledge, 1995.

Figal, Günter, *Lebensversricktheit und Abstandnahme. »Verhalten zu sich« im Anschluss an Heidegger, Kierkegaard und Hegel*, Tübingen, 2002.

Fonk, Peter, *Zwischen Sünde und Erlösung. Entstehung und Entwicklung einer christlichen Anthropologie bei Sören Kierkegaard*, Kevelaer, 1990.

Furtak, Rick Anthonz, *Wisdom in Love. Kierkegaard and the Ancient Quest for Emotional Integrity*, Notre Dame, 2005.

Glöckner, Dorothea, *Kierkegaards Begriff der Wiederholung. Eine Studie zu seinem Freiheitsverständnis*, Berlin/New York, 1998.

Grau, Gerd-Günther, *Kritik des absoluten Anspruchs: Nietzsche-Kierkegaard-Kant*, Würzburg, 1993.

_____ , *Vernunft, Wahrheit, Glaube. Neue Studien zu Nietzsche und Kierkegaard*, Würzburg, 1997.

Greve, Wilfried, *Kierkegaards maieutische Ethik. Von »Entweder-Oder I, II« zu den »Studien«*, Frankfurt/M., 1990.

Grinten, Lars van der, *Verzweiflung und Leiden. Sören Kierkegaards göttliche Pädagogik*, Essen, 2000.

Grøn, Arne, *Begrebet Angst hos Kierkegaard*, Kopenhagen: Gyldendal, 1993.

Guignon, Charles(ed.), *The Existentialists. Critical Essays on Kierkegaard, Nietzsche, Heidegger and Sartre*, Rowman & Littlefield Pub., 2004.

Haecker, Theodor, *Der Buckel Kierkegaards*, Zürich: Thomas Verlag, 1947.

Hagemann, Tim, *Reden und Existieren. Kierkegaards antipersuasive Rhetorik*, Wien/Berlin, 2002.

Hannay, Alastair, *Kierkegaard. The Arguments of the Philosophers*, London/New York: Routledge, 1993.

Haustedt, Birgit, *Die Kunst der Verführung. Zur Reflexion der Kunst im Motiv der Verführung bei Jean Paul, E.T.A. Hoffmann, Kierkegaard und Brentano*, Stuttgart: M u. P Verlag, 1992.

Henningfeld, Jochen/Steward, Jon (ed..), *Kierkegaard und Schelling. Freiheit, Angst und Wirklichkeit*, Berlin, 2003.

Heimbüchel, Bernd, *Verzweiflung als Grundphänomen der menschlichen Existenz*, Frankfurt a.M./Bern/New York, 1983

Hofe, Gerhard von, *Die Romantikkritik Sören Kierkegaards*, Frankfurt a.M., 1972.

Holl, Jann, *Kierkegaards Konzeption des Selbst*, Meisenheim: Anton Hain, 1972.

Hügli, Anton, *Die Erkenntnis der Subjektivität und die Objektivität des Erkenntnis bei S. Kierkegaard*, Zürich, 1973.

Jürgenbehring, Heinrich, *»Was will ich?-Ich will Redlichkeit«. Neun Versuche über Sören Kierkegaard*, Göttingen, 2003.

Kinter, Achim, *Rezeption und Existenz. Untersuchungen zu Sören Kierkegaards »Entweder-Oder«*, Frankfurt/M., 1991.

Kirmmse, Bruce Herbert, *Kierkegaard's Politics. The Social Thought of S. Kierkegaard in its Historical Context*, Diss. Berkeley 1977.

Kleinert, Markus, *Sich verzehrender Skeptizismus. Läuterungen bei Hegel und Kierkegaard*, Berlin: de Gruyter, 2005.

Kodalle, Klus Michael, *Die Eroberung des Nutzlosen. Kritik des Wunschdenkens und der Zweckrationalität im Anschluß an Kierkegaard*, Paderborn, 1988.

Korff, Friedrich Wilhelm, *Der komische Kierkegaard*, Stuttgart, 1982.

Leverkühn, André, *Das Ethische und das Ästhetische als Kategorien des Handelns. Selbstwerdung bei Sören Aabye Kierkegaard*, Frankfurt/M., 2000.

Liessmann, Konrad Paul, *Ästhetik der Verführung. Kierkegaards*

Konstruktion der Erotik aus dem Geiste der Kunst, erw. Neuausgabe, Wien, 2005.

Lincoln, Ulrich, *Äußerung. Studien zum Handlungsbegriff in Sören Kierkegaards »Die Taten der Liebe«*, Berlin/New York, 2000.

Malantschuk, Gregor, *Kierkegaard's Thought*, Princeton, N.J., 1971.

McCarthy, Vincent A., *The phenomenology of moods in Kierkegaard*, The Hague/Boston, 1978.

Mehl, Peter, *Thinking through Kierkegaard. Existential Identity in a pluralistic World*, Champaign/IL, 2005.

Nientied, Mariele, *Kierkegaard und Wittgenstein. »Hineintäuschen in das Wahre«*, Berlin, 2002.

Nordentoft, Kresten, *Kierkegaard's Psychology*(1972), tr. Bruce Kirmmse, Pittsburgh: Duquesne Univ. Press, 1978.

Ostenfeld, Ib, *Sören Kierkegaard's Psychology, trans. A. McKinnon*, Waterloo (Ontario), 1978.

Perkins, Robert (ed.), *Kierkegaard's "Fear and Trembling": Critical Appraisals*, Alabama, 1981.

_____ (ed.), *International Kierkegaard Commentary: The Concept of Anxiety*, Macon (Georgia), 1985.

Plumer, Karin, *Die dementierte Alternative. Gesellschaft und Geschichte in der ästhetischen Konstruktion von Kierkegaards »Entweder/ Oder«*, Frankfurt/M., 1982.

Pojman, Louis P., *The Logic of Subjectivity. Kierkegaard's Philosophy of Religion*, Alabama, 1984.

Rehm, Walter, *Kierkegaard und der Verführer*, München, 1949.

Ringleben, Joachim, *Aneignung. Die spekulative Theologie Sören Kierkegaards*, Berlin/New York, 1983.

_____ , *Die Krankheit zum Tode von Sören Kierkegaard. Erklärung und Kommentar*, Göttingen, 1995.

Schäfer, Klaus, *Hermeneutische Ontologie in den Climacus- Schriften Sören Kierkegaards*, München: Kösel Verlag, 1968.

Schmid, Heini, *Kritik der Existenz*, Zürich: EVZ Verlag, 1966.

Schmidinger, Heinrich, *Das Problem des Interesses und die Philosophie Sören Kierkegaards*, Freiburg/München, 1983.

Schulz, Heiko, *Eschatologische Identität. Eine Untersuchung über das Verhältnis von Vorsehung, Schicksal und Zufall bei Sören Kierkegaard*, Berlin/New York, 1994.

Schweppenhäuser, Hermann, *Kierkegaards Angriff auf die Spekulation. Eine Verteidigung*, überarb. Fassung, München, 1993.

Sløk, Johannes, *Die Anthropologie Søren Kierkegaards*, Kopenhagen, 1954.

Stewart, Jon, *Kierkegaard's relation to Hegel reconsidered*, Cambridge: Cabridge Univ. Press, 2003.

Stowick, Elisabeth, *Passagen der Wiederholung. Kierkegaard-Lacan-Freud*, Stuttgart: Metzler, 1999.

Suhr, Ingrid, *Das Problem des Leidens bei Sören Kierkegaard*, Diss. München, 1985.

Theunissen, Michael, *Der Begriff Ernst bei Sören Kierkegaard*, Freiburg/ München, 1958.

_____ , *Das Selbst auf dem Grund der Verzweiflung. Kierkegaards negativisti-sche Methode*, Frankfurt/M., 1991.

_____ , *Der Begriff Verzweiflung. Korrekturen an Kierkegaard*, Frankfurt/M., 1993.

Thulstrup, Niels, *Kierkegaards Verhältnis zu Hegel und zum spekulativen Idealismus 1835-1846.*, Stuttgart, 1972.

_____ , *Commentary on Kierkegaard's Concluding Unscientific Postscript*, trans. R. J. Widenmann, Princeton/New Jersey, 1984.

Tjønneland, Eivind, *Ironie als Symptom. Eine kritische Auseinandersetzung mit Sören Kierkegaard »Über den Begriff der Ironie«*, Bern, 2004.

Treiber, Gerhard, *Philosophie der Existenz. Das Entscheidungsproblem bei Kierkegaard, Jaspers, Heidegger, Sartre, Camus*, Frankfurt a.M.., 2000.

Tzavaras, Johann, *Bewegung bei Kierkegaard*. Frankfurt a.M./Bern/Las Vegas, 1978.

Vetter, Helmut, *Stadien der Existenz*, Wien, 1979.

d) 국내 연구 논문 및 저서

김선희, 「앎에 이르는 길로서 산파법, 변증법, 아이러니──소크라테스, 낭만주의, 헤겔, 키에르케고어를 중심으로──」, 『동서철학연구』 47집, 한국동서철학회, 2008, pp. 235-256.

_____ , 「실존의 고통과 실존 치료──키에르케고어를 중심으로-」, 『동서철학연구』 49집, 한국동서철학회, 2008, pp. 347-366.

김성곤, 「키에르케고어의 미적 실존과 돈 후안」, 『뷔히너와 현대문학』

41권, 한국뷔히너학회, 2013, pp. 95-117.

김용환, 「키에르케고르의 실존과정 연구」, 『윤리연구』 72집, 한국윤리
　　학회, 2009, pp. 225-246.

김재철 & 조현정, 「키에르케고어의 불안 개념에 대한 임상적 해석」,
　　『철학논집』 37권, 서강대 철학연구소, 2014, pp. 117-148.

노희직, 「키에르케고르에 있어서 아이러니 개념」, 『독일문학』 88집,
　　한국독어독문학회, 2003, pp. 201-218.

박원빈, 「쇠렌 키에르케고르와 에마뉘엘 레비나스의 윤리적 주체성에
　　대한 연구」, 『한국기독교신학논총』 62집, 한국기독교학회,
　　2009, pp. 227-248.

박인철, 「후설과 키에르케고르: 차이의 극복을 중심으로」, 『철학연구』
　　89집, 철학연구회, 2010, pp. 5-35.

박찬국, 「키에르케고르와 하이데거의 불안 개념 비교 연구」, 『시대와철
　　학』 10집, 한국철학사상연구회, 1999, pp. 188-219.

안상혁, 『키에르케고어 철학에 있어서 불안과 자유의 의미』, 홍익대학
　　교 미학과 박사학위 논문, 2014.

유영소, 『키에르케고어의 세 가지 실존 유형 속에 나타난 '에로스적인
　　것(das Erotische)' 연구』, 홍익대학교 미학과 박사학위 논문,
　　2013.

_____ , 「키에르케고어의 실존적 변증법과 예술 매체」, 『미학예술학연
　　구』 41집, 2014, pp. 153-183.

이민호, 「실존과 진리──키에르케고어의 『철학적 단련 후서』를 중심으
　　로」, 『철학연구』 25집, 고려대학교 철학연구소, 2002, pp. 62-83.

_____ , 「키에르케고어의 시대 진단」, 『철학연구』 27집, 고려대학교

철학연구소, 2004, pp. 173-201.

이승구, 「키에르케고르의 기독교적 진리 이해와 그의 실존적 고백」, 『신앙과 학문』 6집 1호, 2001, pp. 9-49.

_____ , 「키에르케고어의 『사랑의 역사』에 나타난 "사랑의 윤리"」, 『신앙과 학문』 11집 1호, 2006, pp. 103-145.

이혜정, 「키에르케고어에 관한 일반적 고찰」, 『기독교철학연구』 1집, 백석대학교 기독교철학연구소, 2004, pp. 191-219.

임규정, 「키에르케고르의 변증법과 그리이스 사상」, 『철학연구』 12집, 고려대학교 철학연구소, 1988, pp. 341-359.

_____ , 「키에르케고르의 사랑의 개념에 관한 일 고찰」, 『범한철학』 31집, 범한철학회, 2003, pp. 261-288.

_____ , 「키에르케고어의 정열의 개념에 관하여」, 『현대이념연구』 10집, 군산대학교 현대이념연구소, 1995, pp. 75-95.

_____ , 「플라톤의 변증법과 키에르케고어의 실존 철학에 관한 일 고찰」, 『범한철학』 19집, 범한철학회, 1999, pp. 177-196.

임병덕, 「칸트와 키에르케고르: 언어의 한계와 가능성」, 『도덕교육연구』 16권 1호, 2004, pp. 29-49.

표재명, 『키에르케고어의 단독자 개념』, 서울: 서광사, 1992.

_____ , 『키에르케고어 연구』, 서울: 지성의 샘, 1995.

하선규, 「키에르케고어 철학에 있어 심미적 실존과 예술의 의미에 관한 연구」, 『미학』 76집, 2013, pp. 219-268.

홍경실, 「키에르케고어와 레비나스의 주체성 비교——우리 시대의 새로운 인간 이해를 위하여——」, 『철학연구』 27집, 고려대학교 철학연구소, 2004, pp. 143-172.

_____, 「키에르케고어와 베르그송의 사랑에 대한 이해 비교」, 『인문과학』 44집, 성균관대학교 인문과학연구소, 2009, pp. 71-89.

홍준기, 「불안과 그 대상에 관한 연구: 프로이트, 라캉 정신분석학과 키에르케고르의 비교를 중심으로」, 『철학과 현상학 연구』 17집, 한국현상학회, 2001, pp. 234-268.

황종환, 「키에르케고어의 『사랑의 역사』의 종교, 윤리적 함의」, 『철학연구』 47권, 고려대 철학연구소, 2013, pp. 131-157.

_____, 「키에르케고어에서 인간의 본성과 윤리적 생활」, 『윤리교육연구』 35권, 한국윤리교육학회, 2014, pp. 485-501.

A. 그뢴의 『불안과 함께 살아가기』와
키에르케고어 인간학의 사상사적 의미에 관하여

하선규

살면서 누구나 한 번쯤은 쇠렌 키에르케고어(Søren Kierkegaard, 1813-1855)와 만나게 된다. 계기는 무척 다양할 것이다. 철학사를 뒤척이다가 덴마크가 낳은 유일한 세계적 철학자로서 만나게 될 수도 있고, 하이데거나 야스퍼스의 실존철학을 읽다가 그 사상적 원천으로서 키에르케고어로 거슬러 올라갈 수도 있다. 아니면 20세기 기독교 신학을 공부하다가 '변증법적 신학'과 '신과 마주한 단독자'라는 개념을 접하고, 이들 개념이 키에르케고어로부터 연유한 것임을 알게 될 수도 있다. 상당히 많은 경우에는 단순히 책 제목 때문에 그에게 관심을 갖게 될 것이다. 『이것이냐-저것이나』, 『불안의 개념』, 『공포와 전율』, 『철학적 조각들』, 『반복』, 『죽음에 이르는 병』 등 그가 남긴 책들의 제목은 하나같이 범상치 않다. 무엇보다도 뭔가 뿌리치기 어려운 마력을 지닌 듯하다. 나아가 현대문학과 현대철학에 좀 더 익숙한 독자라면, 입센, 카프카, 카뮈와 같은 문필가들과 하이데거와 야스퍼스는 물론, 아도르노, 크라카우어, 벤야민, 비트겐슈타인, 사르트르, 들뢰즈 등 수많은 현대 사상가들에게 키에르케고어가 깊은 영향을 미친 사실을 알아채고 새삼 놀라고 더 큰 관심을 기울일 것이다.

그러나 이렇게 키에르케고어를 접할 수 있는 계기가 다양하다고 해서, 그의 사상이 이미 우리에게 충분히 잘 이해된 것은 아니다. 상황은 정반대다. 키에르케고어가 현대의 문화적이며 정신적인 삶 속에 이미 깊숙이 들어와 있기 때문에, 오히려 그를 '독창적인 사상가'로서 본격적으로 논의하기가 더욱 어렵다고 할 수 있다. 특히 키에르케고어에 대한 연구가 여전히 '일천하고 편향되어' 있는 우리나라에서는 그 어려움이 한층 더 가중되어 있다고 보인다. 필자가 일천하다고 한 것은, 한국 철학계에서 키에르케고어 연구가 예를 들어, 헤겔이나 하이데거에 대한 연구에 비해 양적, 질적으로 대단히 부족하기 때문이며, 편향되어 있다고 한 것은, 그동안 키에르케고어를 대부분 철학자라기보다는 신학적이며 기독교적인 사상가로서 수용해왔기 때문이다.[1] 키에르케고어를 독

---

1. 물론 우리 철학계와 미학계의 관심이 전혀 없었던 것은 아니다. 철학계

창적인 철학자이자 탁월한 인간학자로서 정교하게 판독하고, 새롭게 재해석하는 일은 우리 철학계의 큰 숙제로 남아 있다. 앞서 언급했듯, 그가 현대 정신사와 문화사에 끼친 심대한 영향을 생각한다면, 이는 여러 측면에서 대단히 시급한 과제가 아닐 수 없다.

이것이 필자가 아르네 그뢴의 개론서 『불안과 함께 살아가기 ― 키에르케고어의 인간학』을 번역하기로 결심한 가장 큰 이유다. 또 다른 이유는 물론, 그뢴 책의 완성도가 단연 출중하기 때문이다. 지금까지 서구에서 출간된 키에르케고어에 관한 개론서는 줄잡아 30여 권이 넘는다. 하지만 필자는 지금까지 그뢴의 책만큼 형식과 내용에서 성공적인 책을 보지 못했다. 그뢴은 키에르케고어 사상을 전반적으로 소개하는 개론서의 목표에 충실하면서도, 전체적인 윤곽과 세부 논점들, 그의 사상의 폭과 깊이에 대한 소개, 적확한 원전 인용과 그에 대한 설명 사이를 너무나도 절묘하게 넘나든다. 독자들은 키에르케고어 사상과 인간학의 모든 중요한 국면들이 자연스럽게 등장하며, 모두 다 자신의 자리에서 자신의 목소리를 내고 있다는 인상을 받는다. 그것도 원서 분량으로 약 200쪽에 불과한 지면 안에서 말이다!

말이 나온 김에 이 책의 미덕에 대해 조금만 더 얘기해보자.

—

에서 키에르케고어 연구가 그나마 명맥을 유지해 올 수 있던 것은 무엇보다도, 키에르케고어의 저작을 꾸준히 번역해 오신 임춘갑, 표재명, 임규정 선생님의 노력이 결정적인 역할을 했다고 할 수 있다.

그뢴의 책은 일단, 키에르케고어 인간학의 대표적인 저작 가운데 하나인『불안의 개념』에 대한 유용한 해설서다. 1844년에 출간된 『불안의 개념』은 그보다 앞선『이것이냐-저것이냐』, 이후 출간된 『비학문적 후서』,『죽음에 이르는 병』,『삶의 길의 단계들』등과 함께 키에르케고어가 철학적 인간학의 새로운 지평을 연 핵심적인 저서로 꼽힌다. 그런데『불안의 개념』의 위상은 이 가운데서도 각별하다.『불안의 개념』은 단지 주요 저자들 가운데 하나가 아니다. 오히려 그것은 그의 인간학의 근본 문제의식과 주요 과제들을 집약하고 있는 원형적 '축소모델(miniature)'이라 할 수 있다. 즉 『불안의 개념』속에는 서구철학 전통의 사변적-객관적 사유에 대한 비판, '부정주의적' 인간학이라는 새로운 기획, 독특한 심리학적 관찰과 분석 방식, 모순적 차원의 종합으로서의 실존, 보편적-사회적 윤리학(제1의 윤리학)과 실존적 윤리학(제2의 윤리학)의 구별, 사유와 믿음 사이의 심연과 역설적 도약, 심미적-윤리적-종교적이라는 세 가지 실존영역의 구별 등 키에르케고어가 다른 저작들에서 논의하게 될 핵심적인 주제와 모티브들이 모두 등장하고 있는 것이다. 그뢴이 이 책을『불안의 개념』에 대한 상세한 분석으로 시작하는 것도 바로 이 때문이다.[2]

그뢴은『불안의 개념』에 대한 분석을 바탕으로, 이 분석을 서서

2. H. Deuser, *Kierkegaard. Die Philosophie des religiösen Schriftstellers*, Darmstadt: WB, 1985.

히 확장시키면서 자연스럽게 핵심 주제들과 모티브들에 대한 해명으로 나아간다. 즉 실존, 자유의 가능성과 위험성, 불안과 절망, 개별자와 역사, 개별자와 사회, 윤리적 차원, 믿음(신앙)의 역설, 현대의 비판적 진단 등에 대한 간명하고 명철한 설명을 선보이는 것이다. 여기서 필자가 이 책의 빼어난 점으로 반드시 지적하고 싶은 것이 있다. 그것은 그뢴이 서술의 전망을 인간 개체로부터 점차 인간을 둘러싼 사회와 역사로 확대하는 방식을 택하고 있다는 점이다. 이를 통해 그뢴은 키에르케고어가 결코 '우수에 찬 단독자'가 아니었음을, 다시 말해서 개별자의 결단과 도약만을 강조한 좁은 의미의 '실존주의자'가 아니었음을 설득력 있게 보여주고 있다. 이는 키에르케고어에 대한 대다수의 개론서들이 간과하거나, 충분히 명확하게 드러내지 못한 지점이다. 결국 그뢴의 책은 독자에게 대단히 밀도 있는 해석학적 경험을 제공한다. 독자는 키에르케고어 사상에 관한 전체적인 조망은 물론, 세부 주제와 모티브들에 대한 적확한 이해, 나아가 이들 사이의 복합적인 연관성에 대한 명료한 인식을 동시에 얻을 수 있다. 어떤 사상가에 대한 개론서가 이 정도로 풍성한 독서체험을 선사해 준다면, 더이상 바랄 것이 또 무엇이겠는가.

이제 아래에서 필자는 키에르케고어의 생애에 대한 통상적인 소개는 하지 않을 것이다. 우리말로 번역된 여러 개론서들과[3] 오픈 소스인 스탠포드 대학 인터넷 철학사전에 그의 생애가 이미 잘

정리되어 있기 때문이다.[4] 또한 그뢴 자신이 「서언」에서 책 전체의 목표와 구성을 적절히 요약하고 있기 때문에, 책 전체의 흐름과 각 장의 내용 요약도 하지 않을 것이다. 그 대신 필자는 키에르케고어의 철학적 인간학이 등장하게 된 사상사적 배경을 칸트 이래 근대철학사를 반추하면서 간략하게 스케치해 볼 것이다. 이어 그의 철학적 인간학의 혁신적 측면들을 지적해 볼 것인데, 이 측면들은 키에르케고어의 저작이 일반적으로 독자들에게 어렵게 다가오는 이유이기도 하다. 나아가 필자는 키에르케고어가 실천한 독특한 글쓰기 형식, 이른바 '간접적 전달'의 의미와 사상적 지향점을 짚어볼 것이다. 그리고 마지막으로 그의 인간학이 20세기 현대문학, 신학, 철학에 어떤 생산적인 자극을 주고, 어떤 중대한 변화를 가져왔는지 간략하게 되돌아 볼 것이다.

1. 근대 철학적 인간학의 작은 역사
: 칸트, 쇼펜하우어, 헤겔, 포이어바흐, 맑스, 슈티르너, 셸링

흔히 칸트철학을 근대철학의 '정점(頂點)'으로 간주한다. 그런데

---

3. W. Lourie, *A Short Life of Kierkegaard*(1946), 임춘갑 역, 『키르케고르 평전』, 다산글방, 2007; P. Rohde, *Kierkegaard*(1992), 『키에르케고르. 코펜하겐의 고독한 영혼』, 임규정 역, 한길사, 2003.
4. http://plato.stanford.edu/entries/kierkegaard.

모든 정점은 '분기점' 내지 '전환점'이기도 하다. 다시 말해 모든 정점은 상승과 하강, 연속성과 불연속성, 전통과 새로움 등의 양 측면이 공존하고 충돌하고 있는 '내적 모순'의 지점인 것이다. 칸트철학에서 이런 내적 모순을 확인하기란 어렵지 않다. 저 유명한 '현상계와 물 자체'의 구별이 바로 그러한 모순 위에 서 있기 때문이다. 이 구별을 단지 인식론적인 대립으로, 주관적인 경험 대상(현상)과 이 경험에 '선행하여' 객관적으로 존재하는 대상을 나눈 것으로 여겨선 안 된다. 현상계와 물 자체라는 구별의 배후에는 훨씬 더 거대하고 근원적인 대립이 자리 잡고 있다. 그것은 '비판적이며 내재적인 사유'와 전통적인 '실체-형이상학적 사유' 사이의 대립과 모순이다. 주지하듯이 칸트는 존재론적 근본개념들인 범주들을 유의미하게 적용할 수 있는 영역을 엄격하게 현상계에, 그러니까 인간이 시공간적으로 경험할 수 있는 현상들에 국한시켰다. 이 점에서 칸트는 확실히 '비판적-내재적인 사유'의 길을 열었다고 할 수 있다. 하지만 칸트는 동시에 현상계의 궁극적인 존재 기원으로서 '물 자체'를 상정하였으며, 이 '물 자체'의 사유가능성을 이성적으로 논증하는 일에 온 힘을 기울였다. 그런데 이렇게 시공간적 현상계를 넘어선 물 자체를 추구한다는 것은 칸트가 여전히 '실체-형이상학적 사유'의 끝자락을 붙들고 있다는 것에 대한 분명한 증거이다. 현상계와 물 자체의 구별에 대해선 대단히 다양한 해석과 비판이 가능할 것이다. 하지만 적어도 이 구별에서 칸트철학에 내재된 '모순과 위기'가 드러난다는 점에는 이론의 여지가 없을 것이다.

그런데 칸트철학에 내재된 모순과 위기의 국면은 그의 인간학에서 가장 극명하게 드러난다. 어떻게 그러한가? 현상계와 물 자체의 구별을 인간의 자기 자신에 대한 이해에 적용시켜보자. 현상계의 관점에서 인간을 이해한다는 것은 인간을 '객관적인 인식'의 대상으로서 관찰하고 분석한다는 것을 뜻한다. 그러나 칸트에 따르면, 이런 관점에서는 인간을 결코 물 자체로서, 즉 '자유로운 도덕적 인격'으로서 인식할 수도, 이해할 수도 없다. '도덕적 인격'이란 개념 자체가 객관적 인식의 원리인 시공간적 인과관계를 본질적으로 넘어서 있기 때문이다. 칸트에게 '자유로운 인격'으로서의 인간을 실증적으로 경험하고 인식할 수 있는 길은 없다. 자유로운 인격으로서의 인간을 확인할 수 있는 유일한 길은 개별자의 '내적인 자아감(Selbstgefühl)'을 통해서이다. 좀 더 풀어서 얘기해서, 개개인이 스스로 자유롭게 도덕적 준칙에 따라 자신의 의지를 결정했다는 느낌을 내적으로 가질 때만 자유로운 인격의 존재가 확인될 수 있는 것이다. 칸트는 『실천이성비판』에서 이 자율적인 '자기규정'의 느낌, 혹은 도덕적 결단에 대한 자긍심의 느낌을 각별히 '존중감'이라 칭한 바 있다.

그런데 이렇게 인간을 현상적 존재와 물 자체의 존재로 엄격하게 구별함으로써, 칸트의 인간학은 심각한 아포리아에 직면했다고 할 수 있다. 왜냐하면 두 가지 방식의 인간 이해가 완전히 다를 뿐 아니라, 자유로운 인격의 존재는 오직 직접 존중감을 느끼는 개별자 자신에게만 확인될 수 있기 때문이다. 물론 칸트는 인간에 대한 경험적 지식과 이론을 경시하지 않았다. 그는 오늘날 인문지리학 내지 문화인류학에 해당되는 『인간학』 강좌를 대학에서 정기적으로 강의했던 최초의 사상가였다. 하지만 인간을 자유로운 인격의 존재로서 바라보고 이해할 수 있는 길은——바로 현상계와 물 자체를 엄격하게 구별하는 틀 안에서 사유했기에——전적으로 해당 주관의 순수한 도덕적 자유의 차원과 '도덕적 존중감'에 국한시킨 것이다. 결국 칸트의 인간학은 한편에는 현상적 존재에 관한 경험적 지식(실증과학과 역사)이, 다른 한편에는 경험적으로 일반화될 수 없는 내밀한 감정적 확신(도덕적 자유와 존중감)이 놓여 있는 상태, 이 둘 사이에는 어떠한 접점이나 매개가 이루어질 수 없는 미완의 상태로 끝났다고 할 수 있다.

피히테와 함께 칸트철학의 가장 충실한 계승자라 할 수 있는 쇼펜하우어는 어떠한가? 쇼펜하우어의 인간학은 칸트 인간학과 어떤 차이가 있을까? 일단 칸트 인간학의 아포리아가 쇼펜하우어에게서도 반복되리라는 것은 충분히 예견할 수 있다. 왜냐하면 현상계와 물 자체의 구별이 쇼펜하우어에 의해 '표상(관념)으로서의 세계'와 '의지로서의 세계'의 구별로 계승되고 있기 때문이다. 표상으로서의 세계는 시간과 공간, 그리고 충족이유율을 근거로 해서 객관적이며 엄밀하게 파악할 수 있는 인식의 세계다. 여기에는 수학적 인식과 많은 실증적 과학의 지식들이 속한다. 이에 반해 의지로서의 세계는 표상으로서의 세계와는 전혀 다른 차원이며,

이 표상으로서의 세계의 근저에 놓여 있는 '형이상학적 근원'을 의미한다. 그것은 모든 유기체와 무기체를 포괄하는 우주 전체의 근저로서 끊임없이 자신의 욕망을 충족하고자 움직이는 '무차별적이며 맹목적인 의지'의 세계다. 칸트의 물 자체와 마찬가지로, 대상을 객관적으로 관찰하고 인식하는 방식으로는 이 의지로서의 세계에 다가갈 수 없다.

하지만 쇼펜하우어의 인간학은 저어도 두 가지 시섬에서 칸트의 인간학과 분명한 차이를 보여준다. 먼저 쇼펜하우어가 칸트의 '물 자체'를 근원적이며 형이상학적인 '의지'로 변형시키고 있다는 사실이 중요하다. 이것은 단지 명칭을 바꾼 것이 아니라, 두 가지 심대한 사상적 변화를 수반한 변형이었다. 하나는 물 자체라는 개념에 붙어 있던 전통의 잔재, 즉 실체-형이상학적 인식론의 잔재를 일소했다는 점이며, 다른 하나는 물 자체의 경험 불가능성과 달리 '의지'의 존재와 힘을 경험할 수 있는 가능성을 적극 긍정한다는 점이다. 바로 인간이면 누구나 내적으로 끊임없이 무언가를 원하는 자신의 욕구와 의지를 매 순간 느끼고 있기 때문이다. 요컨대 쇼펜하우어는 의지의 형이상학을 통해 서구철학사에서 최초로, 이 세계의 근원이 로고스나 이성이 아니라 맹목적이며 근원적인 의지라는 '비합리주의'로의 전환과 이 의지를 직접적으로 느끼고 경험하는 인간의 삶 자체를 긍정하는 '생철학적이며 주의주의적인' 전환을 가져온 것이다.

두 번째로 쇼펜하우어는 이 의지가 인간의 욕망하는 삶은 물론,

우주 만물의 모든 생성과 변화 과정 속에서 '현상적으로' 드러나고 있다고 본다. 칸트의 물 자체가 미지의 존재근거로 단지 상정되는 데 그친 데 반해, 의지의 '작용'이 우주의 모든 무기체와 유기체의 현상적 변화를 통해 발현된다고 본 것이다. 한 마디로 의지의 차원이 현상계를 '지배하는 실질적인 힘'이라는 점을 분명히 한 것이다. 그리고 이것이 그가 적극 수용한 불교적 세계관과 결합하면서 독특한 '비관주의적 생철학'을 형성하게 된다.

쇼펜하우어의 인간학은 의지의 형이상학과 생철학적 전환을 바탕으로 칸트 인간학의 아포리아를 어느 정도 넘어섰다고 볼 수 있다. 인간의 모든 생물학적, 생리학적, 심리적 현상들을 적극적으로 이해할 수 있는 길을 열었기 때문이다. 특히 끊임없이 새로운 욕망을 느끼고 추구하는 인간의 구체적인 삶 자체에 주목하도록 한 점은 큰 전환점이 되었다고 할 수 있다. 그러나 쇼펜하우어의 인간학은 칸트와는 다른 두 가지 난제에 직면하게 된다. 먼저 쇼펜하우어는 의지가 현상계를 근원적으로 지배하는 힘인데, 인간의 삶이 어떻게 이 지배력에서 벗어날 수 있는지를 설득력 있게 논증하지 못한다. 잘 알려져 있듯이 쇼펜하우어는 인간의 삶이 의지의 지배력에서 벗어날 수 있는 가능성을 예술적 경험과 도덕적 공감에서 보았다. 예술을 통한 순수한 '형상의 직관(인식)'과 타인의 고통에 대한 공감의 감정에서 일시적이나마 의지의 지배력에서 자유로워질 수 있다고 본 것이다. 그런데 의지의 형이상학을 전제한 상태에서 이 두 가지 일종의 해방적인 상태가 어떻게 가능할 수 있는가를 논리적으로 명확히 설명하지는 못하였다. 다음으로 쇼펜하우어의 철학은 생철학적 전환에도 불구하고 인간과 우주, 개별자와 사회 내지 역사 사이의 관계를 깊이 있고 정치하게 성찰할 수 없었다. 단지 개별자의 관점에서 사회와 역사의 거시적인 변화를 비관주의적이며 냉소적인 시선으로 '무의미한 광대극'에 빗댈 뿐이었다. 호르크하이머가 "쇼펜하우어는 역사 앞에서 두려움을 느꼈다."라고 평가한 것도 이 때문이다. 개별자와 사회, 개별자와 역사의 관계를 어떻게 의미 있게 해명해야 하는가는 이후 사상가들의 과제로 남게 된다.

쇼펜하우어가 격렬하게 비판했던 헤겔의 인간학은 어떠했는가? 쇼펜하우어가 헤겔을 비판한 것은 그의 성격이 괴팍하거나 시기심 때문이 아니었다. 그 원인은 여러 측면에서 화합할 수 없는, 아니 정면으로 대립하는 사상적 차이에 있었다. 이 차이 가운데 가장 핵심적인 두 가지는 주지주의(이성)와 주의주의(의지)의 차이, 그리고 개별자와 절대정신(문화적 총체성)의 차이일 것이다. 첫 번째 차이는 쇼펜하우어가 맹목적인 형이상학적 의지를 세계의 가장 심층적인 근원이자 동력으로 보고, 이 의지의 지배에서 벗어날 수 있는 삶의 가능성을 추구하는 데 반해, 헤겔은 사유하는 '사변적 이성'을 통해 세계와 역사의 현실을 개념적으로 파악하고자 한 데에 있다. 두 번째 차이도 물론, 첫 번째 차이와 무관한 것은 아니다. 하지만 두 번째 차이는 좀 더 구체적으로 개별자와 사회/역사의 관계를 어떻게 생각하는가와 관련된 차이다. 즉 쇼펜하우어는 앞서 언급했듯, 불교적인 관점에서 개별자의 삶에 주목하고 삶의 고통과 구원의 가능성을 우선적으로 염두에 두고 있다. 그 때문에 거시적인 사회와 역사를 거의 '무의미한 카오스'로 평가했던 것이다. 반면, 헤겔에게 개별자, 특히 사회/역사로부터 분리된 개별자는 유명무실해지거나 종국에는 파멸에 이를 수밖에 없는 존재다. 따라서 개별자는 자신을 둘러싼 사회/역사와 교류하고 매개되는 과정을 거쳐서 화해와 통일의 상태에 도달해야만 한다. 이 화해와 통일의 과정이란 개별자가 특정 시대의 '절대정신(문화적 총체성)' 속으로 변증법적으로 통합되는 과정이며, 헤겔은 이를 엄밀하게 개념적으로 파악하고자 한 것이다.

사변적 이성에 의한 개념적 파악, 그리고 개별자와 보편자의 변증법적 매개와 종합. 이 두 가지 헤겔 철학의 특징은 그의 인간학을 이루고 있는 방법론적 근간이기도 하다. 물론 헤겔의 인간학은 그의 방대한 철학만큼이나 쉽게 요약하고 평가할 수 있는 것이 아니다. 헤겔은 서양의 그 어느 누구보다도 철저하게 역사적으로 사유하고, 개별 대상의 특수성과 구체성을 깊이 궁구한 사상가였다. 인간학에 대해서도 마찬가지다. 헤겔은 인간을 근본적으로 '역사적이며 문화적인' 존재로서 주목했다. 인간을 단순히 이성적 동물이나 사유하는 실체로 규정한 것이 아니라, 특정 시대의 사회적, 문화적, 사상적 조건들 속에서 인간이 자신의 삶을 어떻게 역사적으로 실현해 왔는가를 총체적으로 파악하고자 시도한 것이다. 헤겔이 인간의 역사적인 존재 양상과 창조적인 물질적, 정신적 성취를 얼마나 치밀하고 섬세하게 인식하였는가는 『정신현상학』, 『엔치클로페디』, 『법철학』 등의 주저와 그가 남긴 많은 강의록에 놀랍도록 풍부하게 표현되어 있다.

그러나 많은 빛나는 통찰들에도 불구하고, 헤겔의 인간학은 인간에 대한 '완전하고 충만한 진실'로 받아들여질 수 없었다. 헤겔 이후의 사상가들은 그의 인간학에서 특히 세 가지 지점을 충분치 못하다고 생각했다. 첫째로 이들은 헤겔이 사변적 이성과 이 이성의 개념적이며 변증법적인 사유를 철학의 궁극적 매체이자 형식으로 삼는 것에 대해 문제를 제기하였다. 헤겔이 말하는 이성과 사유는 과연 '인간적 현실'을 온전히 포괄할 수 있는가? 헤겔이 암묵적으로 전제하고 있는 '사유와 존재의 동일성'은 과연 얼마나 명백하게 증명된 것인가? 가령 헤겔의 제자였던 포이어바흐는 '순수한 자기인식에서 출발하는 모든 사변철학은 근본적으로 인간의 감성, 인간에게 감성적으로 주어진 것을 적절히 파악할 수 없다'고 하면서 스승을 넘어서는 '새로운 철학'의 필요성을 역설하였다. 다시 말해 감성적 차원의 진리를 기꺼이, 기쁜 마음으로 인정하는 '새로운 인간학적 철학'의 필요성을 주창한 것이다.

둘째로 헤겔 이후의 사상가들에게 헤겔의 체계와 인간학은 관념적이며 역사적인 지식만을 추구할 뿐, 유럽의 급변하는 사회경제적, 정치적 현실 앞에서 무기력한 것으로 다가왔다. 모든 전통적인 종교적, 도덕적 가치가 붕괴되고, 새로운 정치세력과 대중운동이 하루가 다르게 확산되는 현실 앞에서 헤겔 철학은 어떠한 의미 있는 답도 주지 못하는 것처럼 보였다. 그 때문에 맑스와 엥겔스가 헤겔의 변증법적 방법론은 받아들이면서도, 사유와 존재의 화해와 동일성이 아니라, 존재(현실)가 사유(의식)를 규정한다고 보는 '유물론적' 철학을 내세우게 된 것이다. 아무튼 극단의 세기, 격변의 시대가 인간 존재에 대한 새로운 이해, 전적으로 새로운 인간학을 요청하게 되었다고 볼 수 있다.[5]

셋째로 이미 쇼펜하우어도 비판했지만, 헤겔 철학과 인간학은 개별자와 보편자의 관계, 시민 개인과 국가의 관계에서 결국은 후자의 우위를 인정하는 것으로 여겨졌다. 헤겔은 분명히 이들 양자 사이의 변증법적인 '매개, 지양, 화해, 통일'을 이야기하였다. 하지만 실질적으로는 개별자가 보편자 속으로 통합되고, 시민 개인이 거대한 국가 체제의 일부 기능으로 격하되는 과정을 추상적이며 개념적인 언어로 포장한 것처럼 보였다. 역사의 필연성을 정당화하는 헤겔의 체계 어디서도 개별자의 권리, 개별자의 목소리를 찾아보기가 어려웠으며, 이 때문에 헤겔에 대해 프로이센 국가의 철학자라는 비난이 제기된 것이다. 한때 헤겔주의자이기도 했던 문필가 슈티르너는 『유일자와 그 소유』에서 '국가는 유령'에 지나지 않는다고 일갈하면서, 유일무이한 개별자의 절대적인 자유와 권리를 강력하게 촉구하게 된다. 분명한 것은 유일무이한

---

5. 이와 관련하여, 졸고, 「대도시의 미학을 위한 프롤레고메나」, 『도시인문학연구』 3권 2호, 서울시립대 도시인문학연구소, pp. 139-152 참조.

'개별자'로서의 인간 혹은 '자유로운 존재'로서의 인간에 대한 심층적인 성찰의 과제가 헤겔 이후의 인간학에게 남겨졌다는 사실이다.

이 세 번째 개별자의 관점, 혹은 개별자의 자유와 관련하여 짧게나마 또 한 사람의 철학자를 기억할 필요가 있다. 바로 셸링이다. 대학 시절 헤겔과 동학(同學)이었고, 한때 관념론 철학의 길을 함께 걷기도 했던 셸링은 19세기로 넘어오면서 헤겔과는 확연히 다른 길로 나아가게 된다. 헤겔은 아리스토텔레스 이래 오랜 이성철학(형이상학) 전통 속에 '역사적 현실'을 통합시키려 한 사상가라 할 수 있다. 반면 셸링은 서구의 이성철학 전통을 넘어서고자 시도한 사상가, 하만과 함께 이성의 '감춰진 기원과 생성'을 문제시한 '탈-이성철학'의 선구자라 할 수 있다. 셸링은 전통 철학과 자신이 추구하는 사유 사이의 본질적인 차이를 '부정 철학'과 '긍정 철학'이란 말로 대비시킨 바 있다. 즉 그는 자신 또한 젊은 시절 추구했던 '부정 철학(이성철학)'이 절대적으로 새로운 존재(세계) 자체에──자연과 역사에서 실제로 매 순간 일어나고 있는──다가갈 수 없음을 직시하고, '존재의 출현' 자체를 체계적으로 서술할 수 있는 '긍정 철학(신화의 계시의 철학)'을 철학의 목표로 제시한 것이다. 중요한 것은 '긍정 철학'이 사유하고 서술하려는 자연과 역사의 새로운 출현(사건)이 개별자의 삶과 자유를 그 '절대적 시원성과 무근거성'으로부터 해명하려 하는 실존철학적 관점과 긴밀하게 연결되어 있다는 점이다. 달리 말해서 셸링이 시도한 긍정 철학 속에는 이후 키에르케고어와 니체를 거쳐 20세기 실존철학으로 이어지게 될 '반-형이상학적'이며 '반-본질주의적'인 인간학의 모티브들이 풍부하게 잠재되어 있다. 실제로 이러한 모티브들, 특히 셸링이 『자유-논고(*Philosophische Untersuchungen über das Wesen der menschlichen Freiheit*)』(1809)에서 개진한 인간적 자유의 심연과 도약의 이론은 키에르케고어와 하이데거에게 큰 영향을 미치게 된다.

칸트는 인간의 자유와 진정으로 인간적인 현실을 경험 가능한 현상계 바깥에 위치시켰다. 쇼펜하우어는 이 바깥을 개별자는 물론 우주 전체를 관통하는 형이상학적이며 맹목적인 의지로 규정하고, 이 의지로부터 벗어날 수 있는 삶의 가능성을 예술과 도덕적 동정심에서 찾았다. 반면 헤겔은 인간의 자유와 인간적 현실이 세계사의 실제 과정 속에 실현되어 있다고 보고, 이 과정을 이성의 변증법적 사유를 통해 개념적으로 파악하는 일을 최종 목적으로 삼았다. 그러나 헤겔의 인간학은 포이어바흐, 맑스, 슈티르너, 셸링의 예에서 보듯, 몇 가지 근본적인 질문들을 충분히 해결하지 못한 채 남겨두었다. 키에르케고어는 자신의 새로운 인간학을 통해 이 질문들에 대해 독창적이며 의미심장한 답변을 시도한다.

2. 키에르케고어 인간학의 혁신적 지점들

키에르케고어는 철학적 인간학의 획기적인 전환점을 마련한 것으로 평가된다. 만약 니체와 더불어 키에르케고어가 없었다면, 20세기의 철학적 인간학, 특히 실존철학이라 일컫는 철학적 사조는 불가능했거나 아니면 전혀 다른 모습이 되었을 것이다. 하지만 위에서 살펴보았듯이, 그의 인간학은 느닷없이 출현한 것이 아니다. 반대로 그것은 칸트로부터 맑스, 셸링에 이르는 인간학적 성찰과 아포리아를 배경으로, 이 성찰과 아포리아를 넘어서려는 치열한 문제의식 속에서 등장한 것으로 봐야 한다.

그의 인간학은 구체적으로 어떤 지점에서 획기적인 것으로 평가할 수 있을까? 모든 측면에서 그렇다고 할 수 있다. 좀 더 정확히 말해서 키에르케고어는 1) 인간을 바라보는 관점, 2) 인간 존재를 연구하는 방법론, 3) 인간학이라는 학문의 자기이해, 4) 이른바 '간접적 전달'이라 불리는 새로운 글쓰기 방식 등 철학적 인간학의 거의 모든 면모를 근본적으로 혁신하였다. 이 네 가지 지점을 조금 더 가까이 들여다보도록 하자.

먼저, 키에르케고어가 인간을 바라보는 관점은 기존 철학의 관점과는 현저하게 달랐다. 데카르트의 '코기토', 칸트의 '선험적 주관', 헤겔의 '이성과 정신' 등이 보여주는 것처럼, 서구 근대철학은 인간을 거의 예외 없이 '의식의 주체', '사유의 주체'로서 바라보았다. 여기서 인간은 암암리에 누구에게나 공통된 방식으로 사유하는 보편자로서, 이런 의미에서 '객관적–추상적으로 사유하는 자'로서 이해되고 있다. 이와 달리 키에르케고어는 인간을 언제나 철저하게 '주관적인 시선'으로 바라본다. 물론 이때 '주관적'이란 말은 '사적'이나 '자의적'이 아니라, 실제로 삶을 살아가는 '개별자 자신과 연관된'의 뜻을 갖고 있다. 다시 말해 키에르케고어가 인간의 존재 상태를 주목하고 이를 분석하려 할 때, 그는 언제나 매 순간 자기 자신을 느끼면서 자신의 삶을 살아가고 있는 구체적인 개체를, 곧 유일무이한 실존적 개별자를 염두에 두고 있는 것이다. 이 점에서 키에르케고어는 '섬세한 정신'을 강조한 파스칼이나 생철학적 관점을 근간으로 삼은 쇼펜하우어와 상통하는 바가 적지 않다. 하지만 파스칼과 쇼펜하우어보다 훨씬 더 직접적으로 영향을 준 것은 하만(J. G. Hamann, 1730-1788)이었다. 칸트의 친구이자 사상적 대립자였던 하만은 18세기 계몽주의 철학의 '이성적 주체'가 실은 역사와 언어를 망각한 추상적인 구성물임을 예리하게 폭로하였다. 또한 하만은 계몽주의 철학이 '청중'이라는 실체 없는 허상을 우상화하고 있다고 비판하고, 이를 거스르는 독특한 글쓰기와 구체적인 개별자를 겨냥한 '대화의 철학'을 시도하였다. 키에르케고어는 하만의 개별자의 실존과 살아 있는 사유를 중시하는 문제의식을 계승하고 새롭게 확장하여, 자신의 인간학과 심리학의 근본으로 삼았다.

둘째, 인간을 연구하는 방법론에 있어서도 키에르케고어는 전통적인 철학과 확연하게 다른 모습을 보여준다. 서구 철학은 인간에 대해 이론적으로 성찰할 때, 예외 없이 동물과 같은 다른 존재자와 비교했을 때 인간만이 가진 듯 보이는 우월한 능력과 특성에 주목하였다. 예컨대 의식, 이성, 사유, 판단, 언어 등과 같은 인간의 '긍정적인' 능력과 특성을 중심으로 인간을 정의하고 이해해왔던 것이다. 키에르케고어가 인간을 연구하는 방식은 이러한 전통과 극명하게 대비된다. 그는 인간이 감추고 싶어 하는 마음의 '부정적인' 상태를 연구의 출발점으로 삼는다. 즉 우울, 체념, 불안, 절망과 같은 '부정적인' 마음의 상태를 정면으로 직시하고 분석하면서, 인간 존재의 본질에 다가가고자 하는 것이다. 헤겔과 키에르케고어 사상에 대한 탁월한 해석가 토이니센은 이 독특한 방법론을 '부정주의적(negativistisch) 방법'이라[6] 칭한 바 있는데, 의심의 여지없이 이 방법은 후에 프로이트 정신분석학의 방법론, 즉 부정적 증상에서 출발하여 마음의 심층적 기제를 해명하는 접근 방법을 근본적으로 선취하고 있다.

키에르케고어가 부정주의적 방법이라는 새로운 방법을 택하게 된 것을 단지 그의 독창성 탓으로 돌려선 안 될 것이다. 그보다는 이를 불가피하게 만든 이유에 대해 생각해 봐야 한다. 가장 먼저, 인간학이 안고 있는 근본적인 딜레마를 기억해야 한다. 인간학은 인간으로서 존재한다는 것, 다시 말해서 인간의 존재방식과 존재

---

6. M. Theunissen, *Das Selbst auf dem Grund der Verzweiflung. Kierkegaards negativistische Methode*, Frankfurt/M.: Suhrkamp 1991.

상태, 인간-존재를 구성하고 있는 핵심적인 구조와 계기들을 가능한 명확히 밝히고자 한다. 그런데 이러한 문제를 연구하고자 하는 주체가 바로 인간 자신이다. 따라서 인간-존재를 해명하려는 인간학은 애초부터 객관적인 학문, 즉 연구 대상으로부터 거리를 두고 대상을 제3자적 관점에서 분석하는 학문이 될 수가 없다. 하이데거가 말한 대로, 모든 인간학은 '해석학적 순환'을 피할 수 없는 것이다. 사정이 이러므로, 자신의 한계와 딜레마를 의식하고 있는 인간학이라면, 인간을 정의하거나 인간의 본질적인 특징을 규정하려 할 때, 혹시 어떤 개념이나 능력을 '근거 없이 전제하고 과대평가하고' 있지는 않은지 반드시 비판적으로 따져봐야 한다. 바로 이러한 의미에서 키에르케고어 이전의 서구의 인간학은 충분히 자기-비판적이지 못했다. 의식, 이성, 정신, 판단, 언어 등을 중심으로 인간을 이해해왔지만, '인간-존재'의 본령을 이러한 특징들에서 찾는 일이 과연 얼마나 정당한지, 인간을 이렇게 이해할 때 암묵적으로 어떤 근거 없는 사유의 틀, 대상에 대한 어떤 '존재론적인 도식'을 전제하고 있지는 않은지에 대해서 본격적으로 성찰하지 않았던 것이다.

그뿐만 아니라 앞서 살펴보았듯이, 칸트부터 포이어바흐에 이르는 인간학의 전개는 인간에 대한 만족스러운 이해에 도달하지 못하고 몇 가지 중요한 아포리아를 남기는 데 그쳤다. 누구보다도 예민한 감성을 지녔던 키에르케고어에게는 이전의 인간학이 모두 지나치게 추상적이며 사변적으로 비쳤다. 기존의 인간학은 거의 대부분 유일무이한 개별자의 실존에 가까이 다가가지 않고, 멀찌 감치 물러서서 인간을 마치 하나의 사물인 듯 '실체-속성'이란 존재론적 도식 속에 집어넣어 사유했던 것이다. 특히 키에르케고 어가 보기에 어떠한 인간학도 인간의 유한성과 자유의 문제를 살아 있는 개별자의 관점에서, 진정으로 구체적으로 다루지 못했 다. 어디서도 늘 자신의 한계와 위기를 절감하는 인간, 늘 자기 자신을 실현하기 위해 근심하고 분투하는 인간의 모습을 찾아볼 수 없었다. 아울러 기존의 인간학은 자유로운 존재로서의 인간, 다시 말해 개별자로서의 인간이 매 순간 '실현해야 하는 과제'로서 의 자유가 어떤 것인지를 충분히 구체적으로 해명하지 못했다.

이러한 비판적 성찰을 바탕으로 키에르케고어가 전적으로 새로 운 인간학의 길로 나아간다. 그것은 실존하는 개별자가 자신의 자유를 실현하지 못하는 상태, 어떤 사로잡힘, 억눌림, 무기력함에 의해 자기 자신을 온전히 느끼고 받아들이지 못하는 상태(우울, 불안, 체념, 절망)를 집중적으로 파헤쳐서 인간으로서 '실존한다 는 것'과 인간적 '자유의 가능성과 현실성'을 최대한 생생하고 구체적으로 해명하고자 하는 길이다. 사상사적으로 볼 때, 이러한 부정주의적 방법은 앞서 언급한 프로이트 외에, 맑스와 니체와도 연관되는 바가 있다. 맑스는 자본주의 체제가 인간의 몸과 마음에 야기하는 부정적 현상들로서 '소외'와 '사물화(Verdinglichung)'에 주목하였으며, 니체는 인간의 여러 긍정적, 부정적 감정들 및 가치 판단들의 기원을 추적하고 폭로함으로써 인간의 의식과 가치에 관한 전통적인 이해를 전복시키는 '해체적인 인간학'을 선보였다. 키에르케고어, 맑스, 니체 —— 이 19세기 철학의 지층을 결정적으로 바꿔놓은 세 명의 사상가들은, 비록 각자가 꿈꾸는 인간과 세계의 모습은 비교할 수 없이 달랐지만, 공통적으로 전통적인 긍정적 인간학의 길을 떠나, '부정적 현상'의 우회로를 거쳐 인간에 대한 이해를 심화시키는 새로운 인간학의 길을 열었다고 할 수 있다.

키에르케고어의 세 번째 혁신적 면모는 인간학이라는 학문의 독특한 위상, 이 학문의 학문적 본성에 관한 것이다. 이 혁신은 방금 살펴본 부정주의적 방법과 긴밀하게 연결되어 있다. 왜냐하면 부정주의적 방법은 인간에 대한 긍정적 규정이 근거 없는 투사이거나 과장된 미화에 그칠 공산이 크다는 점을 적극 고려한 방법이기 때문이다. 키에르케고어는 인간학적 연구가 인간에 대한 '합리적인 설명'을 추구해야 하지만, 합리적인 설명에 대한 과도한 맹신을 가져선 안 된다고 주장한다. 인간학은 인간에 관한 객관적인 설명이나 법칙을 찾는 학문이 아니다. 인간학은 어떠한 경우에도 수학이나 자연과학과 같은 엄밀하고 객관적인 학문이 될 수 없다. 인간학은 근본적으로 인간의 자기 자신에 대한 '이해의 시도', 자기 자신의 존재방식과 자유의 가능성에 관한 '관찰, 기술, 해석의 시도'를 넘어설 수 없다. 그 때문에 인간학은 결코 인간을 처음부터 끝까지 빈틈없이, 투명하게 규정할 수 없다. 키에르케고어가 자신의 인간학에 대해 '실험적인 심리학' 또는 '실존함에 대한 변증법적 해명'이라는 조심스러운 명칭을 부여한 것도 이 때문이었다.

그런데 인간학이 합리적 설명에 대한 지나친 기대를 접어야
하는 또 하나의 이유가 있다. 그것은 인간의 '실존함'에 대한 키에
르케고어의 이해로부터 비롯되는 이유다. 주지하듯 『죽음에 이르
는 병』의 도입부에서 키에르케고어는 실존함의 내적 구조를 '이중
적이며 자기-연관적인 종합의 과정'으로 설명한다. 인간은 정신
이며, 정신은 종합인데, 정신이 행하는 종합은 두 가지 단계를
포괄하고 있다. 일차적인 단계에서 정신의 종합은 서로 대립된
'육체적' 측면과 '영혼적' 측면을 종합하고 있다. 정신은 이 종합과
동시에 이차적 단계(메타적 단계)의 종합을 실행하고 있는데, 그것
은 일차적 단계의 종합을 다시 한 번 자기 자신과 연관 지으면서
종합하는 과정이다.[7]

그런데 이렇게 이중적인 종합을 동시에 수행하는 정신은 늘
자기 자신에 대해 두 가지 상반된 태도를 가질 수 있다. 즉 자기
자신을 '완전하고 자족적인 존재'로 받아들이면서 종합을 실행할
수도 있고, 아니면 자기 자신을 '불완전하고 의존적인 존재'로
받아들이면서, 다시 말해 자기 자신의 궁극적인 기원이 자신이
아닌 '다른 절대적 존재'에 있음을 인정하면서 종합을 실행할 수도

---

7. S. Kierkegaard, *Die Krankheit zum Tode*(1849), ed. H. Rochol, Hamburg:
   Meiner, 1995, pp. 9-18.(『죽음에 이르는 병』, 임규정 역, 파주: 한길사,
   2007, pp. 55-70)

있다. 키에르케고어의 견해는 물론, 후자 쪽에 있으며 이때 '다른 절대적 존재'는 통상 기독교적인 신으로 이해된다. 그는 정신이 자기 자신을 절대적이며 완벽한 존재로 여기지 않고, 신과 마주하고 있는 자신의 근본적인 '한계와 의존성'을 인정하는 경우에만, 불안과 절망의 위험에서 벗어날 수 있다고 생각한다. 그런데 우리는 이 한계와 의존성을 신학적-종교적인 의미가 아니라, 순수하게 인간학적인 관점에서, 즉 인간 정신 내부에 존재하는 '불확정성의 영역'으로 이해할 수도 있다. 이중적인 종합을 수행하는 정신이 자기 존재의 기원과 존재 상태를 완벽하게 명료하게 파악할 수 없다는 점을 지적한 것으로 해석할 수도 있는 것이다. 좀 더 쉬운 말로 풀어서 말한다면, 정신은 늘 이미 자신에게 주어진 개인적, 역사적, 문화적 상황과 조건들은 물론, 자신과 직간접적으로 연관된 타자들에 근본적으로 의존해 있으며, 이 의존성을 스스로 빈틈없이 투명하게 파악하는 일은 불가능하다. 인간학은 정신의 본질에 대한 '완벽한 설명'이 아니라, 정신의 실존적 종합을 가능한 명확히 해명하려는 '자기-이해의 노력' 이상이 될 수 없다.

키에르케고어 인간학의 네 번째 혁신은 그가 실천한 독특한 글쓰기, 이른바 '간접적 전달'이라는 글쓰기 형식에서 찾아볼 수 있다. 사유의 형식과 내용이 언제나 함께 맞물려 있듯이, 이 글쓰기 형식 또한 키에르케고어 인간학의 사상적 지향점과 내밀하게 연관되어 있다. 따라서 이 독특한 형식의 의미에 대해서는 좀 더 자세히 논의할 필요가 있다.

3. '간접적 전달' 형식의 인간학적 의미와 사상적 지향점

소크라테스의 아이러니에 관한 박사논문 외에 키에르케고어가 1843년부터 1855년 죽을 때까지 출간한 저작은 크게 두 종류로 구분된다. 한 부류는 심미적이며 철학적인 저작들이며, 다른 부류는 직접적으로 기독교적 경건성과 교화(erbaulich)를 위해 쓴 저작들이다. 키에르케고어의 철학적 주저들인 『이것이냐-저것이냐』, 『반복』, 『공포와 전율』, 『불안의 개념』, 『철학적 조각들』, 『비학문적 후서』, 『죽음에 이르는 병』 등은 모두 전자에 속하며, 따라서 그의 독창적인 인간학도 이 심미적이며 철학적인 저작들 속에 전개되어 있다. 그런데 키에르케고어는 종교적 교화를 위한 저작들과 달리, 이 저작들을 모두 자신의 이름이 아니라 익명의 저자를 내세우며 출간하였다. 각 저작에 붙인 익명의 저자 목록은 다음 쪽의 표와 같다.

사실 익명의 저자를 고안하기는 했지만, 당시 코펜하겐에서는 책의 실제 저자가 누구인지 다 알고 있었다. 그럼에도 키에르케고어가 군이 익명의 저자를 내세워 출간한 이유는 무엇일까? 서양 철학사에서 간접적 전달이란 형식은 그리 새로운 것이 아니다. 잘 알려져 있듯이, 이미 플라톤이 '대화편'이라는 간접적 전달의 형식을 대단히 함축적이며 다의적인 방식으로 활용했기 때문이다. 또한 키에르케고어가 사상적으로 큰 영향을 받은 하만도 종종 익명의 저자를 내세운 바 있다. 중요한 것은 키에르케고어의 간접

저작	익명의 저자	익명 저자의 문자적 의미
『이것이냐–저것이냐』	빅토어 에레미타 (Victor Eremita)	은둔한 승리자
『공포와 전율』	요하네스 데 실렌티오 (Johannes de Silentio)	침묵의 요하네스
『반복』	콘스탄틴 콘스탄티우스 (Constantin Constantius)	문자적 의미는 없으며, 이름 안에 동일한 단어가 '반복'되고 있음
『불안의 개념』	비길리우스 하우프니엔시스 (Vigilius Haufniensis)	코펜하겐의 수호자
『철학적 조각들』 『비학문적 후서』	요하네스 클리마쿠스 (Johannes Climacus)	문자적 의미는 없지만, 7 세기경 시나이 수도원에 실존했던 기독교 사제를 암시
『삶의 길의 단계들』	히라리우스 부흐빈더 (Hilarius Buchbinder)	유쾌한 책 제본가
『죽음에 이르는 병』 『사랑의 역사』	안티–클리마쿠스 (Anti-Climacus)	문자적 의미는 없지만, 클리마쿠스에 정면으로 대비되는 철저하고 급진 적인 기독교적 신앙의 관 점을 암시

적 전달이 단순한 유희가 아니라, 그가 염두에 둔 인간학의 본성으
로부터 자연스럽게 도출된 결과라는 점이다. 간접적 전달의 형식
은 인간학적 진리에 관한 그의 깊은 확신에 직접적으로 맞닿아

있다. 어떻게 그러한가?

앞서 서술한 것처럼, 키에르케고어는 인간을 언제나 추상적인 인간(human being)이 아니라, 유일무이한 개별자로서 바라본다. 같은 맥락에서 그가 생각하는 인간학적 진리는 객관적인 사유를 통해서 마치 물건을 소유하듯 소유할 수 있는 '정보나 지식'이 아니다. 반대로 진정한 인간학적 진리는 개별자로 하여금 '바로 네 자신의 일이다.(Tua res agitur.)'라는 사실을 절감하도록 하는 진리다. 그것은 개별자가 스스로 그것을 내면화시키고, 그럼으로써 자신의 실존에 직접 영향을 미치도록 하는 진리여야 한다. 이런 의미에서 인간학적 진리는 근본적으로 '주관적 진리'이며, 따라서 단지 이론적인 인식에 그치는 것이 아니라 반드시 개별자의 실존 과정 속에서 그 의미와 중요성이 구체적으로 실현되어야 한다. 요컨대 키에르케고어가 추구하는 인간학적 진리는 개별자의 '주관적 진리'이자 '실천적 진리'인 것이다.

그러나 책이라는 매체는 어떠한가? 일반적으로 책을 통한 만남은 한 사람의 저자와 불특정 다수인 독자들 사이의 만남이다. 저자와 독자들 사이의 만남은 예측할 수 없이 우연적으로 이루어진다. 그것도 직접 만나는 것이 아니라, 활자로 쓰여진 문장들을 통해서 간접적이며 추상적인 방식으로 소통하게 된다. 아니 좀 더 정확히 얘기해서, 소통이 아니라 불특정한 독자들은 저자가 쓴 문장들을 일방적으로 받아들일 수밖에 없고, 또 저자의 편에서도 독자들이 자신의 문장을 어떻게 이해하는지 전혀 확인할 수가 없다. 결국 저자-독자라는 일반적인 책의 형식은 키에르케고어가 지향하는 주관적이며 실천적인 진리와 정면으로 배치된다고 할 수 있다. 저자와 독자, 양쪽 모두 상대방의 개별성과 구체성을 전혀 확인할 수 없는 형식이기 때문이다.

바로 이러한 난망한 상황을 돌파하기 위해 키에르케고어가 도입한 것이 간접적 전달의 형식이다. 왜냐하면 간접적 전달은 일단, 저자가 통상 가지고 있는 우월한 지위와 이를 통한 내용의 일방적인 전달을 중단시키기 때문이다. 하지만 플라톤의 대화편에서와 마찬가지로, 키에르케고어의 간접적 전달에서 익명의 저자보다 훨씬 더 결정적인 것은 그의 문필가적 재능, 곧 시적-허구적 상상력이다. 인간학적 진리는 주관적이며 실천적인 진리가 되어야 한다. 그러기 위해선, 독자 개개인이 주어진 텍스트를 주관적으로, 다시 말해서 '감성적이며 감정적인 방식'으로 공감하면서 이해하도록 해야 한다. 독자가 자신의 '주관성'을 느끼면서 스스로 텍스트의 상황과 표현에 공감적으로 집중하도록 유도해야 하는 것이다. 그 때문에 저자의 시적 상상력과 창안능력, 텍스트 전체의 밀도 있는 구성능력, 언어적 표현력 등이 반드시 필요한 것이다. 키에르케고어는 이러한 능력들에서 그 어느 철학자보다 뛰어났다.(철학적 문필가 가운데는 아마도 니체와 벤야민 정도가 그에 견줄 수 있을 것이다.) 그는 이러한 능력에 힘입어서 간접적 전달의 형식을 자신의 인간학적 저술에 성공적으로 접목시킬 수 있었다.

그런데 키에르케고어의 간접적 전달의 형식은 단지 매력적인 시적 구성물을 산출하려는 것이 아니었다. 만약 그랬다면, 그의 인간학적 저작들은 철학이 아니라 문학작품이 되었을 것이다. 그의 저작들은 결코 쉽고 재밌게 '읽어버릴' 수 있는 문학작품이 아니다. 반대로 그의 심미적 저작들은——시적 구성의 강도와 층위에 따라 다소 차이가 있긴 하지만——그 어느 텍스트보다도 읽는 사람의 강렬한 집중과 진지함을 요구한다. 그의 문장들 속에 깊이 빠져들면 들수록, 독자는 이 문장들이 점점 더 자신을 강하게 옥죄어 옴을 느끼지 않을 수 없다. 독자는 저절로 자기 자신으로 되돌아가 묻게 된다. 이런 질문들을 말이다. '나는 진정, 다른 누구도 아닌 바로 나의 삶을 살고 있는가?', '나는 나 자신에 대해 자유롭다고 말할 수 있는가?', '내가 이해하는 자유, 내가 추구하는 자유는 도대체 어떤 의미의 자유인가?', '내 삶은 어떠한 욕망과 신념 위에서 움직이고 있는가?', '나는 어떤 근본적인 관점에서 나를 둘러싼 타인과 세계를 바라보고 평가하고 있는가?', '나는 정말로 타인과 세계에 대해서 나 자신을 열고 소통하려 하는가, 아니면 나 자신을 암암리에 유아론(唯我論)적으로 절대시하면서 외부로부터 밀폐시키고 있는가?', '나는 나 자신의 지나온 삶을 얼마나 온전히 받아들이고 있으며, 또 현재의 나 자신과 어떤 방식으로 관계를 맺고 있는가?', '내가 나 자신이라고 믿는 자아는 실상은, 불안과 절망의 심연 위에 희미하게 만들어 놓은 허상(虛像)에 불과한 것은 아닌가?' 등등을.

독자가 이런 질문을 던지게 되는 것은 우연이 아니다. 키에르케고어는 자신의 심미적 저작들이 독자들 개개인에게 일종의 '성찰의 거울'이 되기를 바랐다. 자기 자신을 철저하게 되비쳐 보는 거울이 되기를 바란 것이다. 그런데 거울로 자신을 비춰보는 일은 결코, 본래의 모습이 그대로 반사되는 단순한 반복이 아니다. 반대로 거울을 보는 일은 적어도 세 가지 난해하고 모호한 지점을 포함하고 있는 '복합적인 과정'이다. 먼저 거울에 비친 모습은 실제 대상이 아닌 이미지일 뿐이며, 또 동일한 듯하지만 항상 좌우가 뒤집혀 있는 역상이다. 즉 거울상은 대상 그대로가 아니라 거울에 의해 특정한 방식으로 매개, 변형되어 있는 독특한 상이다. 둘째로 거울을 보려는 사람의 시선은 어떠한 경우에도 중립적이지 않다. 굳이 라캉의 거울단계를 거론하지 않더라도, 거울을 보는 시선 아래에는 늘 자신과 타자의 욕망, 기대, 선입견, 감정, 규범 등이 뒤엉킨 채 놓여 있다. 아는 만큼 보이는 것이 아니라, 아는 만큼 잘못 볼 위험이 훨씬 더 큰 것이다. 셋째로 거울상을 보는 사람이 거울상을 어떠한 태도로 받아들이고, 또 어떻게 해석하는가는 전적으로 열려 있는 문제이다. 설사 거울상이 어느 정도 확정된 모습을 갖고 있다고 해도, 그것을 어떻게 해석하는가, 곧 그것을 어떻게 자기 자신의 실존 자체와 연관 짓게 되는가는 보는 사람의 자유로운 결단과 실천에 달려 있는 문제인 것이다.

키에르케고어의 심미적 저작들을 읽으면서 자신을 되비쳐보는 독자도 마찬가지로 복합적인 과정을 거친다고 봐야 한다. 저작들이 보여주는 구체적인 삶의 형태들 내지 부정적인 자기관계의 모습은 단순한 모상이 아니라 독특하게 '구성되고 형상화된 상'이다. 독자는 자신의 관점에서, 자신의 욕망, 기대, 선입견, 감정, 규범 등을 암묵적으로 전제한 상태에서 이 상을 바라본다. 따라서 독자마다 이 상을 느끼고 이해하는 방식은 다를 수밖에 없으며, 이를 통해 자기 자신으로 되돌아와서 자신에 대해 질문을 던지는 방식과 내용도 달라질 수밖에 없다. 얼마나 급진적으로 자기 지신을 되돌아보느냐, 얼마나 철저하게 자신의 실존 과정 전체를 문제시하느냐에 따라, 키에르케고어의 심미적 저작들을 '전유하는 (sich an-eignen)' 강도와 깊이가 달라지는 것이다. 결국 키에르케고어의 간접적 전달은 독자를 감성적으로 매혹하고, 독자에게 일정한 혼란과 충격을 주지만, 결코 독자에게 강요하거나 독자 자신의 자유로운 자기–이해, 자기–해석의 가능성을 가로막지 않는다. 어떠한 텍스트든 삶의 '단서'이자 '계기'일 뿐, 삶의 실제적인 실현은 아니기 때문이다. 플라톤이 대화편 <파이드로스>에서 모든 철학적 텍스트를 '진지한 유희'에 비유한 것도 바로 이런 의미였다.

4. 키에르케고어 인간학의 현대적 수용: 문학, 신학, 철학

이 글을 시작할 때 말한 것처럼, 키에르케고어의 사상과 인간학은 우리가 의식하고 있든 아니든, 이미 현대 문화와 철학 속에 깊숙이 들어와 있다. 그의 사상과 인간학이 20세기 현대 문화와 철학에 구체적으로 어떻게 영향을 미쳤는가를 자세히 살펴보려면, 또 하나의 본격적인 연구가 필요할 것이다. 여기서는 토이니센과 그레베가 키에르케고어 연구 논문집을 출간하면서 쓴 서론을 바탕으로,[8] 그의 수용사에서 몇 가지 중요한 지점들만 문학, 신학, 철학의 세 분야로 나누어 간략히 언급하고자 한다.

키에르케고어의 인간학이 우선적으로 문학 분야에 영향을 미쳤다는 사실은 전혀 놀라운 일이 아니다. 앞서 논의했듯, 간접적 전달을 위한 심미적 저작들은 그의 뛰어난 문필가적 재능을 바탕으로 하고 있기 때문이다. 하지만 문학가들이 단지 키에르케고어의 비범한 상상력과 구성능력에만 이끌린 것은 아니었다. 오히려 그가 많은 문학가들을 사로잡은 근본적인 이유는 그의 인간학적 분석이 도달한 깊은 통찰들에 있었다. 키에르케고어는 인간을 어떤 사물처럼 생각해선 안 된다는 점, 다시 말해 인간을 불변하는 '실체'와 우연적인 '속성들'의 결합체로 봐선 안 된다는 점을 명확히 보여주었다. 또한 개별자가 일상적으로 자신의 '자아' 내지 '정체성'으로 받아들이는 것이 얼마나 일시적이며, 불안정하고, 위태로운 존재인지, 자아와 정체성이 어떠한 근원적인 '실패와

---

8. M. Theunissen & W. Greve(ed.), *Materialien zur Philosophie Søren Kierkegaard*, Frankfurt/M: Suhrkamp, 1979, pp. 54-83.

몰락의 심연' 위에 매달려 있는지를 생생하게 보여주었다. 문학가들의 가장 큰 고민이 살아 있는 인간의 감성적 체험과 복합적인 상황을 되살리는 것, 이 체험과 상황을 형상화된 언어를 사용하여 가능한 섬세하게 펼쳐 보이는 것에 있으므로, 많은 문학가들이 키에르케고어의 인간학에 깊이 빠져든 것은 당연한 귀결이라 할 것이다.

키에르케고어의 영향을 받은 문학가들 가운데 가장 두드러진 인물로는 노르웨이의 극작가 헨릭 입센(Henrik Ibsen, 1828-1906), 덴마크의 시인이자 소설가였던 옌스 페테르 야콥센(Jens Peter Jacobsen, 1847-1885), 스웨덴 현대문학의 거장인 아우구스트 스트린드베리(August Strindberg, 1849-1912), 서구 현대 서정시의 정점으로 평가되는 라이너 마리아 릴케(Rainer Maria Rilke, 1875-1926), 현대 사회의 억압과 현대인의 불안한 실존을 섬뜩하게 파헤친 프란츠 카프카(Franz Kafka, 1883-1924) 등을 꼽을 수 있다. 아울러 프랑스의 실존주의적 문필가이자 사상가였던 알베르 카뮈(Albert Camus, 1913-1960)와 스위스의 현대 극작가이며 건축가였던 막스 프리쉬(Max Frisch, 1911-1991)도 자신들의 사유와 저작이 키에르케고어에게 크게 빚지고 있음을 고백한 바 있다. 특히 릴케는 키에르케고어를 탐독한 후, 그 이전까지 자신이 추구했던 삶이 '심미적 실존 방식'에 갇혀 있었음을 통절하게 깨닫고, 삶과 창작에 대한 태도와 목표를 근본적으로 바꾸었다. 또한 카프카는 1931년의 한 일기에 "키에르케고어는 늘 곁에 있는 친구처럼 내가 누구인지를 확인시켜 준다."라고 고백할 정도로 자신과 덴마크 철학자 사이의 운명적인 친화성을 확신하면서 살았다. 이 점에서 그뤤이 책의 서론을 불안에 관한 카프카의 이야기로 시작한 것은 매우 적절한 선택이라 할 수 있다.

다음으로 신학 분야에서 키에르케고어 사상과 직접적으로 연관된 것은 1차 세계대전 직후인 1919년부터 1933년까지 개신교 신학의 주도적인 흐름을 형성했던 '변증법적 신학(Dialektische Theologie)'이다. '변증법적 신학'은 '위기의 신학'이라 불리기도 하는데, 왜냐하면 이 흐름이 미증유의 전쟁으로 인해 정신적, 문화적으로 총체적인 위기에 빠진 유럽인들을 '위로부터의 신학'을 통해서 돕고자 했기 때문이다. 여기서 '위로부터의 신학'이란 말은, 변증법적 신학이 인간이 신을 '인식할' 수 있는 가능성을 철저하게 부정하고, 신의 계시가 인간적인 모든 것을 넘어선 은총임을 강조한 데서 연유한 명칭이다. 인간은 신과의 관계에서 필연적으로 '부정적이며 변증법적인' 관계만을 가질 수 있을 뿐이다. '변증법적 신학'의 기점이 된 것은 1919년에 칼 바르트(Karl Barth, 1886-1968)가 출간한 『로마서 주해』였는데, 바르트 외에 이 흐름에 속한 신학자들로는 에밀 브룬너(Emil Brunner, 1889-1966), 에두아르트 투르나이젠(Eduard Thurneysen, 1888-1974), 프리드리히 고가르텐(Friedrich Gogarten, 1887-1967), 루돌프 불트만(R. Bultmann, 1884-1976) 등이 있었다. 이들 변증법적 신학자들이 공통적으로 계몽주의적인 '합리주의 신학'이나 '자유주의적 신학'을 거부하는 입장을 취했기 때문에, 영미권에서는 이들에게 '네오-오소독시(Neo-orthodoxy)', 즉 '신-정통주의'라는 칭호를 부여하기도 했다.

그러나 변증법적 신학에 동참했던 신학자들은 1930년대 중반이 지나면서 각자 상이한 사상적-신학적인 길로 나아갔다. 고가르텐이 히틀러 정부를 따르는 보수적인 개신교계 '독일 기독교인'을 택한 데 비해, 바르트와 불트만은 개신교계 안에서 신앙의 독립성을 좀 더 명확하게 확보하려는 개혁적 분파 '고백 교회' 그룹에 참여하였다. 그리고 브룬너는 이들과는 또 다른, 중도적인 신학의 길을 택했다. 또 변증법적 신학자들이 키에르케고어 사상과 인간학을 적극 수용한 것은 맞지만, 수용하는 방식과 해석적 관점에서는 서로 적지 않은 차이를 드러냈다. 가령 바르트는 키에르케고어의 개별자와 종교적 실존에 관한 논의를 순수하게 종교적-신학적으로 해석하고자 했으며, 때문에 『불안의 개념』과 『죽음에 이르는 병』에 나타난 인간학적 논의를 거의 도외시하였다. 그에 반해 브룬너는 자기관계의 실패인 절망을 인간 실존의 근본 정조로 인정하고, 이를 바탕으로 좀 더 분명하게, 신과의 절대적이며 개별적인 관계를 정초하는 '신학적 인간학'이 필요하다고 여겼다. 교회정치적 입장은 달랐지만, 신학적 인간학의 필요성을 강조한 점에서 고가르텐도 브룬너에 가까운 입장이었다. 그리고 불트만은 하이데거의 제자로서, 키에르케고어 사상을 직접 수용한 것이 아니라 하이데거의 해석을 경유하여 수용했다는 점에서 다른 변증법적 신학자들과는 달랐다. 즉 불트만의 키에르케고어 해석에는 하이데거적인 '존재 사유'의 영향이 적지 않게 드리워져 있다.

이제 철학 분야로 눈길을 돌리면, 키에르케고어 사상과 인간학으로부터 이론적 영감을 받은 철학적 흐름으로 크게 세 가지를 지적할 수 있다. 대화의 철학, 실존철학, 비판적 맑스주의가 그것들이다. 대화의 철학은 지금은 그 존재를 기억하는 사람조차 드물다. 하지만 20세기 초반에는 달랐다. 이 당시 대화의 철학은 인간의 종교성을 바탕으로 한 실천적 사상으로서, 많은 신학자들과 종교적 문필가들의 호응을 받았다. 이미 명칭에서 드러나듯, 대화의 철학은 추상적인 이론이나 증명이 아니라 살아 있는 대화, 즉 '나와 너'처럼 구체적인 개별자들 사이의 진지하고 평등한 대화를 모든 가치의 출발점으로 삼는다. 모든 인식적, 윤리적, 종교적 가치의 궁극적인 근원을 살아 있는 대화에서 찾는 것이다. 이때 대화는 개인들 간의 대화는 물론, 개별자와 세계 사이의 대화, 텍스트와 독자 사이의 대화, 개별자와 신 사이의 대화, 심지어 개인의 내면 안에서 일어나는 자기 자신과의 대화까지 포괄하는 넓은 의미다. 대화의 철학은 추상적인 인간이 아니라 구체적인 개별자에 주목하면서, 개별자의 개성과 근원적인 유한성, 그리고 신과 타자에 대한 의존성을 명확히 드러내고자 했다. 무엇보다도 대화의 철학은 체계적인 이론이 아니라 삶의 살아 있는 소통 과정, 이 과정에서 출현하는 삶의 새로운 가능성에 큰 의미를 부여했는데, 이러한 특징들은 모두 키에르케고어가 인간적인 실존을 자기 자신과의 이중적인 관계맺음이자 매 순간 해결해야 하는 과제로 해명한 것을 계승, 발전시킨 결과였다. 가장 대표적인 주창자는 『나와 너』를 집필한 마틴 부버(Martin Buber, 1878-1965)였는데, 부버 외에도 테오도르 해커(Theodor Haecker, 1879-1945), 페르디난드 에브너(Ferdinand Ebner, 1882-1931), 로마노 과르디니(Romano Guardini, 1885-1968), 프란츠 로젠츠바이크(Franz Rosenzweig, 1886-1929), 에리히 프리지바라(Erich Przywara, 1889-1972), 에릭 페터손(Erik Peterson, 1890-1960) 등 당대의 많은 중요한 사상가들이 대화의 철학을 사유의 근간으로 삼았다. 물론 이들의 종교적 배경이나 신학적인 입장은 상당히 달랐다. 부버와 로젠츠바이크는 유대교에, 해커와 에브너는 개신교에, 과르디니, 프리지바라, 페터손은 가톨릭에 각각 뿌리를 두고 있었으며, 각 사상가가 개별자와 신과의 관계를 이해하는 방식도 적지 않은 차이를 갖고 있었다. 대화의 철학은 결코 20세기 초반의 짧은 에피소드에 그치지 않았으며, 가다머의 해석학을 필두로 20세기 후반 아펠의 '선험론적 담화이론'과 하버마스의 '의사소통 이성'에까지 적지 않은 영향을 미쳤다.

두 번째 철학적 흐름인 실존철학이 얼마나 결정적으로 키에르케고어 사상에 빚지고 있는가는 별다른 설명이 필요 없을 것이다. 칼 야스퍼스(Karl Jaspers, 1883-1969), 마틴 하이데거(Martin

Heidegger, 1889-1976), 장-폴 사르트르(Jean-Paul Sartre, 1905-1980), 그리고 앞서 문학 분야에서 언급했던 카뮈 등이 대표적인 실존철학자들이란 점도 널리 알려져 있다. 하지만 조금만 더 자세히 들여다보면, 이들을 하나의 흐름으로 묶는 일이 과연 가능한가 라고 느껴질 정도로 이들의 철학은 사유의 목표와 세부 논점에서 큰 차이를 보여준다. 또한 이들이 키에르케고어 사상과 인간학을 수용, 발전시킨 방식과 개별자의 실존과정 가운데 각별히 주목하는 지점도 서로 분명하게 다르다.

야스퍼스는 키에르케고어의 철학과 인간학을 전체적으로 가장 충실하게 계승한 사상가라 할 수 있다. 그는 키에르케고어의 인간학적 저작들, 특히 『불안의 개념』과 『죽음에 이르는 병』을 중첩시켜 읽으면서, 키에르케고어로부터 개별자와 역사를 균등하게 연결시키는 새로운 '철학함의 방식'을 도출해 낼 수 있다고 보았다. 그는 인간의 '자기-계시' 내지 '자기-이해'를 심화하는 이 새로운 철학함의 방식을 '실존의 해명(Existenzerhellung)'이라 명명하고, 이를 주저인 『철학』(1932) 제2부에서 상세히 전개하고 있다. 이후 야스퍼스는 『이성과 실존』(1936)과 다른 후기 저작들에서 키에르케고어와 함께 니체를 적극 수용하고, 이 두 철학자를 자신의 철학함은 물론, 현대 철학의 진정한 전환점을 이룬 것으로 높이 평가한다.

하이데거는 야스퍼스처럼 키에르케고어의 인간학을 전체적으로 수용한 것이 아니라, 자신의 고유한 '존재론적 사유'에 근거하여 선별적으로 수용했다고 할 수 있다. 예컨대 『존재와 시간』(1927)에서 하이데거가 '시간'과 '영원성'이란 대립 개념을 '시간성'의 차원을 형성하는 두 가지 '계기'로 상대화시키는 대목은 『불안의 개념』에 나오는 '순간에 관한 철학'을 수용한 것이다. 또한 『존재와 시간』에서 '불안'과 공포를 구조적으로 구별하고, 본래적인 자기 자신과 조우하도록 해 주는 불안의 역할을 부각시키는 부분은 『불안의 개념』이 없었다면 불가능했을 것이다. 무엇보다도 인간의 현존재에 관한 하이데거의 유명한 정의 "늘 자신의 존재가 문제가 되고 있는 존재"는 『죽음에 이르는 병』에 나오는 정신의 이중적인 자기관계를 거의 그대로 수용한 정식이다. 하이데거는 『존재와 시간』 외에 『형이상학이란 무엇인가?』(1929)를 비롯한 일련의 강의록에서 키에르케고어의 몇몇 저작들의——『비학문적 후서』, 『죽음에 이르는 병』, 『종교적 교화를 위한 논고』(1846) 등——이론적 중요성을 언급하고 있다.

하이데거의 철학은 존재자와 존재 사이의 '존재론적 차이'를 명확히 하고, 서구 형이상학의 근거를 비판적으로 되묻고 넘어서려는 '존재론적 사유'를 시도했다는 점에서 분명 획기적이었다. 현대철학이 하이데거 이전과 이후로 나뉜다는 주장은 수긍할 만한 근거가 있는 것이다. 하지만 이때 분명하게 지적해야 할 것은 하이데거의 존재론적 사유가, 하이데거 자신이 밝히고 있는 것보다 훨씬 더 심대한 정도로 키에르케고어의 인간학에 빚지고 있다는 점이다. 두 철학자의 인간학, 사상적 지향점, 존재론, 역사철학

등을 면밀하게 비교, 검토하는 일은 여전히 많은 연구가 필요한 과제로 남아 있다.

사르트르와 키에르케고어의 관계 또한 단순하지 않다. 사르트르의 철학적 주저인 『존재와 무』(1943)는 일견, 키에르케고어와 거의 관련이 없어 보인다. 왜냐하면 책의 부제인 "현상학적 존재론의 시도"에서 드러나듯이, 책의 주제의식과 방법론이 키에르케고어라기보다는 후설과 하이데거의 철학을 바탕으로 하고 있기 때문이다. 게다가 『존재와 무』의 전체적인 틀을 이루고 있는 '무', '즉자-존재', '대자-존재', '즉자-대자-존재' 등의 범주는 키에르케고어가 그토록 비판했던 헤겔의 사변철학에서 온 것이 확실하다. 그러나 다시 한 번 찬찬히 살펴보면, 『존재와 무』는 몇 가지 중심적인 모티브에서 키에르케고어의 인간학을 계승하고 있다고 볼 수 있다. 먼저 사르트르는 "실존이 본질에 우선한다."는 유명한 명제를 존재론적 연구의 가장 기초적인 원리로 삼고 있는데, 이는 위에서 살펴본 키에르케고어 인간학의 혁신적 측면들을 간명하게 요약한 것에 다름 아니다. 두 번째로 인간적 현실에 대한 방대한 분석을 담은 『존재와 무』가 존재론적으로 정초하고자 하는 최종 목표는 개별자의 절대적인 '자유'이다. 논증의 방법론과 과정은 서로 현저하게 다르지만, 사르트르와 키에르케고어는 인간을 자유의 존재로서 구제한다는 문제의식을 공유하고 있다. 세 번째로 시선, 타자 존재 입증, 타자와의 구체적 관계들(사랑, 언어, 마조히즘, 무관심, 갈망, 증오, 사디즘 등등)에 관한 분석에서 드러나듯이,

사르트르는 개별자의 타자 종속성, 즉 개별자의 실존이 근원적으로 타자와 뗄 수 없이 얽혀 있음을 밝히는 일에 상당한 노력을 기울인다. 이 모티브는 키에르케고어에게서 실존하는 정신의 자기관계가 언제나 타자, 역사, 신에 대한 관계(이해)를——이 관계(이해)가 완벽하게 명료하게 파악될 수는 없지만—— 함께 포함하고 있다는 규정으로 표현된 바 있다. 네 번째로 시선에 관한 분석과 더불어 『존재와 무』이 도달한 탁월한 이론적 성취라 할 '자기-기만(mauvaise foi)'에 관한 분석도 키에르케고어와 관련이 깊다. '자기-기만' 내지 '자기-불성실'은 인간의 불안정한 정체성, 즉 인간의 자기 자신에 대한 생각이 근본적으로 불안정하고 불투명한 상태에 있음을 보여주는 현상이다. 그런데 이것은 키에르케고어가 『죽음에 이르는 병』에서 상세하게 구별한 절망의 유형들을 '일상적 내면의 현상학'이란 관점에서 재서술한 것으로 볼 수 있다.

이렇듯 두 사상가가 몇 가지 중요한 모티브를 공유하고 있지만, 둘 사이의 사상적 차이 또한 간과해선 안 될 것이다. 두말할 나위 없이 가장 큰 차이는 유신론자와 무신론자의 차이에 있다. 사르트르는 '신과 영혼이 존재하지 않는다는 사실이 나를 얼마나 자유롭게 해 주는가'라고 선언할 정도로 철저한 무신론자였다. 그 때문에 그는 심미적-윤리적-종교적이란 세 가지 '실존 영역' 혹은 '실존 단계'에 관한 키에르케고어의 이론을 일체 수용하지 않았다. 키에르케고어의 인간학을 관류하는 기독교적인 모티브들, 예를 들어

원죄, 엄숙함, 치유와 구원, 역설적인 도약, 개별자의 절대적인 유한성 등도 전혀 찾아볼 수 없다. 무엇보다도 사르트르는 '현상학적 존재론'에서 보듯, 인간학적 진리를 순수하게 이론적 관점에서 바라보았다. 그는 자신의 연구를 통해 후설과 하이데거를 넘어서는 새로운 '체계적인 이론'을 정립하고자 한 것이다. 이와 달리 키에르케고어의 관심과 인간학적 진리에 대한 관점은 근본적으로 실천적이었다. 키에르케고어는 개별자의 실존 자체를 변화시키는 진리를 추구하였다. 다시 말해서 인간의 부정적 현상들을 섬세하게 해부하는 '실존의 변증론'을 통해, 개별자가 스스로 자신의 한계와 위기를 직시하도록 하는 진리, 개별자가 자신에게 가능한 최선의 자유로운 삶을 실천하도록 하는 진리를 추구했던 것이다.

키에르케고어의 세례를 받은 세 번째 철학적 흐름은 비판적 맑스주의다. 여기에는 프랑크푸르트학파 1세대 철학자들인 테오도르 아도르노(Theodor Adorno, 1903-1969), 막스 호르크하이머(Max Horkheimer, 1895-1973), 허버트 마르쿠제(Herbert Marcuse, 1898-1979)와 2세대를 대표하는 위르겐 하버마스(Jürgen Habermas, 1929-), 그리고 프랑크푸르트학파에 속하지는 않았지만, 이들과 긴밀하게 교류했던 지그프리드 크라카우어(Siegfried Kracauer, 1889-1966), 발터 벤야민(Walter Benjamin, 1892-1940), 에른스트 블로흐(Ernst Bloch, 1885-1971) 등이 속한다. 앞서 짚어본 대화의 철학과 실존철학에 비해 비판적 맑스주의와 키에르케고어의 관계는 큰 주목을 받지 못했다. 특히 한국 학계에서는 키에르케고어를 거의 전적으로 실존철학자 내지 기독교 사상가로 수용해왔기 때문에 이 부분에 관한 연구가 전무한 실정이다.

하지만 뢰비트가 이미 『헤겔에서 니체까지』에서 시사하고 있듯이[9], 키에르케고어가 비판적 맑스주의의 철학자들에게 끼친 영향은 결코 가볍지 않다. 가령 아도르노가 철학자로서 출간한 첫 번째 본격적인 저작은 『키에르케고어. 심미적 차원의 구성』(1933)이었다. 이 책에서 아도르노는 큰 틀에서 루카치의 『역사와 계급의식』(1923)을 따르면서, 독일 관념론 철학과 키에르케고어 사상 전반을 역사적-유물론적으로 파헤친다. 하지만 아도르노는 키에르케고어의 비판적 논점들, 즉 전통 철학의 사변성, 부르주아 개별자의 폐쇄성, 대중사회의 허위의식 등에 대한 비판적 논점들은 긍정적으로 이어받고 있으며, 이는 『계몽의 변증법』과 『미니마 모랄리아』를 거쳐 유작인 『미학 이론』에까지 변함없이 지속된다.

벤야민과 키에르케고어의 연관성은 아도르노만큼 분명하게 드러나 있지 않다. 벤야민은 어디서도 키에르케고어를 명시적으로 언급하지 않았다. 그러나 다행히도 둘 사이를 연결시켜주는 결정적인 단서가 존재한다. 바로 괴테가 '우리 시대의 가장 명철한 사상가'라 상찬했던 하만이다. 하만의 '신학적 현실주의'와 언어철학은 벤야민의 역사적 언어철학이 등장하기 위한 직접적인 이

9. K. Löwith, *Von Hegel zu Nietzsche*, 2. ed., Stuttgart: W. Kohlhammer, 1949, pp. 153-191.

론적 원천이었다. 또한 키에르케고어는 초기부터 하만과 긴밀하게 대화하면서 자신의 존재론과 인간학을 발전시켰다. 하만을 실마리로 추론할 수 있듯이, 두 사상가를 매개해주는 것은 신학적-종교적 모티브와 이에 근거하고 있는 역사철학이다. 그리고 이것이 가장 잘 나타나 있는 텍스트는 바로 벤야민의 미완성 유고 「역사의 개념에 관하여(=역사철학테제)」이다. 특히 역사적 시간의 연속체를 중단시키는 '도약(혁명)'의 가능성과 메시아가 도래할 수 있는 '현재-시간'에 대한 논의는 『철학적 조각들』이 논구하는 역사적 필연성의 해체와 『불안의 개념』에 나오는 '순간의 철학'을 유물론적으로 계승한 것으로 볼 수 있다.

아도르노의 어린 시절 철학 멘토였고 벤야민과도 가깝게 교류했던 크라카우어의 경우는 키에르케고어와의 관련성이 훨씬 더 분명하다. 크라카우어는 키에르케고어 사상과 인간학을 구체적인 문화현상에 적용한 흥미로운 저작을 남겼다. 바로 『탐정소설. 철학적 논고』(1927/1971)이다. 크라카우어는 이 책에서 '탐정소설'이란 대중문학 장르를 역사철학적인 인식을 위한 '암호화된 징후'로 본다. 그는 이를 해독하기 위해 이 장르의 특징적인 인물들, 줄거리, 구성, 모티브, 사건 등을 치밀하게 분석하고 해석하는데, 이때 그는 세 가지 실존 영역과 인간의 '중간적-모순적인' 존재 성격에 관한 키에르케고어의 이론에 결정적으로 의존하고 있다.

지금까지 키에르케고어의 사상과 인간학이 현대의 문학, 신학,

철학 분야에 어떻게 영향을 미쳤는가를 간략하게 되돌아보았다. 물론 이상의 내용은 그의 풍부한 수용사의 일부분에 불과하다. 특히 이 글은 프랑스의 라캉(J. Lacan)과 들뢰즈(G. Deleuze), 독일의 슐츠(W. Schulz), 토이니센(M. Theunissen), 피갈(G. Figal)과 같은 현대철학자들에 대해선 전혀 언급하지 못했다. 하지만 이 정도만 두고 보더라도, 키에르케고어가 도달한 인간에 대한 통찰이 얼마나 넓고 깊었으며, 그 파장이 얼마나 심대했는기를 분명하게 확인할 수 있을 것이다. 그러나 그보다 더 중요한 사실은 그의 사상과 인간학이 새로운 사유를 촉발할 수 있는 이론적 잠재력을 조금도 잃지 않았다는 점이다. 키에르케고어의 저작은 오늘날의 독자에게도 이중적인 거울을 비춰주고 있다. 그것은 자신과 세계의 과거와 현재를 엄정하게 돌아보라고 촉구하는 거울이다. 동시에 그것은 자신이 그동안 상실해 온 '자기 자신'과 '자유로운 삶'의 가능성을 통절하게 일깨우고, 그럼으로써 새로운 삶의 실천을 모색하도록 해주는 거울이다.

역자 후기

필자가 키에르케고어 공부를 본격적으로 시작한 지 이제 7년이 조금 넘었다. 아직 읽지 못한 그의 저작들과 일기가 많은 까닭에, 필자는 감히 키에르케고어 전문가라는 말을 전혀 쓸 수가 없다. 그의 사상에 좀 더 가까이 다가가고자 하는 '미숙한 독자'일 뿐이다. 다행히 미숙한 독자에게도 감동과 이해의 가능성은 열려 있다. 아마도 미숙하기 때문에, 원숙한 전문가보다 훨씬 더 빠르고 전면적으로 그의 사상에 감화되었을 것이다. 물론 섣부른 일반화와 근거 없는 비약의 위험성은 감수할 수밖에 없었고, 이는 지금도 크게 달라지지 않았다.

제한된 한계에서나마 키에르케고어를 읽고 이해해 오면서, 적어도 한 가지 사실만큼은 분명하게 확신하게 되었다. 그것은 키에르케고어를 공부하지 않고서는 어떤 경우에도 서구 현대문학과 현대철학의 사상적 원천을 충분히 파악할 수 없다는 점이다. 키에르케고어를 불행한 기독교 신자나 고독한 사색가 정도로 여기는 사람은 십중팔구 두 가지 소중한 기회를 놓치게 될 것이다. 그것은 바로, 자기 자신의 '자유' 및 자기 자신의 '역사'에 대해 근본적으로 다시 생각해 볼 수 있는 기회, 그리고 이 자유와 역사의 가능성과 현실성을 긍정적으로 확인할 수 있는 기회다. 출중한 니체 연구자인 백승영 선생님은 니체 철학의 핵심을 '디오니소스적 긍정'이란 말로 집약한 바 있다. 이와 유비적으로 필자는, 키에르케고어의 전체 사유가 수렴되는 지점을 '개별자의 유한성과 실존적 자유의 긍정'이란 말로 표현하고 싶다. 앞의 해제에서 필자는 키에르케고어를 공부하려는 이에게 여기 번역한 그뢴의 책이 어떻게 유용한지를 간략하게 소개하였다. 아울러 키에르케고어가 사상사적으로 얼마나 혁신적이었으며, 또 후대에 얼마나 큰 영향을 끼쳤는가를 근대 철학적 인간학의 전개를 배경으로 짧게나마 반추해 보았다.

삶의 거의 모든 일들이 그렇듯, 이 번역서 또한 많은 분들의 도움이 없었다면 빛을 볼 수 없었을 것이다. 가장 먼저 떠오르는 분은 필자에게 '삶의 은사님'이셨던 M. 토이니센 교수님이다. 지난 해 4월 베를린에서 세상을 떠나신 토이니센 교수님은 키에르케고어와 헤겔 사상에 대한 세계적 연구자였을 뿐 아니라, 어떤 태도로 고전적인 텍스트와 대화하고 대결을 벌여야 하는가를 감동적으로 보여준 스승이셨다. 공교롭게도 저자 그뤤 또한 책의 말미에서 자신이 토이니센 교수님의 저서에서 받은 영감을 고백하고 있어서, 필자로서는 더 더욱 반가운 마음으로 번역에 착수할 수 있었다.

다음으로 필자는 키에르케고어 연구의 실질적인 계기를 마련해준 유영소 박사에게도 깊이 감사드리고 싶다. 7년 전 어느 날, 당시 박사과정에 있던 유영소 박사가 필자에게 키에르케고어로 박사논문 쓰는 일을 도와달라고 요청하지 않았다면, 우둔하고 게으른 필자로서는 결코 키에르케고어 공부에 도전한다는 생각을 갖지 못했을 것이다. 진지하고 훌륭한 학생이 선생에게 새로운 공부의 길을 열어준 것이다.

키에르케고어 공부를 시작한 후, 필자의 키에르케고어 텍스트 세미나에 참석했던 홍익대 미학과의 많은 대학원생들에게도 진심으로 고마운 마음을 전하고 싶다. 필자가 느린 걸음으로나마 키에르케고어 공부를 이어가고, 또 그뤤의 책을 강독할 수 있던 것은 전적으로 이들의 순수한 열정과 성실한 참여 덕분이다. 특히 유영소 박사와 함께 키에르케고어 연구에 동참하여 의미 있는 박사논문을 완성한 안상혁 교수님(성균관대), 또 좋은 논문으로 석사과정을 마무리한 임나래 석사와 김태인 석사의 노력과 결실을 다시 한 번 칭찬해 주고 싶다.

마지막으로 매우 열악한 출판 상황에도 불구하고, 한결같은 마음으로 인문학 전문서를 출간하고 있는 도서출판 b의 조기조 사장님, b의 훌륭한 기획위원 선생님들(심철민, 이성민, 이신철, 이충훈, 정지은, 조영일), 편집을 맡으신 백은주 선생님께도 진심으로 고마움을 전하고자 한다. 백은주 선생님의 교열 덕분에 많은 대목에서 오류를 바로잡고, 우리말도 훨씬 더 매끄러워질 수 있었다. 번역상의 오류가 또 발견된다면, 이는 물론 전적으로 필사 책임이다. 독자들의 비판적인 지적과 제언을 언제나 기쁜 마음으로 받아들일 것을 약속드린다.

2016년 1월
역자 하선규

한국어판 ⓒ 도서출판 b, 2016

• 저자_ 아르네 그뢴(Arne Grøn, 1952-)

1952년 덴마크에 태어났으며, 코펜하겐 대학교에서 철학을 전공하여 석사, 박사학위를 받고 1987년부터 코펜하겐 대학교 윤리학 및 종교철학 분야(조직신학) 교수로 재직하고 있다. 2002년부터는 동 대학교에 설립된 <주관성 연구센터> 소장직을 겸하고 있으며, 『키에르케고어총서(Kierkegaardiana)』의 공동 편집자이기도 하다. 『불안과 함께 살아가기(Begrebet Angst hos Søren Kierkegaard)』(1994)와 『주관성과 부정성: 키에르케고어(Subjektivitet og negativitet: Kierkegaard)』(1997)를 비롯하여 키에르케고어, 종교철학, 주관성 이론에 관한 여러 저서들과 많은 논문을 발표하였다.

• 역자_ 하선규

1963년 서울에서 태어났으며 서울대 중어중문학과를 졸업하고, 독일 베를린 자유대학교에서 철학, 영화학을 전공하여 석사 및 박사학위를 받았다. 2000년-2004년 경주대학교를 거쳐 2005년부터 홍익대학교 예술학과 교수로 재직하고 있다. 주요 연구 분야는 18-19세기 미학사, 철학적 인간학, 매체미학이다. 쓴 책으로 『이성과 완전성 (Vernunft und Vollkommenheit)』(2005, 독일어), 『문화산업, 이미지, 예술』(2012, 공저) 등이 있으며, 칸트, 바움가르텐, 레싱, 벤야민, 크라카우어, 키에르케고어, 슈미츠 등에 대한 여러 편의 논문을 발표하였다.

바리에테 신서 19

불안과 함께 살아가기

초판 1쇄 발행 | 2016년 2월 25일

저자 아르네 그뢴 | 역자 하선규 | 펴낸이 조기조 | 기획 이성민 · 이신철 · 이충훈 · 정지은 · 조영일 | 편집 김장미 · 백은주 | 인쇄 주)상지사P&B | 펴낸곳 도서출판 b | 등록 2003년 2월 24일 제12-348호 | 주소 151-899 서울특별시 관악구 난곡로 288 남진빌딩 401호 | 전화 02-6293-7070(대) | 팩시밀리 02-6293-8080 | 홈페이지 b-book.co.kr / 이메일 bbooks@naver.com

ISBN 979-11-87036-03-6 03160
값 25,000원